Environmental
Law Dimensions of
Human Rights

中央高校基本科研业务费专项资金资助：2022年中央司法警官学院研究阐释党的二十大精神专项项目（ESD2202）成果

人权的环境法维度

［澳］卜睿德　著

马亮　谢咏　主译

WUHAN UNIVERSITY PRESS
武汉大学出版社

图书在版编目(CIP)数据

人权的环境法维度/(澳)卜睿德(Ben Boer)著;马亮,谢咏主译.
—武汉:武汉大学出版社,2024.6(2024.12重印)
书名原文:Environmental Law Dimensions of Human Rights
ISBN 978-7-307-23852-7

Ⅰ.人… Ⅱ.①卜… ②马… ③谢… Ⅲ.环境保护法—关系—
人权—研究 Ⅳ.①D912.64 ②D082

中国国家版本馆 CIP 数据核字(2023)第 117700 号

Environmental Law Dimensions of Human Rights
Edited by Ben Boer
© Ben Boer etc. 2015
Published by arrangement with Oxford University Press
Simplified Chinese translation copyright © 2024 by Wuhan University Press
All rights reserved.

责任编辑:胡 荣 责任校对:汪欣怡 版式设计:马 佳

出版发行:**武汉大学出版社** (430072 武昌 珞珈山)
(电子邮箱:cbs22@whu.edu.cn 网址:www.wdp.com.cn)
印刷:湖北云景数字印刷有限公司
开本:720×1000 1/16 印张:17.25 字数:278 千字 插页:2
版次:2024 年 6 月第 1 版 2024 年 12 月第 2 次印刷
ISBN 978-7-307-23852-7 定价:88.00 元

前　言

本部分主要介绍了自 2015 年牛津大学出版社出版本书以来，反映环境法与人权之间日益密切联系的关键的法律和政策发展。读者应注意，增订文件中提及的文件均已列入本书的附录部分，这些内容对于理解近期环境人权概念的历史发展至关重要。本部分最后是一封感谢信。

自 1972 年《关于人类环境的斯德哥尔摩宣言》通过以来，环境法和人权的联系日益密切，此后一系列会议、研究报告和宣言，使二者的联系愈加紧密。本书的出版推动了环境法与人权的融合。2015 年，各国通过谈判达成了可持续发展目标①，《联合国气候变化框架公约》《巴黎协定》② 等国际条约相继缔结。这些国际条约都强调了在所有与环境和自然资源相关的决定中考虑人权因素的必要性。2016 年，《世界环境法治宣言》③ 承认人权与保护和改善环境的密切关系，环境法治的前提是关键治理，包括尊重人权，以及享有安全、清洁、健康和可持续环境的权利。"环境法治"的概念被理解为包含程序性权利、实体性权利以及

① 参见 Transforming Our World: The 2030 Agenda for Sustainable Development, GA Res. 70/1, UN Doc. A/RES/70/1（2015 年 10 月 21 日，2015 年 9 月 25 日通过）（"Transforming Our World"），<https: // sustainable development. un. org/ post2015/ transforming our world/ publication>，该决议纳入了 17 项可持续发展目标和 169 项具体的相关目标。

② Paris Agreement, opened for signature 22 April 2016, [2016] ATS 24（2016 年 11 月 4 日生效）.

③ International Union for Conservation of Nature, World Declaration on the Environmental Rule of Law（世界自然保护联盟世界环境法大会于 2016 年 4 月 29 日通过）（"World Declaration"），chrome-extension: // efaidnbmnnnibpcajpcglclefindmkaj/ https: // www. iucn. org/ sites/ default/ files/ 2022-10/ world_declaration_on_the_environmental_rule_of_law_final_2017-3-17. pdf.

相应义务的法律框架，它将生态可持续发展原则纳入广为接受的"法治"理念。①

约翰·诺克斯教授作为联合国环境权问题的特别报告员，其所做的工作在本书中作了介绍。2018 年，诺克斯教授提出一套非常重要的框架原则，且呼吁各国积极遵循。该框架原则规定了"各国根据人权法应承担与安全、清洁、健康和可持续环境相关的基本义务"。② 诺克斯教授在其做的各项工作报告的基础上，建议联合国会员国在国际文书中承认人们享有健康环境的人权。

这些事态发展促使联合国人权理事会于 2021 年 10 月通过一项题为"享有清洁、健康和可持续环境的人权"的开创性决议。③ 随后，联合国大会于 2022 年 7 月通过了一项与人权理事会决议相关的历史性决议。④ 该决议的执行部分如下：

联合国大会……

1. 认识到享有清洁、健康和可持续环境的权利是一项人权；

2. 注意到享有清洁、健康和可持续环境的权利与其他权利以及现行国际法的关系；

3. 申明为促进清洁、健康和可持续环境的人权，必须根据国际环境法原则充分执行多边环境协定；

4. 吁请各国、国际组织、跨国公司和其他利益相关方采取政策，加强国际

---

① 参见 World Declaration, note 3, above. 注意，联合国环境规划署也认同该环境法治的概念。参见 Environmental Rule of Law: Tracking Progress and Charting Future Directions 2023, https://www.unep.org/resources/publication/environmental-rule-law-tracking-progress-and-charting-future-directions.

② John H. Knox, Special Rapporteur, Report on Human Rights Obligations Relating to the Enjoyment of a Safe, Clean, Healthy and Sustainable Environment, UN Doc. A/HRC/37/59 (24 January 2018) Annex ("Framework Principles on Human Rights and the Environment"). 参见 John H. Knox, "The United Nations Mandate on Human Rights and the Environment" (2018) 2 (1), Chinese Journal of Environmental Law 83, 83-9.

③ The Human Right to a Clean, Healthy and Sustainable Environment, HRC Res. 48/13, UN Doc. A/HRC/RES/48/13 (2021 年 10 月 8 日通过).

④ The Human Right to a Clean, Healthy and Sustainable Environment, UN Doc. A/RES/L. 75; 参见 "UN General Assembly Declares Access to Clean and Healthy Environment a Universal Human Right", UN News (Web Page, 28 July 2022) <https://news.un.org/en/story/2022/07/1123482>.

合作和自身能力建设，继续共享经验措施，以便各国共同加大努力，确保人人享有清洁、健康和可持续的环境。

这项联合国决议的通过无论是在国际还是在国家层面都会对环境法和人权法许多方面的发展、执行和解释产生显著影响。

在区域一级也出现了将环境法与人权相联系的发展。2018 年通过《拉丁美洲和加勒比环境事项信息获取、公众参与和司法区域协定》（《埃斯卡苏协定》）①，该协定以 1992 年《里约环境与发展宣言》原则 10 和 1998 年《奥胡斯公约》② 为基础，纳入了三项基本权利：获取信息的权利、公众参与的权利和诉诸司法的权利，并指出承认和保护环境人权维护者的必要性。

东盟地区近期的区域发展③始于 2022 年由东盟政府间人权委员会发起的东盟环境权利框架谈判。在撰写本部分时，该谈判很可能产生一份不具法律约束力的《关于安全、清洁和可持续环境的宣言》。

回顾过去 50 年来，特别是近 10 年来为将环境法与环境人权相联系而采取的许多举措，毫无疑问，这仍旧是一个充满活力的领域。虽然本部分提到的各种文书都至关重要，但对其有效性的真正考验将是在国家层面通过环境法和政策以及采用适当的体制框架和强有力的政治支持来执行这些文书。

一封感谢信

这本由牛津大学出版社于 2015 年出版的书，正是在马亮博士、谢咏博士和他们团队的不懈努力下，才有了中文版。

马亮博士一直在努力筹集出版书籍所需的资金，并与武汉大学出版社保持密

---

① United Nations Treaty Collection, https：//treaties. un. org/pages/ViewDetails. aspx? src = TREATY&mtdsg_no = XXVII-18&chapter = 27&clang = _en.

② Convention on Access to Information, Public Participation in Decision-Making and Access to Justice in Environmental Matters, 2161 UNTS 447（1998）.

③ 东南亚国家联盟包括文莱达鲁萨兰国、柬埔寨、印度尼西亚、老挝、马来西亚、缅甸、菲律宾、新加坡、泰国和越南等国。

切联系，使本书的中文版得以顺利出版。我对马亮博士的奉献和辛勤工作表示衷心的感谢。

感谢牛津大学出版社授权我出版本书，且无须支付授权费，使这本书能够以合理的价格发行。同时感谢武汉大学出版社及其编辑人员对本书的支持。

本书的原稿是我在武汉大学法学院环境法研究所任教期间编写的。我在研究所的工作是一段丰富而有益的经历。① 感谢武汉大学环境法研究所的成员们多年来对环境法研究生和本科生教育的承诺，以及对法律研究以及中国国家和地方环境法发展的贡献。

最后，我要感谢每一章的作者：Natasha Affolder、Elisa Morgera、Riccardo Pavoni、Ludwig Krämer 和 Stefan Gruber 教授，他们欣然同意将他们的作品翻译成中文并出版。没有他们的努力，也不会有这本书。

我希望本书能被中国以及其他国家的教授和学生广泛阅读和使用，本书既能够促进他们自身的研究，也可以促进社会大众对环境法与安全、清洁、健康和可持续环境的人权之间内在联系的理解。

卜睿德（Ben Boer）

2024 年 5 月 17 日

---

① 参见 Ben Boer，"Reflections on the 40th Anniversary of the Research Institute of Environmental Law"，Wuhan University 2021 Chinese Journal of Environmental Law, 5（2021）136-139，https：//brill. com/view/journals/cjel/5/2/article-p136_3. xml.

译　介

　　人权与环境法日趋融合的关系日益受到各国广泛关注。自 1972 年联合国人类环境会议召开以来，各国国家法律、区域人权公约和联合国主导的国际社会层面纷纷对人权与环境保护之间的关系予以确认。《联合国人类环境会议宣言》第 1 条指出："人类享有自由、平等、舒适的生活条件，有在尊严和舒适的环境中生活的基本权利。同时，负有为当代人类及其子孙后代保护和改善环境的庄严义务。"该条明确规定了人们在良好的环境里享受自由、平等和适当生活条件的基本权利，以及为当今和后代保护和改善环境的义务。《联合国人类环境会议宣言》指出了环境与作为公民基本人权的生存权和发展权之间存在不可分割的联系，并呼吁人们在处理环境保护问题时正视人权问题。自此之后，人权和环境法的概念逐渐出现在许多新出台的国际文书中，唤起了广大公民的人权与环境保护意识。1992 年《关于环境与发展的里约宣言》和 2012 年《我们希望的未来》分别对尊重和保障基本人权的理念作了重申。良好的环境是享有基本人权的必要前提。2021 年 10 月 8 日，联合国人权理事会通过了第 48/13 号决议，承认享有清洁、健康和可持续环境的权利是一项具有重要意义的人权。这是联合国首次在全球层面承认环境权是一项独立的人权，标志着人权与环境保护关系的重大进展。

　　关于人权与环境保护之间的关系，我国学界对此进行了深入研究。吕忠梅教授（2022）认为，人权与环境保护相互依存；在环境法典编纂研究过程中，深刻理解环境人权的意义并提出合理的"入典"方案，是在我国环境保护方面提升人权保障水平的重要任务。吴卫星教授（2022）指出，环境权在国家宪法法律层面、区域人权公约和环境公约层面、联合国主导的全球层面逐渐得到确认；它不仅是一项法律权利，也具有基本权利和人权的性质。刘志强教授（2020）认为，国际人权公约和域内外宪法是环境权作为人权的规范依据；环境权作为新兴人权之一种，其实现模式主要以人权实现过程中的合作权为主。周珂教授（2017）认为，环境权的产生发展与人权有着重要联系；环境权成为人权的基本部分在法律中得以规定，是保障其他各类人权的重要前提；当下，将人权纳入环境法已经具备较为充分的条件。蒙禹诺（2017）指出，环境权是一项基本人权，其本质是保障人类良好生存环境的基本权利；从现行环境法律法规的发展来看，将人权写入环境法具有现实基础。史学瀛教授（2015）指出，环境权从属于人权，环境人权的提出使得环境权与人权相结合，增强了环境与人权的联系；虽然发达国家在环境人权保护上要高于发展中国家，但只要发展中国家能够积极借鉴发达国家的经验，提高公民环境人权保护意识，引导企业严格遵守环境人权保护法律法规，就能有效改善本国的环境人权问题。周军（2012）认为，环境人权是与我国环境保护进程相对应、社会经济发展到一定阶段产生的一种人权；现阶段，环境人权发展还处于起步阶段；我们应当尽快明确环境人权的基本范畴，将环境人权纳入我国人权体系，通过促进参与来达到提高政府的环境管理水平，推动解决现阶段存在的环境诉讼问题，使人们免受环境污染对生命健康的危害。冯庆旭教授（2012）认为，环境人权是人类尊严的表达，是一项不可放弃的道德层面的要求权。由此可见，我国学界对环境人权的研究主要体现在两个方面，一是认为环境权是一种新型人权，二是主张将环境人权纳入法律。

为进一步阐释人权与环境保护的最新走向，我们应当对该领域的代表性著作进行译介。由当代世界顶级环境法学家、悉尼大学荣休教授、曾任武汉大学环境法研究所教授的 Ben Boer 编著，牛津大学出版社出版的《人权的环境法维度》是环境人权法领域的典范代表作。本书内容主要来源于 2012 年在意大利欧洲大学学院欧洲法学院举办的人权法暑期学校系列讲座，在充分吸收英属哥伦比亚大学、爱丁堡大学、锡耶纳大学、伦敦大学学院、武汉大学、京都大学等世界知名学府环境人权法学者最新研究成果的前提下，详细梳理了当今世界人权与环境的最新发展现状，通过运用文献研究法、案例分析法、比较分析法等研究方法，对人权与环境的密切联系进行了深入探讨，就今后人权与环境法融合发展的新方向提出了独到的见解。本书从实体和程序的角度阐释了人权与环境法的密切联系。首先讨论了私营主体视角下的环境人权法，其次审查了欧美法院在人权与环境司法方面的裁判，接着讨论了亚太地区人权和环境法的发展，最后指明了未来人权和环境法融合发展的新方向。本书共分为六章。第一章主要围绕环境权与私营主体，从三个方面阐明了一系列反映私营主体与环境权之间关系的广泛问题，打破了公众对环境权的常规思考，主张通过促进环境法与私营主体之间的融合来推进环境人权的发展。第二章围绕跨国公司在环境人权问责制之间的惠益分享，深入讨论了私营主体的不当行为对环境人权退化造成的影响，在《生物多样性公约》的基础上总结出绿色经济背景下惠益分享对公司问责制在环境人权方面的作用。第三章比较研究了欧洲人权法院和美洲人权法院的环境判例，通过对二者环境判例的深入分析，指出了二者判例之间日益紧密的内在联系；作者认为，区域性法院对今后环境保护相关判例法的融合起着重要的促进作用。第四章主要阐述了自1963年以来欧盟法院在诉诸司法方面环境判例的演变，作者着重讨论了环境人权中诉诸环境司法的权利，指出公民根据《在环境问题上获得信息、公众参与决策和诉诸法律的公约》（以下简称《奥胡斯公约》）诉诸司法时法院的困境，主张赋予符合特定标准的非政府环保组织以起诉资格，进一步保障公民诉诸环境司法的权利。第五章探讨了亚太地区人权和环境法的内在联系，作者首先从法律的角度梳理了亚太地区人权与环境法的发展现状，其次探讨了在区域法和国家法层面确认实体性环境权的各种途径，最后作者指出，虽然亚太地区在人权与环境法之间建立了初步联系，但与欧洲、美洲和非洲的人权制度相比，这种联系还有待进一步巩固提高。第六章论述了亚太地区人口迁移与气候变化之间的关系，作者深入研究了气候变化对亚太地区公民人权与环境造成的毁灭性影响，呼吁国际社会立即采取相应行动，对因气候变化而迁徙的人群给予法律层面的承认和援助，保护受影响者的人权。作者认为，人权条约中公开承认的人权可作为推动环境保护的工具，享有清洁、健康和可持续环境的人权能够促进包括环境权在内的新兴自然权利的发展；我们应当将全球环境与气候变化视为人类的共同关切。我们希冀通过对此代表性著作的翻译，能够为环境人权法的理论进展和实践探索提供前沿性的域外洞见。

关于未来人权和环境法融合发展的新方向，本书指出，面对国际和国家层面日益变化的人权与环境法趋势，我们必须深刻认识到人权与环境法之间融合的现状与不足，通过对环境人权的完善，不断促进人权与环境法的融合，最终达到提升人类福祉和环境保护的协调发展。人权的内涵不是一成不变的，它往往会随着社会经济的发展和人民生活水平的提高而不断丰富。环境问题与人权息息相关，在生态环境破坏问题日益严重的今天，从环境法的维度来研究人权本质上是对人权的丰富和发展。在人类面临全球新冠疫情大流行、全球气候变化和生物多样性丧失等危机叠加的背景下，中国政府积极探索适合本国经济基础的人权发展道路。2021年9月，国务院新闻办公室发布了《国家人权行动计划（2021—2025年）》，从经济、社会和文化权利，公民权利和政治权利，环境权利，特定群体权益保障，人权教育和研究，参与全球人权治理六个方面对人权展开详细论述，将环境权利纳入人权的保护范围；明确提出"坚持绿水青山就是金山银山理念，坚持尊重自然、顺应自然、保护自然，促进人与自然和谐共生，推进生态文明建设，建设美丽中国，为全人类和子孙后代共享发展创造可持续条件"的行动目标，强调了环境知情权、参与权和诉权保障的重要性。就环境权利而言，《国家人权行动计划（2021—2025年）》（以下简称《计划》）主要从污染防治、生态环境信息公开、环境决策公众参与、环境公益诉讼和生态环境损害赔偿、国土空间生态保护修复、应对气候变化六个方面为环境人权的发展指明方向，一定程度上促进了人权与环境关系的融合。我们深知与作为第一代人权的公民权利和政治权利及作为第二代人权的经济、社会和文化权利相比，环境权利属于新兴的第三代人权。在第三代人权中，随着人类赖以生存的生态环境持续恶化，环境权逐渐受到人们的广泛关注，成为一个突出性问题。《计划》将环境权利置于经济、社会和文化权利，公民权利和政治权利之后，一定程度上是对作为第三代人权的环境权利的认可，也是对人权的丰富和发展。《计划》对公民环境诉权的强调，与《奥胡斯公约》中保障公民诉诸法律的权利相呼应，进一步提高了公民的环境权利。此外，中国共产党二十大报告也明确提出：中国共产党要积极领导人民坚持走中国人权发展道路，积极参与全球人权治理，推动人权事业全面发展。这为中国从国家层面推动人权与环境保护的协调发展指明了方向。长期以往，中国许多学者前仆后继地投入毕生精力致力于人权研究中，从公法、私法等研究视角形成了较为系统的人权研究成果；然而，从环境法的角度系统性研究人权的作品较为缺乏。本书以人权的环境法维度为题，对人权与环境法的内在联系进行了深入探讨，指出将环境保护视为人权议题的必要性，致力于推动人权和环境法在国际法和国内法层面的融合，以期为中国探讨人权和环境法的融合发展提供参照。

值此本书付梓之际，特别感谢 Ben Boer 教授的鼎力支持，应他要求我们在附录部分增加了《奥胡斯公约》《埃斯卡苏协定》《世界环境公约》《世界自然保护联盟关于环境法治的世界宣言》《人权与环境框架原则》的中文译本，以求实现该领域资料的完整性。感谢武汉大学出版社胡荣编辑对本书的仔细审读，其严谨的治学态度和精益求精的工作状态值得佩服。感谢各位译者的积极参与、热情建议、高效合作和无私奉献！感谢齐婉婉博士前期对本译著的辛勤付出。学术不易，加上主译资质平庸，翻译瑕疵在所难免，在此诚请各位读者多交流、多批评指正。

马亮　谢咏

2023 年 4 月 25 日

目　　录

绪　论

Ben Boer 著　徐小力 *译

　　在过去的几十年中，环境法和人权在某些方面缓慢但稳定地趋于融合。虽然《世界人权宣言》①、1966 年《盟约》②（除一个例外③）和《欧洲人权公约》所载的权利清单均未具体提及环境，但优质的环境正逐渐被视为享有某些最基本人权——特别是生命权④和健康权⑤——的必要前提。充足的食物、清洁水和适当住房的权利同样也取决于优质的环境。三个区域性文书明确承认人权与环境保护之间的联系，分别是 1981 年《非洲人权和人民权利宪章》⑥、1988 年《〈美洲人

---

　　* 徐小力，荷兰马斯特里赫特大学法学院博士研究生。

　　① UNGA Res. 217A（III）, Universal Declaration of Human Rights（10 December 1948）（hereinafter "UDHR"）.

　　② International Covenant on Economic, Social and Cultural Rights（New York, 16 December 1966, entered into force 3 January 1976）993 UNTS 3（hereinafter "ICESCR"）; International Covenant on Civil and Political Rights（New York, 16 December 1966, entered into force 23 March 1976）999 UNTS 171（hereinafter "ICCPR"）.

　　③ ICESCR, Art. 12 on environmental and industrial hygiene.

　　④ 生命权包含在《世界人权宣言》中, Art. 3; ICCPR, Art. 6（1）; Art. 6 of the Convention on the Rights of the Child, GA Res. 44/25, 20 November 1989。

　　⑤ UDHR, Art. 25（1）; ICESCR, Art. 12（1）; Convention on the Rights of the Child（New York, 20 November 1989, entered into force 2 September 1990）1577 UNTS 3, Art. 24; and Convention on the Elimination of Discrimination against Women（New York, 18 December 1979, entered into force 3 September 1981）1249 UNTS 13, Art. 12.

　　⑥ African Charter on Human Rights and Peoples' Rights（Nairobi, 27 June 1981, entered into force 21 October 1986）1520 UNTS 128, 21 ILM 58（1982）.

1

权公约〉关于经济、社会及文化权利的附加议定书》①，以及 2012 年《东南亚国家联盟（东盟）人权宣言》。② 正如本书某些章节所讨论的，近年来对这些文书的解释和履行证实了这种融合。从 20 世纪 70 年代起，这一点在国际环境政策层面也很明显。例如，《斯德哥尔摩宣言》序言部分第一段指出：

> 人类既是环境的创造物，又是环境的塑造者，环境给予人以维持生存的东西，并给他提供了在智力、道德、社会和精神等方面获得发展的机会。生存在地球上的人类，在漫长和曲折的进化过程中，已经达到这样一个阶段，即由于科学技术发展的迅速加快，人类获得了以无数方法和在空前的规模上改造其环境的能力。人类环境的两个方面，即天然和人为的两个方面，对于人类的幸福和对于享受基本人权，甚至生存权利本身，都是必不可缺少的。③

此外，《斯德哥尔摩宣言》的第 1 条原则也明确强调了这一联系："人类享有自由、平等、舒适的生活条件，有在尊严和舒适的环境中生活的基本权利。同时，负有为当代人类及其子孙后代保护和改善环境的庄严义务。"④ 1992 年《关于环境与发展的里约宣言》⑤ 重申了《斯德哥尔摩宣言》的承诺，但没有反复强调《斯德哥尔摩宣言》的强烈意愿。《关于环境与发展的里约宣言》的原则一更为微妙，采用了一种不太明确的基于环境权利的方法："人类处于普受关注的可持续发展问题的中心。他们应享有以与自然相和谐的方式过健康而富有生产成果

---

① Additional Protocol to the American Convention on Human Rights in the Area of Economic, and Social, and Cultural Rights（"Protocol of San Salvador" signed 17 November 1988 entered into force 16 November 1999）（1988）OASTS 69.

② Association of Southeast Asian Nations（ASEAN）Human Rights Declaration（18 November 2012），Art. 17，available at < http：//www. asean. org/news/asean-statement-communiques/item/asean-human-rights-declaration>（last visited 4 October 2014）.

③ Declaration of the United Nations Conference on the Human Environment, UN Doc. A/Conf. 48/14/Rev. 1（1973）（16 June 1972）（emphasis added）.

④ A. Kiss，"The Right to the Conservation of the Environment"，in R. Picolotti and D. Taillant（eds.），Linking Human Rights and the Environment（2003）.

⑤ Rio Declaration on Environment and Development, A/Conf. 151. 151/26（Vol. 1）（13 June 1992）31 ILM 874.

的生活的权利。"

《斯德哥尔摩宣言》和里约会议的主要继承者，即 2012 年环境与发展里约会议，在其最终成果文件《我们希望的未来》① 中重申了尊重所有人权，特别是对健康、食物和安全的饮用水的权利。

尽管统一的"环境权"的提法尚未受到各界公认，但它是 2011 年联合国人权理事会任命的人权与环境独立专家的调查课题。② 2013 年，在审查了人权条约、人权条约机构的声明、地区人权法庭的决定、联合国人权理事会（UN HR Council）的决议、各国的声明以及其他各种来源之后，独立专家对摸排工作进行了报告。他在向理事会提交报告时说道：

> 人权机构开发了一套连贯的环境人权义务体系，其中包含三个主要内容：环境保护方面的程序性义务，保护人权免受环境损害干扰的实体性义务，以及尤其，各国有义务通过法律框架防止此类损害。③

独立专家的结论是：

> 总而言之，基于这项摸排工作，我认为人权法包括与环境有关的义务是无可争辩的。

---

① Rio+20 Outcome Document, "The Future We Want", UN Doc. A/CONF. 216/L. 1 (19 June 2012): food: para 8; water and sanitation para 121; health para 121, available at <http://www. uncsd2012. org/content/documents/774futurewewant _ english. pdf > (last visited 4 October 2014). 但是，人权观察组织和国际环境法中心等组织指出，里约+20 峰会未能将人权与环境保护充分融合起来。参见 "Rio+20 Outcome Document Undermined by Human Rights Opponents" (22 June 2014), available at < http://www. amnesty. org/en/news/rio20-outcome-document-undermined-human-rights-opponents-2012-06-22> (last visited 4 October 2014).

② UN HR Council, "Report of the Independent Expert on the Issue of Human Rights Obligations Relating to the Enjoyment of a Safe, Clean, Healthy and Sustainable Environment, John H. Knox", UN Doc. A/HRC/22/43 (24 December 2012).

③ J. H. Knox, "Human Rights Obligations to Protect the Environment" Statement by Independent Expert on Human Rights and the Environment Human Rights Council, 25th Session 10 March 2014, at 2, available at <http://ieenvironment. org/2014/03/11/the-independent-experts-report-to- the-human-rights-council/> (last visited 5 November 2014).

与此同时，我认识到，并非所有国家都正式接受了所有的这些规范。虽然我的报告中引用的某些声明来自具有法律约束力的条约，或者来自有权发布对受其管辖的国家具有约束力的裁决的法庭，但其他声明本身并不具有约束力。

然而，所有声明的来源都有权解释和适用人权义务。总之，这些声明有力地证明了这些人权机构在将人权法适用于环境事项方面趋于统一和确定的趋势。这些趋势在普遍定期审议进程中的国家实践和国际环境文书中得到进一步反映。

有鉴于此，我强烈鼓励各国接受这些声明，将其作为实际或正在形成的国际法的证据。①

本书的每一章都从实体和/或程序的角度阐释了环境法与人权之间的某些联系。这四章节大致分为四个主题。第一主题从私营部门的角度探讨了人权与环境。第二主题审查了欧洲和美洲法院关于人权和环境司法的实体性和程序性方面的裁决。第三主题从制度和司法发展的角度审查了亚洲区域的人权和环境，并在此基础上进一步探讨了人类被迫流离失所相关的权利问题。最后一个主题是关于人权和环境的未来方向。

在第一章中，Natasha Affolder 主张，鉴于公司某些发展活动对公民人权具有影响，应当加强其法律责任。她的目标是使关于私营部门和环境权的讨论"超越可预测的规范性辩论"，以便将重点放在私营部门参与环境规范的各个方面，而这些方面在现有的学术研究中很少被涉及。她探讨了公私分野的不连贯性，以及私营部门仅限于大型跨国公司的"偏见"。她试图理解环境的是非曲直"是如何通过企业主和私人组织（不论规模大小）的普通的、极少被审查的日常活动来构建的"。然后，她将重点从行为者转移到法律工具，特别是私营部门如何与社区、政府和其他机构签订合同，以实施环境保护和应对环境影响。她观察到，环境治理的"契约化"巩固了这样的概念——市场机制和法律

---

① J. H. Knox, Report of the Independent Expert on the Issue of Human Rights Obligations Relating to the Enjoyment of A Safe, Clean, Healthy and Sustainable Environment, Mapping Report, A/HRC/25/53（30 December 2013）.

的作用是"保护私有财产权和契约自由"。最后，她通过度量和指标来研究环境信息的产生、流通和构建，以及由此产生的对"审计"文化的鼓励，并导致了"适当"商业行为的法律概念的渗透。她打算在这一章"打破我们对环境权的常规思考，并阐明一系列更广泛的问题，这些问题可以反映私营部门环境权利之间的关系"。她总结说：

> 对私人参与环境权利的多个层面的认识为承认基于权利的方法与市场方法之间的张力创造了空间……人权言论可能为反抗全球"绿色经济"提供难得的机会，而全球"绿色经济"正日益受到市场的支配和市场参与者的需求的影响。

在第二章中，Elisa Morgera 重点讨论了在《生物多样性公约》及其"利益共享"概念的背景下跨国企业问责制的难题。她指出，跨国公司能够通过游说、谈判、妥协和削弱控制来影响国内法和国际法的制定和履行。她追溯了法律如何将公司的重点从利润最大化调整为对更广泛的利益相关者承担责任的发展。本章强调企业责任（responsibility）和企业问责制（accountability）之间的重要区别，后者是促进无害环境行为的一种手段。她追溯了公司造成的环境损害与人权问题之间的事实和规范联系，并指出根据联合国一项关于商业和人权的调查，"近三分之一的所谓环境损害案件对人权产生了相应的影响"。在人权与环境之间存在联系的背景下，Morgera 侧重于从人权角度观察企业环境责任国际标准及其相关性的趋同，指出环境影响评价是一个例证，其中"人权"已成为发展活动的决策过程中的一个重要考虑因素。她指出：

> 利益相关者的参与和参与评估（人权评估的共同要素）也极大地促进了将人权问题纳入环境自我评估中……

接着，她通过分析根据《生物多样性公约》制定的标准和程序，特别是关于土著人民和当地社区的标准和程序，辩证地审查了促进公司问责制的环境倡议和人权倡议之间的相互作用。她最后探讨了公司问责制与绿色经济之间的联系，并呼吁学术界更多地关注企业责任和人权背景下的一些利益共享的议题。

Riccardo Pavoni 撰写的第三章对欧洲和美洲人权法院的环境判例进行了广泛但深入的比较分析，指出了这两个体系的判例之间日益紧密的联系。他探讨了美洲制度中与"参与（participation）"相关的程序性权利的发展，并将其与欧洲判例法中程序性权利的发展进行了比较。他还探讨了积极保护环境的维权人士的权利问题，并讨论了"Kawas-Fernández 案"，① 在这个案件中一个环境基金会的主席被谋杀，而该基金会正在抗议对洪都拉斯保护区的开发。（近年来，随着联合国环境事项独立专家关于环境捍卫者的声明，这个问题得到了更多的关注。②）Pavoni 提到了美洲人权法院关于捍卫人权的重要声明：不仅限于公民和政治权利，而且必然涉及经济、社会及文化权利的监督、报告和教育"，以及"保护环境与享有其他人权之间有着不可否认的联系"。紧接着，他解释了与欧洲制度相比，美洲环境公益诉讼增长的原因，并特别提到了有关土著人民环境权利的重要判例。最后，他总结了两种体系在环境权方面趋同的若干结论，指出它们在环境事项方面存在持续的对话，但是欧洲制度需要向美洲制度学习，尤其是在知情权与言论自由的联系方面。

Ludwig Krämer 撰写的第四章着重讨论了人权与环境辩论中的一个特殊程序问题，即诉诸环境司法的权利，他详细地追溯了欧洲法院自 20 世纪 60 年代初在这方面的判例。他辩称，法院对《欧盟运行条约》（TFEU）第 263 条关于获得环境司法的解释非常严格，并且该解释更多的是基于政治而非法律原因。他认为，鉴于《奥胡斯公约》遵约委员会认为法院目前的解释违反了欧盟在《奥胡斯公约》下的义务，法院必须重新考虑其对第 263 条的解释。特别令人感兴趣的是，Krämer 对法院在一系列案件中就第 263 条第 4 款关于自然人或法人必须与有关措施"直接"有关的要求作出了批判性评价。他还着重谈到在《奥胡斯公约》③

① Kawas-Fernández v. Honduras, IACtHR, Judgment of 3 April 2009.

② Report of the Special Rapporteur on the Situation of Human Rights Defenders, paras. 123-126, UN Doc. A/HRC/19/55.

③ UNECE Convention on Access to Information, Public Participation in Decision-making and Access to Justice in Environmental Matters (Aarhus, 25 June 1998, entered in force 30 October 2001) 2161 UNTS 447 (hereinafter "Aarhus Convention").

下诉诸司法时法院的困境，因为普通法院裁定《奥胡斯公约》的等级低于欧盟的主要法律，因此它们不能影响对第 263 条第 4 款的解释。困境在于，《欧盟运行条约》第 263 条第 2 款规定，"欧盟缔结的协议对欧盟机构及其成员国具有约束力"；这显然包括《奥胡斯公约》。因此，根据 Krämer 的分析，法院有义务解释第 263 条第 4 款，以最大程度地确保（当事人）向法院起诉。在结论段落中，本章建议，前进之路应该是，就像在欧洲司法管辖区以及实际上在世界多个司法管辖区所做的那样，赋予符合特定标准的环境保护非政府组织以起诉资格。

　　Ben Boer 撰写的第五章重点阐述了构成"亚太"地区的四个主要地区的人权和环境法律制度之间的联系。他审查了政府的和非政府的人权机构的发展，以及人权文书方面的各种发展。他指出，在区域一级，实体性的环境权的发展仍处于初期阶段。他侧重于 2012 年完成的《东盟人权宣言》，以及"安全、清洁和可持续的环境"的权利和其他相关权利。他指出，现阶段，宣言的实际施行可能受制于东盟政府间人权委员会职权范围，因为它们规定了"作为一项基本原则，决策应当以协商一致为基础"，而这将限制其作出具体决定的能力。本章还关注了亚太地区国家一级的环境权的宪法化，以及亚洲各法院使用宪法中的"生命权"条款作为确立环境权基础的法律活动。此外，本章还引用了科菲·安南的声明，即《奥胡斯公约》具有"作为加强公民环境权的全球框架的潜力"，研究了亚洲地区的司法管辖区是否可以加入《奥胡斯公约》的问题。Boer 认为："尽管有这种观点，但在目前，将《奥胡斯公约》扩大到亚太国家的可能性相当微小。"本章的结论是，虽然该地区在环境法与人权之间建立更密切联系方面已经取得了进展，但总体而言，与欧洲、美洲和非洲的人权制度相比，这种形势仍不稳定。

　　在第六章中，Stefan Gruber 调查了气候变化可能会造成包括亚洲和太平洋地区在内的世界许多地区的大量人口流离失所的事实。他强调，这类事件对被影响者的人权，如生命权、食物权、水权、健康权和适当住房权产生了毁灭性影响。他强调必须在国际层面对这些流离失所者给予法律承认和援助。虽然本章侧重于气候变化对被迫流离失所引起的人权问题的直接影响，但 Gruber 还调查了常见的与气候有关的土地退化及其荒漠化问题，这些问题也是造成流离失所的原因，并引发了许多相同的问题。本章从太平洋的岛屿社区、南亚和东南亚的河流三角洲以及中国北方的干旱地区中选取了一系列例子，探讨了这些现象对人权的影响以及保护人权的潜在法律解决方案。经过考虑，Gruber 拒绝将1951 年《难民公约》① 作为一项工具以帮助因环境原因，特别是气候变化影响而流离失所的人。接着，他探讨了气候变化制度本身是否可以作为应对气候难民问题的基础，或者是否需要根据《世界人权宣言》和 1966 年《经济、社会及文化权利国际公约》的基本概念拟定一份新的文书。与本引言中讨论的趋同主题一致，Gruber 认为，"在这种背景下，虽然认识到基于权利的方法的整体重要性，但是其发展不应脱离环境法的关切，而应将二者结合"。

　　本书主要来源于 2012 年在意大利欧洲大学学院欧洲法学院举办的人权法暑期学校系列讲座。有几章超出了其原本的范围，对这些章节都进行了更新，以考虑到最近的事态发展。我代表撰稿人感谢欧洲法学院院长使本书得以出版。特别感谢 Anny Bremner，感谢她在职责之外的工作，特别是她与作者的耐心沟通、出色的编辑以及与牛津大学出版社的联络。同样感谢 Valentina Spiga 博士所做的编辑和对脚注的严谨校对。

　　最后，我也要对牛津大学出版社的 Natasha Flemming，Ela Kotkowska 和 Matthew Humphrys 所做的工作表示衷心感谢。

---

① Convention Relating to the Status of Refugees (Geneva, 28 July 1951, entered into force 22 April 1954) 189 UNTS 137.

第一章 方钉与圆孔？环境权与私营主体

Natasha Affolder 著 区树添*译

第一节 引 言

有关公司和环境保护的研究通常表现为对公司的绝望或歌颂两个极端。一类是强调公司活动造成环境破坏，以及加强公司法律责任的必要性；另一类是颂扬公司和"市场工具"对推进可持续发展所做的贡献。法律学者倾向保持这种两极分化的视角，在国际公法与私人环境治理之间保持一面看不见的墙。本章在学说分离背景下论述这种两极化所忽略的许多其他问题，尤其注重对私营主体与环境权的交叉点更细致的理解。本章认为试图将私营主体描述为"英雄"或"恶棍"的做法掩盖了作为"私营"主体的多元化、私营主体所承担的角色冲突，以及在市场主导背景下环境权必然发生的重要性。①

在我们对环境权利的理解中，对私人部门的解释是什么？显然，除了简单地增加一章标题为"企业"或"私营主体"的方法外，还需要阐述更多的内容。前述"附加"方法弱化了公司法律责任理论的解释力。当权利和责任概念仅仅局限在国家和个人两个层面时，对公司法律责任理论的阐释便停滞不前。这是"方

---

* 区树添，法学博士，苏州大学王健法学院教师。

① 本章提出的环境权概念既强调了促进环境保护的程序性人权，也强调了发展健康环境的实质性权利。对于前者的讨论，参见 D. K. Anton and D. L. Shelton, Environmental Protection and Human Rights (2011), at 356. On the latter, see D. R. Boyd, The Environmental Rights Revolution (2012), at 20.

钉”和"圆孔"的矛盾。对私营主体的全面解释意味着需要摒弃对私营主体标准和战略进行单独叙述的路径。

本章认真思考挑战公司"不变"的论说、国家隐退、权利性质以及何为法律等观点的必要性，并且这些论说阻碍了对私营主体和环境权的两者的缜密思考。本章旨在对片面关注国家在环境立法作用的设想提供一种平衡。关键目标是将关于私营主体和环境权的讨论转移到某些可预测的规范性辩论之外。这试图阐明被学界所忽略的"私营"主体参与环境规范的多个层面。关注私营主体尽职调查实践、法律技术选择以及知识策略构筑等容易被忽略的活动，使得关于"私营"主体和人权的环境维度的对话中对私营部门的主流认识得以深化以及复杂化。

"私营"存在多个面向，但这一点在消除公私之间的界分中常被忽视。在强调公私界分不连贯的同时，又使得公私界分成为造成各种持续不平等的幌子①，这造成模糊"私营"概念的复杂性和多面性的风险。对环境和人权研究中"私营主体"的经典认知通常仅限于壳牌石油公司等大型跨国公司，及公司在"尼日利亚奥干尼（Ogoni）案"等案件中对社区的环境和生活条件的外部影响。② 这种仅仅关注《美国外国人侵权法》（*Alien Tort Statute*）中作为诉讼主体的跨国巨头公司的认知是一种对私营主体的片面认知。"私营"主体远远超出了全球少数的知名跨国公司。通过摆脱对私营主体"圣人或罪人"的二元划分，以及涉案金额高达10亿美元头条新闻的视野限制，可以深化和丰富人权"绿化"项目。通过研究甚少被关注的企业和私营组织（无论大小）的日常活动，可以理解环境权利以及对私营主体的错误认知是如何被建构的。

本章首先讨论了为什么不能在调查中简单地"增加"私营主体的板块。这从私营主体与环境规范互动的三个不同方面进行考虑，每个方面代表对这一问

---

① A. Riles, *Collateral Knowledge: Legal Reasoning in Global Financial Markets* (2011), at 8.
② 壳牌石油公司对奥干尼人和环境的影响被认为是商业和人权交叉的"典型例证"。参见本书第七章。奥干尼案现在已成为阐明环境权的一个重要标志。*Social and Economic Rights Action Center and the Center for Economic and Social Rights v. Nigeria*, African Commission on Human and Peoples' Rights, Case No. ACHPR/COMM/AO44/1 (27 October 2001) (the "Ogoniland case"). F. Francioni, "International Human Rights in an Environmental Horizon", 21 EJIL (2010) 41, at 51.

题的不同观点或角度。首先讨论公司企业的多面性。试图通过鼓励关注侵犯人权的公司责任与公司社会贡献之间的交叉研究，为新思维提供一些创造空间。

然后，文章的关注点从参与者变成法律工具，尤其关注合同形式的重要作用。私营主体正在进行影响环境保护的交易，并与社区、政府和其他机构一起解决负面环境影响。这些交易被转换为合同，从而将法律关注的范围从公众利益扩大到"合同方"的利益。环境治理的合同化揭示了巩固市场机制、保护私有财产权和合同自由的法律任务构想。

接下来对标准和指标下的环境信息产生、传播和构建进行研究。衡量和比较技术对环境权利概念的理解至关重要。可量化的标准和度量标准的激增说明了"审计"文化的需求，而商业和会计框架已经渗透到适当商业行为的法律概念当中。本节表明，许多在生物多样性保护中占主导地位的测量仪器的设计者并未考虑这些指标已被用于何种用途。

总结综合了通这三个部分的论述，阐明在公司化、私有化的框架和委托授权中，为何环境保护得到越来越多的关注。

环境法学中"权利话语"的发展是在市场化日益兴盛的世界中进行。不断变化国家架构和国际架构的结合迫使人们更加关注私营主体的角色及其对法律的影响。法律从中心舞台上消失了：它成为"只是环境监管机构工具包中的一种工具"[1]。因此，需要在国家与法律之间不断变化的联系理论领域中讨论私营主体的行为。[2] 市场环境主义对环境权以及选择促进环境权利的策略产生了重要的影响，而这常常被低估。本章聚焦于权利法律学者和关注市场的学者都没有涉及的部分。除了前述讨论的具体例证之外，本章还意在反思我们对环境权的思考，并阐明一系列更为广泛的议题，而这些议题可以使环境权与私营主体之间建立联系。更深入细致理解环境规范与私营主体之间的耦合可能为推进环境人权以及搭

---

① N. Gunningham, "Environmental Law, Regulation and Governance: Shifting Architectures", 21 Journal of Environmental Law (2009) 179, at 179.

② 关于全球化时代如何应对法学的方法论压力讨论，可以参见 P. Zumbansen, "Globalization and the Law: Deciphering the Message of Transnational Human Rights Litigation", 5 German Law Journal (2004) 1499, at 1500.

建环境人权的框架提供新的可能性。

第二节　私营主体的解释："附加"论述路径之外

解释私营主体需要学者愿意接受更多的传统理论和方法。很少有人认为，在全球范围内阐述超越国家行为外的环境治理是不合适的。然而，认识到超越国家中心主义的必要性说起来容易做起来难。

这个问题是致命的。目前主流的国际环境教科书通过在旧教科书中添加"非国家行为者"或"企业"或"非政府组织"等章节以承认非国家行为者的重要性。① 但是，教科书的其余部分不一定要重新考虑和承认非国家行为者的多重角色，同时目前学界中的主导理论并不能很好地解释这一事实。史蒂文·拉特纳（Steven Ratner）将其描述为摆脱国际环境法"教条束缚"的挑战，这种束缚继续"歪曲对国际环境制度的分析"。②

将环境保护与"私营主体"结合起来在许多层面上都面临挑战。这一挑战的三个方面与本章直接相关。首先是"私营"主体的含义。将某物选择标记为公共抑或是私人具有政治性。它用于证明某些结果的合理性。例如，非营利组织通常被认为包括在公众概念中。③ 但非营利组织也可以被认为非国家的（私人的）参

① D. Hunter, J. Salzman, and D. Zaelke, International Environmental Law and Policy (4th ed. , 2011) (devoting a 16-page section to the "The Role of Non-State Actors" which includes a discussion of non-governmental organizations (NGOs) and Business, at 255-271); P. Birnie, A. Boyle, and C. Redgwell, International Law and the Environment (3rd ed. , 2009) (this edition adds a chapter on "Non-stateActors: Environmental Rights, Liability and Crimes", at268); P. Sands and J. Peel, Principles of International Environmental Law (3rd ed. , 2012) (including a seven-page treatment of non-state actors, at 86-92); D. Bodansky, J. Brunnée, and E. Hey, The Oxford Handbook of International Environmental Law (2007) (containing free-standing chapters devoted to both "NGOs and Civil Society" (at 770) and to "Business" (at 807)).

② S. R. Ratner, "Business", in Bodansky et al. (eds.).

③ P. Pattberg and J. Stripple, "Beyond the Public/Private Divide: Remapping Global Climate Governance", 8 International Environmental Agreements: Politics, Law and Economics (2008) 367, at 371.

与者。① 公共和私人的内容和位置都不是固定的。

这种联合的第二个要素也日益引起人们的关注，即承认"私营主体"的环境治理可能不仅涉及权力的转移，还涉及意识形态的转移。罗伯特·福尔克纳（Robert Falkner）这样说：

> 在全球环境管理中对私人治理的日益依赖代表着一种对商业友好、面向市场环境政策的优待，而不是对人类活动与环境破坏之间关系的更全面和以生态为导向的理解。全球环境政治的"私有化"被认为是破坏全球治理中已建立的、以国家为中心的民主问责模式，这促进放松规制议程的过程，以削弱全球环境主义的变革力量。②

把重点放在私营主体与环境规范的联合上可能使那些能够轻松协调经济增长机会的环境事项获得特权。因此，在解释环境治理时要考虑私营主体，就涉及解构与新自由主义市场模式密切相关的环保主义的基础。

最后，深化与私营主体的联合可能会有损我们对法律理解的稳定性。这对深化现有的学术研究是一个可喜的发展。私人环境治理研究主要出现在国际关系学者的著作中。这是一项与国际公法一起发展而不是参与发展的研究。认真对待私营主体不仅威胁国际环境法的领土边界，也威胁法律本身的领土边界。这一挑战蚕食了法律所包含的、以国家为基础的规则体系的概念。这一概念构成了最近跨国环境法的关注焦点。③ 下文关于私营部门参与环境规范的研究表明，企业行为

---

① C. Scott, F. Cafaggi, and L. Senden, "The Conceptual and Constitutional Challenge of Transnational Private Regulation", 38 Journal of Law and Society（2011）1, at 3, definning the "non-state（or private as we prefer）in the sense that key actors in such regimes include both civil society or non-governmental organizations（NGOs）and firms（both individually and in associations）".

② R. Falkner, "Private Environmental Governance and International Relations: Exploring the Links", 3 Global Environmental Politics（2003）72, at 81.

③ 跨国环境法是一个旨在阐明环境法的跨国界维度的项目，它不局限于以国家为基础的法律和治理概念。非国家行为者的贡献和对多层次治理的认识是关键特征。The discussion of transnational environmental law in N. Affolder, "Transnational Conservation Contracts", 25 Leiden Journal of International Law（2012）443, at 446.

者的全球监管将继续对法律概念的固定观念构成挑战。①

第三节 私营主体的解释：三个例证

一、公司的多个面向

商业主体要比许多理论框架所假设的更加多样。但是，即使将重点放在单个公司上，也可以通过许多不同的方式来研究公司与环境规范之间的互动。其中包括根据国际环境法评估公司的法律责任②、致力于研究公司在环境领域中的社会责任③、对公司影响环境条约制定过程的评价④、关注公司作为环境融资的工具⑤，并了解公司在公共或者私人环境共同治理中的作用。⑥

将对公司的理解纳入环境法的一个主要挑战源于上述法律问题是分开解决的。揭露公司作为环境标准制定者角色的研究很少提及公司侵犯人权行为的法律责任。这些研究通常是涉及不同法律部分的孤立研究。这种盛行法律问题的分离后果是忽略了公司的多面性。

在公司社会责任方面的发展可以从公司法律责任与激励公司自愿性承诺的研究交流中得到一些启发。例如，公司法和证券法作为实现公司社会责任的工具越来越受到重视。这包括美国《多德-弗兰克华尔街改革和消费者保护法》（*Dodd-*

---

① 要想深思熟虑地回答"跨国公司的全球监管？"，参见 P. Zumbansen, "Neither 'Public' nor 'Private', 'National' nor 'International'：Transnational Corporate Governance from a Legal Pluralist Perspective", 38 Journal of Law and Society（2011）50.

② E. Morgera, Corporate Accountability in International Environmental Law（2009）.

③ G. Auldetal., "the New Corporate Responsibility", 33 Annual Review of Environment and Resources（2008）413.

④ S. Tully, Corporations and International Lawmaking（2007）.

⑤ 该研究正在围绕气候变化适应的商业融资而发展。UN Global Compact and UN Environment Programme, Business and Climate Change Adaptation：Toward Resilient Companies and Communities（2012）, available at ＜http：//www.unglobalcompact.org/ docs/issues _ doc/ Environment/climate/Business_and _ Climate _ Change _ Adaptation. pdf＞（last visited 29 September 2014）.

⑥ P. H. Pattberg, Private Institutions and Global Governance：The New Politics of Environmental Sustainability（2007）.

Frank Wall Street Reform and Consumer Protection Act）确立的两个规则：第一，要求公司公开披露其使用来自刚果民主共和国或毗连国家的冲突矿产①；第二，要求在证券交易委员会注册的公司公开它们为获得石油、天然气和矿物而向政府支付了多少费用的报告。② 这些规则采用了许多其他国家正在考虑仿效的方法。

从更好地理解公司的法律责任与公司的社会和环境实践之间联系的角度来看，《多德-弗兰克华尔街改革和消费者保护法》路径产生了许多问题：制定行业标准是否促进环境与人权的有益途径？整体标准是否可取？这是否会导致某些行业（例如采掘业）适用大量新法规，而其他行业（例如清洁技术公司）可能会落空呢？尽职调查的收集和标准是谁的任务？③ 跨国咨询公司正在将业务拓展至人权、环境和社会责任方面的进行竞争。④ 这对律师而言是一项更适当的任务吗？⑤ 是否有足够的空间让其他利益相关者参与阐明应进行哪些尽职调查以及应当如何进行？

这些问题表明，制定公司法律责任和责任标准不仅仅涉及通过事后解决公司驱动的人权或环境滥用问题的法律程序来"要求公司负责"。它还涉及了解公司如何在前端整合这些标准，以及如何通过其运营实践和公司治理来实施它们。公司问责制是关于改变行为准则的，其中人权和环境权问题是由公司"紧急地"而不是经过深思熟虑并按照严格的法律标准解决的。环境尽职调查是一个擅长企业管理的专家与能够为企业提供明智治理视角的人之间的讨论的领域。

---

① "冲突矿产"（conflict minerals）是一个认识到在冲突情况下某些自然资源交易有助于犯下严重侵犯人权和违反国际人道主义法行为的术语。Dodd-Frank Wall Street Reform and Consumer Protection Act（enacted 21 July 2010, Pub. L. No. 111-203, 124 Stat. 1376, HR 4173）（以下简称《多德-弗兰克法案》）第 1502 条将"冲突矿物"定义为锡石、铌钽铁矿、金和黑钨矿，以及它们的衍生物以及美国国务卿将来可能指定的其他矿物。

② 同上注，§§ 1502 and 1504.

③ 讨论利用证券监管促进人权，see G. Sarfaty, "Human Rights Meets Securities Regulation", 54 *Virginia Journal of International Law*（2013）97.

④ Satori Consulting, for example, frames the Dodd-Frank Act as providing "an opportunity for consulting firms". Satori Consulting, *Dodd-Frank and the Opportunities for Consulting Firms*, available at <http://www.satoriconsulting.com/assets/files/Dodd%20Frank%20and%20the%20Opportunities%20for%20Consulting%20Firms.pdf>（last visited 29 September 2014）.

⑤ 律师事务所同样在企业社会责任（CSR）中建立利基实践（niche practices）。参见美国 Foley Hoag 律师事务所的企业社会责任实践小组拥有自己博客——"企业社会责任与法律", available at <http://www.csrandthelaw.com/>（last visited 29 September 2014）.

考虑到反贿赂立法带来的一些实际变化，针对环境尽职调查实践的研究似乎也很合理。由于美国 1977 年的《反海外腐败法》（*Foreign Corrupt Practices Act 1977*）和其他国家基于实施 1997 年的《经济合作与发展组织反贿赂公约》（*Organisation for Economic Co-operation and Development（OECD）Anti-Bribery Convention 1997*）的国内立法，公司已实施了影响深远的尽职调查计划，该计划适用于其全球范围内的业务中。这项立法为思考环境权的实施提供了一种模式。

我们可以从联合国秘书处负责商业与人权的特别代表约翰·鲁吉（John Ruggie）于 2012 年 9 月发表的简报中窥见这里所设想的那种跨越边界、影响深远的思想。在美国最高法院审理的 Kiobel 诉讼过程中，同案皇家荷兰石油公司（Shell Oil）就商业和人权特别代表的报告作出了某些陈述。约翰·鲁吉教授与菲利普·奥尔斯顿（Philip Alston）教授一起为该案提交了"法庭之友简报"（an *amicus curiae* brief），以纠正对皇家荷兰石油公司报告的误解和错误引用。① 这段经历产生了一份强有力的问题简报：强调不可能将公司的社会责任倡议与公司作为诉讼被告的行为分开。

> 公司尊重人权的责任是否应该与诉讼策略完全脱离，尤其是在公司选择为自己辩护的理由的情况？诉讼策略是否应旨在摧毁整个司法机构以纠正严重侵犯人权的行为，特别是在存在其他法律依据以保护公司利益的情况？还是对社会责任行为的承诺包括公司有义务指示其律师避免可能的深远影响？②

这些评论极大推动了将诉讼策略和社会责任相结合的对话。

环境保护非政府组织（NGO）并没有失去对整个公司的关注，并充分发挥公

---

① Brief Amici Curiae of Former UN Special Representative for Business and Human Rights, Professor John Ruggie; Professor Philip Alston; and The Global Justice Clinic at NYU School of Law In Support of Neither Party, Esther Kiobel and Others v. Royal Dutch Petroleum and Others, US Sup. Ct., No. 10-1491, 12 June 2012.

② J. G. Ruggie. "Kiobel and Corporate Social Responsibility", Issues Brief for the Harvard Kennedy School（4 September 2012）, available at <http://www.hks.harvard.edu/m-rcbg/CSRI/KIOBEL_AND_CORPORATE_SOCIAL_RESPONSIBILITY%20%283%29.pdf>（last visited 29 September 2014）.

司在环境领域的影响力。非政府组织正在努力重新构想其作用和战略，以证明公司实力，以及其影响国际环境规范的事实。环保基金会（Environmental Defense Fund，EDF）是主要的环境保护非政府组织，它已在沃尔玛全球总部阿肯色州本顿维尔市设立了办事处，其目的是明确与沃尔玛携手合作，使"美国最大的商品采购商更环保"。① 实际上，这意味着对供应链合同机制作为改善环境机制的重视。

采购模式在界定公司环境足迹十分重要。据报道，沃尔玛70%的产品来自中国。这使沃尔玛成为仅次于德国的中国第六大贸易伙伴。② 埃克森美孚石油和天然气公司2011年的收入为4，670亿美元，超过了挪威的整个经济规模。③ 这些经济事实迫使全球环境保护非政府组织重新调整影响公司决策的战略，通常与关注传统抗议活动的企业建立联盟或"合作伙伴关系"。④ 法学家们不太愿意重新界定他们的学说，以证明公司对环境规范的影响力和复杂性。

上述讨论旨在表明将环境法与公司之间的互动限定在诸如"企业公民身份"或"企业法律责任"之类的封闭框架内，解释为什么这样会导致对私营主体参与环境立法的行为描述不清。企业环境责任的定义仍趋于狭义，狭义的企业环境责任提出与公司核心宗旨无关的、公司捐赠的观点。例如投资银行高盛（Goldman Sachs）捐赠了位于智利北部的68万公顷的原始森林，并捐赠了1200万美元用于建立和维护自然保护区。⑤ 以这种狭隘的方式界定企业环境责任，无法解释企

① Environmental Defense Fund, Bentonville, KS office, at <www. edf. org/offices/bentonville arkansas> (last visited 29 September 2014).

② A. Chan, "Introduction", in A. Chan (ed.), Walmart in China (2011) 1, at 4.

③ C. Albin-Lackey, "Without Rules: A Failed Approach to Corporate Accountability", Human Rights Watch Report (February 2013), available at <http: //www. hrw. org/world-report/ 2013/essays/112459> (last visited 29 September 2014).

④ T. Berman, This Crazy Time: Living Our Environmental Challenge (2011) for a very personal view of the challenge of navigating these partnerships.

⑤ 这个例证很有启发性，因为该倡议并非没有批评者。2006年4月，一群股东指控高盛（Goldman Sachs）总裁兼首席执行官亨利·保尔森（Henry Paulson）无权将公司资产用于此"个人项目"。这些股东表示，保尔森对环境保护的承诺构成了利益冲突，并要求保尔森向公司偿还"为促进个人利益而花费的任何股东资产"。高盛（Goldman Sachs）为公司的行为与公司的环境政策保持一致辩护。G. Burt, "US Shareholders Criticize Goldman Sachs for Park Deal in Chile", The Santiago Times (17 April 2006), available at <http: //en. mercopress. com/2006/ 04/17/u-s-shareholders-criticize-goldman-sachs-for-park-deal-in-chile > (last visited 29 September 2014).

业内部环境管理实践、活动和可能会助长破坏环境保护这一影响的广泛性。该观点还忽略了日常公司行为与活动以及法律责任问题之间的相互作用。

大卫·沃格尔（David Vogel）认为，新旧的企业社会责任（Corporate Social Responsibility，CSR）并存。前者指出了公司的慈善活动与公司的核心业务实践没有直接关系，例如上文高盛投资银行的例证。后者涉及公司将其所创造的外部性内部化的挑战，以及将社会和环境责任视为其核心业务活动的一部分的方式。① 新企业社会责任的目标是"指导并要求具体对环境和社会负责的行为"。

企业制定环境标准，对具有重大环境影响的项目进行融资或拒绝融资，通过提供保险或通过供应链合同将环境标准强加于其他企业，并通过合同关系监控业务绩效。在各种场合中企业都是具有环境意义的诉讼当事人——它们以环境为由提起诉讼，捍卫自己的权利，并通过《北美自由贸易协定》（North American Free Trade Agreement，NAFTA）中规定的仲裁等方式质疑环境法律规定。现有的企业参与环境法的理论，以及将这种参与限制在固定和孤立类别中的趋势，并未赶上企业参与环境规范的实践现实。② 企业是各种具有环境意义的诉讼当事人，它们以环境为由提起诉讼，为获得索赔自己进行辩护，并通过北美自由贸易协定（NAFTA）仲裁等挑战环境法。

二、合同形式的胜利

本部分讨论将从强调私营主体转向对法律形式的反思，尤其是对合同作为日益重要的环境治理机制的考虑。在私人协议中，合同条款中的环境要求同时存在于国家和国际两个层面。在欧洲和其他地区的许多国家中，污染者与监管者之间的谈判合同已成为一个监管的选择方式。③ 提倡气候合同是解决全球变暖的一种

---

① D. Vogel, The Market for Virtue: The Potential and Limits of Corporate Social Responsibility (2005).

② 我们可以看到关于"企业环境责任"的研究与探讨环境损害的"企业责任"的研究之间的鸿沟。Contrast N. Gunningham, *Corporate Environmental Responsibility* (2009) *with Morgera.*

③ E. W. Orts and K. Deketelaere (eds.), *Environmental Contracts: Comparative Approaches to Regulatory Innovation in the United States and Europe* (2001).

可行方法。① 供应链合同对跨国环境标准和食品安全的影响越来越重要。② 合同对于研究私营主体特别重要，因为其提供了一种在合同权利的私人关系中包含环境治理内容的机制。

环境权的合同化也适合于更大范围的环境治理市场化，其中碳市场、生物多样性补偿和生态系统服务付费都已进入环境治理体系中。这可能只是规则制定私有化的一个方面，尽管它常常被人们直接讨论，但是与全球私营监管机构（如国际标准化组织或国际会计准则理事会）不同，因为合同是分散的③。

对合同的考虑使我们意识到商业不再是唯一的"私人"参与者。从事市场活动的环境保护非政府组织正在对各种保护合同进行谈判。这些协议包括保护特许权协议、保护绩效协议、森林碳协议、私人保护区和公司保护区协议，以及用于自然交换的债务协议。这些协议中有许多是跨国性质的。它们提出了在生态系统服务市场内进行交易的策略，通过合同形式制定个人交易。合同灌输并规范了交易环境成本和收益的私有化概念。它将争议解决私有化，并赋予协议的"缔约方"以特权。

合同的运用对人权的实施具有深远的影响。例如，保护绩效付款协议向社区支付保护森林或流域之类资源的费用，可能会使保护与社区发展脱节，并使当地社区丧失使用自己土地的合法愿望。由于协议是私人的和保密的，因此通常无法知道合同文件中有哪些权利被交易了。在最近关于"土地争夺"的研究和倡导中，这一点得到了强调，在非洲尤为如此。只有通过一些司法工作将合同文本拼凑在一起，才能清楚因合同机制而消除权利的范围。④ 保护合同进一步产生了议

---

① E. W. Orts, "Climate Contracts", 29 *Virginia Environmental Law Journal* (2011) 197, at 205.

② F. Cafaggi, "Private Regulation, Supply Chain, and Contractual Networks: The Case of Food Safety", *EUI Working Paper*, Robert Schuman Center for Advanced Studies Working Paper No. 2010/10 (February 2010), available at <http://cadmus.eui.eu/bitstream/handle/1814/13219/RSCAS_2010_10.pdf> (last visited 29 September 2014).

③ 关于更广泛地讨论全球规则制定的私有化，参见 T. Büthe and W. Mattli, *The New Global Rulers: The Privatization of Regulation in the World Economy* (2011).

④ 特别值得注意的是洛伦佐·科图拉（Lorenzo Cotula）揭示"土地掠夺"合同文本的工作。L. Cotula, *Land Grabs in Africa: What's in the Contracts* (2011).

程的设置问题。外国人"保护"议程最终会抹去当地社区的议程吗？在南北背景下，将合同作为保护手段的框架存在很大的问题，因为这些协议将环境事项视为互不关联的，而不是认为其与经济现实存在错综复杂的联系。

在环境合同的背景下，要弄清通过合同的治理（governance by contract）和对于合同的治理（governance of contract）的含义，还有许多工作要做。考虑私营主体在这些合同交易中的角色意味着要适应非国家行为者不仅是参与者，而且是环境协议的主要设计者；私人协议和闭门谈判程序对获取信息造成威胁；确定权力来源和问责渠道变得复杂。环境治理的新调整以及私人合同对在谈判中几乎没有发言权的选民的影响引起了人们的关注。

合同是一次性的、经过谈判的文件，因此上述概括仅是部分说明。通过研究一个例证，也许可以更好地理解环境合同现象。下文针对森林碳合同的影响进行案例研究，我们可以对这种现象进行细致的观察。

长期以来，关于国际政策的讨论已经认识到，保护和恢复森林对于长期解决气候变化至关重要。对于某些人来说，利用私人投资者保护森林的理念不仅可以作为碳汇，而且还可以提供生物多样性和社区利益，这是最终的"双赢"。对于其他人而言，森林碳合同将注意力从降低发达国家消费的关键问题转移了，从而为政府和企业提供了"诱人的金融和生态资源"：

> 如果您向贫穷的政府和/或穷人付钱以进行植树造林或不砍伐森林，并且可以节省可用于抵销排放的碳信用而获得配额，那么您既可以出售减排信用额度，也可以照常在北半球营业。①

尽管关于采用市场方法应对气候变化的可取性的讨论不断增加，甚至不时爆发，但森林碳市场已经建立并正在扩大。森林碳合同可以涉及与森林有关的许多不同活动，包括：造林项目（在近期历史上没有造林的土地上植树）、再造林活动（重新种植森林）、改进森林管理项目，其中涉及加强当前林地中的

---

① D. Takacs, "Carbon into Gold: Forest Carbon Offsets, Climate Change Adaptation, and International Law", 15 *Hastings West-Northwest Journal of Environmental Law & Policy* (2009) 39, at 59.

碳储量的活动，并避免毁林项目（也称为通过减少砍伐森林和减缓森林退化而降低温室气体排放）（Reducing Emissions from Deforestation and Degradation or REDD projects）。①

区分国家、企业和民间社会组织②，这种对气候变化制度中的参与者进行概念化和区分的传统方法在理解参与森林碳合同的缔约方方面可能应用有限。非政府组织、营利性商业组织、基金会和信托基金以及公共机构承担着与投资者、承包商和标准制定者相同的角色。此外，个人合同通常构成合同网络的一部分，在个人森林碳市场交易中牵涉到公共和私人参与者的多样性。这些现实再次迫使人们与传统的公共和私人框架进行对抗。

私人行为者参与森林碳合同的观念已经根深蒂固，但其仍在不断演变。森林碳交易的早期"先驱"主要是非政府组织及其专注于市场的特殊目的的子公司。营利性公司现在正在更大程度地进入森林碳市场，其中包括法国巴黎银行（BNP Paribas）和俄罗斯天然气工业股份公司（Gazprom）等主要金融公司。③ 这种转变的影响尚未完全展现出来。例如，根据气候、社区和生物多样性标准进行认证需要一个森林碳项目来为社区和生物多样性带来除碳汇以外的额外收益。关于这种模式的项目实践已经发生了很大的变化，并且随着保护组织被金融机构和公司所取代，变化甚至会更大。

森林碳合同（特别是在国家以下的层级）是建立在私有财产权和合同订立自由法律制度的前提下的。森林碳市场借鉴了环境责任的概念，即私人行为者承担应对气候变化的责任，而不是国家。这种远景远未得到普遍认同。一些国家可能根本不允许私有碳所有权；④ 或各国政府可能声称自己拥有碳权利（carbon

---

① 减少毁林和退化引起的排放（REDD）的领域现在扩大到包括 REDD+（其中包括养护、可持续森林管理和提高森林存量的作用）和 REDD++（涉及更广泛的土地利用，包括植树造林、农业和泥炭管理）。Generally, J. Costenbader（ed.），*Legal Frameworks for REDD*：*Design and Implementation at the National Level*（2009）.

② E.g., K. W. Abbott, "The Transnational Regime Complex for Climate Change", 30 *Environment and Planning C*：*Government and Policy*（2012）571.

③ D. Diaz, K. Hamilton, and E. Johnson, *State of the Forest Carbon Markets* 2011：*From Canopy to Currency*（2011）, at iv.

④ D. Takacs, *Forest Carbon*：*Law and Property Rights*（2009）, at 17.

rights）的专属所有权。①

批评人士特别警惕森林碳市场等新的"自然"市场加剧南北半球不平等并阻碍非市场对环境退化反应的方式。② 这种不平等具有一系列环境权利维度，强调市场创造和碳交易可能会掩盖这些维度。③ 森林碳合同是从一系列特殊的市场和社会现实中产生的。将依赖合同来解决全球环境问题进行制度化，这增强了对市场和市场法律观念的依赖。

关于森林碳合同的法律研究明显分为两部分：第一，基本上没有批评的研究，将森林碳合同视为法律和商业结构，并提出了通过合同条款解决法律不确定性的实用建议④；第二，通过更广泛的社会和环境司法视角解决了契约现象的研究，特别关注通过减少砍伐森林和减缓森林退化而降低温室气体排放的框架和国际法中的公平问题。⑤ 尽管森林碳合同与"公共"价值，以及富有争议的、诸如通过减少砍伐森林和减缓森林退化而降低温室气体排放之类的"公共"方法紧密相关，它们在法律上被视为跨国商业合同。其条款和结构都模仿其他跨国销售协

---

① 新西兰政府于 2002 年宣布，特定固碳活动所产生的所有权利和义务归政府所有。该决定引起了重大的政治争议，该政策决定于 2007 年被撤销，允许森林所有者作为新排放交易系统的一部分要求森林碳信用额度。但是在 2008 年大选之后，政府暂停了这项森林碳信用额私有制计划的实施。新西兰的例证揭示了各种森林管理者对森林碳公有制的反对。K. Gould, M. Miller, and M. Wilder, "Legislative Approaches to Forest Sinks in Australia and New Zealand: Working Models for Other Jurisdictions?", in C. Streck *et al.* (eds.), *Climate Change and Forests: Emerging Policy and Market Opportunities* (2008) 253, at 267-268.

② P. Bond, "Emissions Trading, New Enclosures and Eco-Social Contestation", 44 *Antipode* (2011) 684; Corson and MacDonald, "Enclosing the Global Commons: The Convention on Biological Diversity and Green Grabbing", 12 *Journal of Peasant Studies* (2012) 263, at 264.

③ L. Lohman, "Carbon Trading, Climate Justice and the Production of Ignorance: Ten Examples", 51 *Development* (2008) 359, at 364. （"……碳交易是过去十年在国家和国际层面上根深蒂固的'气候发展'计划的一部分，其组织方式甚至使人们更加难以了解气候的核心问题。"）

④ E. g., M. Wilder and P. Curnow, "Trading Carbon as a Commodity: Sale and Purchase Agreements for Carbon Credits", 25 *Australian Mining and Petroleum Law Association Yearbook* (2005) 351; L. Fitz-Gerald, "Carbon Contracting", in D. Freestone and C. Streck (eds.), *Legal Aspects of Carbon Trading* (2009) 295.

⑤ E. g., D. Takacs, "Forest Carbon Offsets and International Law: A Deep Equity Legal Analysis", 22 *Georgetown International Environmental Law Review* (2010) 521.

议。正如清洁发展机制（Clean Development Mechanism，CDM）合同的一项起草指南所指出的那样："从清洁发展机制项目中出售经核证的减排量（Certified Emission Reductions，CER）类似于从项目中出售任何商品（如购电协议中的电力）。"① 换句话说，森林碳合同的起草者并没为使协议适应其新主题作出任何努力。

森林碳合同的主要挑战在于，尽管其法律形式符合商业合同惯例的要求，但其主题却涉及商业合同法无法解决的法律问题。森林碳合同的纠纷在哪里处理？博客、非政府组织新闻稿和学术著作都谴责了这种不公平现象，（上述合同纠纷）并不能在适用国内合同法的国内法院予以解决。② 它们认为，特定合同与公共政策相反无效的指控正在泛滥，③ 但这些问题并没有得到解决。例如，巴西帕拉州蒙杜鲁库人（Munduruku）与爱尔兰天绿创投公司（Celestial Green Ventures）之间的 1.2 亿美元合同被巴西政府的原住民事务机构（FUNAI）认定为无效，理由是土地所有权归政府所有，而不是归社区所有。④ 一合同条款还禁止土著人民以传统方式使用森林，这与公共政策背道而驰。⑤

这不是唯一的情况。原住民事务机构以土地权属不明确为由对巴西原住民与国际公司之间的至少 30 份合同提出了质疑。目前尚不清楚这些索赔（涉及财产

---

① M. Wilder, M. Willis, and J. Carmody, *Legal Issues Guidebook to the Clean Development Mechanism* (2004), at 99.

② E. g. , Bartlett, "The Carbon Cowboy", 60 *Minutes* (6 July 2012), available at <http://sixtyminutes. ninemsn. com. au/stories/8495029/the-carbon-cowboy > (last visited 29 September 2014); F. Carus, "British Deal to Preserve Liberia's Forests 'Could Have Bankrupted' Nation", *The Guardian* (23 July 2010), available at <http://www. theguardian. com/environment/2010/jul/23/uk-liberia-carbon-forest-bankrupt> (last visited 29 September 2014).

③ E. g. , K. Tienhaara, "The Potential Perils of Forest Carbon Contracts for Developing Countries: Cases from Africa", 39 *The Journal for Peasant Studies* (2012) 551, at 567.

④ Fundaçao Nacional do Indio (FUNAI), "Esclarecimentos da Funai sobre atuaçao do Mercado voluntário de REDD em Terras Indígenas" ["FUNAI, clarification on the role of voluntary market REDD on Indigenous Lands" (trans. ed.)] (3 March 2012), available at <http://pib. socioambiental. org/en/noticias? id=111116> (last visited 29 September 2014).

⑤ 此条款在巴西调查新闻网站 *Publica* 的一份报告中转载，并翻译为：C. Lang, "绿色环保大创举：巴西 REDD 碳补偿项目的 2000 万公顷", *REDD-Monitor* (13 March 2012), available at <http://www. redd-monitor. org/2012/03/13/celestial-green-ventures-20-million-hectares-of-redd-carbon-offset-projects-inbrazil/> (last visited 29 September 2014).

和合同问题的混合）是否会被诉至国内法院。非政府组织已经承担了监督跨国碳合同监督者的角色，例如全球见证（Global Witness），其发起针对有问题协议的抗议或者主张合同无效的运动。① 与其他跨国合同一样，② 这些合同监测通过第三方干预进行，尤其是通过非政府组织、媒体以及认证和验证机构等第三方干预来进行。

　　为了帮助法律转变，以适应森林碳市场，各种"支持性法律框架"（supporting legal frameworks）的指南已被制定，③ 合同范本已经推出，针对特定国家的建议已经被提供④，资金已经被用于"通过减少砍伐森林和减缓森林退化而降低温室气体排放准备"计划（将法律改革为适应避免森林砍伐和将碳承认为法律概念）。这些法律改革以完善的出版物、建议、工具和成功案例为后盾。其森林碳合同研究和出版物的资助来自私营公司、律师事务所、非政府组织、政府和政府间组织的联合体。⑤

---

　　① Global Witness 呼吁人们注意英国公司与利比里亚政府之间的一项欺诈性碳协议，这导致该碳公司的首席执行官被捕。Global Witness，"Global Witness Investigation Leads to UK Arrest over Carbon Deal in Liberia"，Press Release（4 June 2010），available at <http：//www. globalwitness. org/library/global-witness-investigation-leads-uk-arrest-over-carbon-deal-liberia >（last visited 29 September 2014）.

　　② 管理食品安全的跨国合同也出现过类似情况。

　　③ E. g., Y. Agidee, *Forest Carbon in Ghana：Spotlight on Community Resource Management Areas*（2011），at 1. 该报告来自卡通巴集团的法律倡议国家研究丛书。同一系列中的另一份报告涉及承认越南红树林生态系统服务付款的法律框架，该报告的开头是承认有必要就常设红树林的价值发出"价格信号"。S. Hawkins *et al.*, *Roots in the Water：Legal Frameworks for Mangrove PES in Vietnam*（2010），at v.

　　④ E. g., S. Hawkins *et al.*, *Contracting for Forest Carbon：Elements of a Model Forest Carbon Purchase Agreement*（2010），at iv.

　　⑤ 这些支持者包括野生动物工程（Wildlife Works）、世界银行生物碳基金（World Bank BioCarbon Fund）、生态系统恢复协会（ERA Ecosystem Restoration Associates）、贝克·麦肯齐（Baker & Mackenzie）、挪威船级社（Det Norske Veritas）、生态信托（Ecotrust）、森林碳集团（Forest Carbon Group）、面向未来（Face the Future）、美国国际开发署（USAID）、戴维与帕卡德基金会（David and Lucelle Packard Foundation）、戈登与贝蒂·摩尔基金会（Gordon and Betty Moore Foundation）、约翰 D. 与凯瑟琳 T. 基金会（John D. and Catherine T. Foundation）、全球环境基金（the Global Environmental Facility）、联合国开发计划署（the United Nations Development Programme），以及挪威发展合作署（the Norwegian Agency for Development Cooperation）。

这些"法律倡议"和法律改革的出版物所传达的信息来自市场环境主义，其前提是认可环境保护应通过对自然定价，保护私营财产权以及在全球市场上交易这些权利来进行。① 市场环境主义有可能推进有限的工具主义的法律观点。在这种观点中，法律被视为可以促进或阻碍"创新"环境市场发展的机制或工具。② 此观点隐含的思想是私有财产权与合同契约自由是通过法律促进的普遍价值。国家所有权被视为阻碍市场方法传播的"障碍"。③ 在认可国家责任和立法解决气候变化和保护森林的情况下，没有更多的空间来容纳更多的法律概念、功能及其愿景。

三、测量环境知识

本节探讨的私营主体参与环境权的第三个方面，即通过指标和衡量工具来构建环境知识的问题。测量技术对于环境权这个概念至关重要：什么构成清洁空气，是干净的水、自然保护区、不可接受的排放水平，还是参与权？迄今为止，对于那些创造衡量环境权利标准的人来说，显然还缺乏系统的关注。公司对环境绩效的要求（以及对公司的要求）越来越多地基于比较的概念：公司的业绩好于或差于同行，或者比应该约束它们的明确标准更好或更糟。比较的内在本质是可以进行比较的一些通用基础（或度量标准）的概念。

学者们注意到可量化标准作为全球化商业和全球治理技术的扩散。④ 这项研究特别关注指标，这些指标由凯文·戴维斯（Kevin Davis）、本尼迪克特·金斯伯里（Benedict Kingsbury）和萨莉·恩格尔·梅里（Sally Engle Merry）定义，具

---

① D. Liverman, "Who Governs, at What Scale and at What Price? Geography, Environmental Governance, and the Commodification of Nature", 94 *Annals of the Association of American Geographers* (2004) 734.

② 对于国际投资协议中"法律作为工具"的概念的批评，参见 N. Affolder, "Beyond Law As Tools—Foreign Investment Projects and the Contractualization of Environmental Protection", in P.-M. Dupuy and J. Viñuales (eds.), *Harnessing Foreign Investment to Promote Environmental Protection: Incentives and Safeguards* (2012).

③ 卡通巴集团（Katoomba Group）关于越南的报告提出了国家所有权，这阻碍了越南为实现生态系统服务而向私人红树林支付款项。

④ K. E. Davis *et al.* (eds.), *Governance by Indicators: Global Power through Quantification and Rankings* (2012).

体如下：

> 指标是排名数据的命名集合，旨在代表不同单位的过去或预期绩效。数据是通过简化有关复杂社会现象的原始数据的过程生成的。数据经过简化和处理后，可以用于同步或随时间比较特定的分析单位（例如国家、机构或公司），并可以参考一个或多个标准来评估其性能。①

萨莉·恩格尔·梅里认为，指标的力量可以追溯到"数字的魔力以及它们传达的确定性和客观性的表象"。②

从理论上讲，在一个不确定的世界中，需要将复杂的想法转化为更简单的指标，即可以计数、测量和比较的单位。在人权法③、公共卫生覆盖法④和商业质量法的案例研究中描述了如何将指标作为全球治理的工具加以完善。该学术研究尚未渗透到环境法和治理的研究中，但是它对国际环境法的意义是深远的。

在接下来的部分中，笔者将探讨衡量生物多样性的指标的兴起，这些指标的制度化以及将环境指标作为治理工具而确立的某些含义。这些测量工具中的许多工具以及它们享有的专业知识已被国际法律文书和方法不加批判地接受。尽管有可能认识到衡量环境保护和绩效指标和标准的重要性日益增加，但这些测量工具的创建者却往往被蒙在鼓里。

该讨论建立在早期将公司视为多元参与者以及合同在环境治理中的关键作用的基础上。衡量环境影响的指标和度量标准的出现，在一定程度上说明了会计和公司思维形式在更广泛的社会领域中日益普及。特别是公司需要制定度量标准来满足"审计文化"的要求。⑤ 环境治理的公司化带来了量化的可衡量单位的环境

---

① K. E. Davis, B. Kingsbury, and S. E. Merry, "Indicators as a Technology of Global Governance", 46 *Law & Society Review* (2012) 71, at 73-74.

② S. E. Merry, "Measuring the World: Indicators, Human Rights, and Global Governance", 52 *Current Anthropology* (2011) S83, at S84.

③ E. g., M. L. Satterthwaite, "Rights-Based Humanitarian Indicators in Post-Earthquake Haiti", in Davis *et al.* (eds.).

④ A. Fisher, "Immunization Coverage Indicators: Technology of Public Health Governance", in Davis *et al.* (eds.).

⑤ M. Power, *The Audit Society: Rituals of Verification* (1999).

绩效、环境危害和环境改善的需求。这些商业和会计框架渗入了适当商业行为的法律概念，以及可以明确阐明权利方法的标准。

1. 名录、度量标准、类别和指标

在生物多样性保护中占主导地位的名录、度量标准、类别和指标有哪些？在这种情况下，运行中的指标可能并不明显。我们看到政府和公司都采用的指标和清单，示例包括世界自然保护联盟（IUCN）红色名录和红色名录索引，《世界遗产名录》和《世界濒危名录》、世界自然保护联盟自然保护区类别、《生物多样性公约》的"爱知目标"（Aichi Targets），以及海洋健康指数以及非政府组织开发的方法，例如"生物多样性热点"的概念。这些测量工具或清单的许多设计者都没有考虑将这些指标用于更广泛的用途，没有考虑它们对于组织公司环境战略或作为全球治理工具的重要性。其他人对这些法律标准的"发现"促使其成为规范基准。

学者们已经注意到，在监管不发达的地区，指标如何才能起到重要的监管作用。[1] 一旦创建了这些指标或衡量工具，它们就可以发挥自己的作用。特别是在生物多样性的背景下，衡量工具似乎是科学驱动的，其创造的社会和政治因素也被模糊了。学者开始记录如何创建和使用指标是一个社会过程。但是，法律学者对于使用这些统计数据和会计工具进行治理的重要性一直保持沉默。创建这些工具的专家没有被准确识别。当然，这与在诉讼中使用专家形成对比，在各个专家可以被识别后，审查他们的资格条件具有挑战性。

国内环境法和国际环境法均依靠指标来履行全球规范，并衡量环境保护和遵约的情况。例如，最近推出的挪威自然指数旨在概述挪威主要生态系统中的生物多样性状况，从而衡量在实现制止生物多样性丧失这一目标方面取得的进展。[2] 它被纳入了世界自然保护联盟红色名录（用于测量濒危物种）和挪威黑名单（用于测量外来物种）。

2006 年，《生物多样性公约》采用了 22 个跨学科标题指标的框架，用于衡量在减少生物多样性丧失目标方面的进展。这项工作被再次进行，以阐明 2010

---

[1] 为了说明这种情况在社会投资领域是如何发生的，参见 S. Dadush，"Impact Investment Indicators: A Critical Assessment", in Davis *et al.* (eds.).

[2] Norwegian Nature Index, available at < http: //www. environment. no/Topics/Biological diversity/The-Norwegian-Nature-Index-/> (last visited 29 September 2014).

年后的指标。① 鼓励各国以及各区域使用这些指标。② 但是，这些指标的发展仍然非常不平衡。有一些概念已经很完善，而有一些根本没有。③ 这不足为奇，因为某些概念无法轻松地转化为数字，例如参与或有意义的自由，事先和知情同意。其他诸如温室气体排放的概念则转化得很好。此外，某些指标对生物多样性指示很微弱。森林覆盖率可能对森林质量或状况几乎没有影响。如果仅以公顷为单位对自然保护区进行量化，则基本无法揭示保护程度。

在此不应该忽视的更重要的一点是，随着指标被不同的受众所采用，这些应用远离了最初的创建目的，指标本身的限制或不足会变得模糊或者被掩盖。通过仔细查看世界自然保护联盟红色名录及其红色名录索引，可以明显看出这一点。

2. 案例研究——世界自然保护联盟红色名录和红色名录索引

《世界自然保护联盟濒危物种红色名录》(*Red List of Threatened Species*)（以下简称《红色名录》），是生物多样性界众所周知名录。它提供了有关超过71 500种动植物物种保护状况的信息，包括所有已知的哺乳动物、两栖动物、鸟类、针叶树和苏铁科植物。④《红色名录》通常将物种从绝灭到无危分为八类。

《红色名录》是由世界自然保护联盟制定的。世界自然保护联盟自称为"民主会员联盟"，其拥有1200多个会员组织，其中包括200多个政府和900多个非政府组织，以及来自160多个国家、近11 000名志愿科学家分布在六个专家委员

---

① Convention on Biological Diversity, Ad Hoc Technical Expert Group Meeting on Indicators for the Strategic Plan for Biodiversity 2011—2020, "Indicators for the Strategic Plan for Biodiversity, 2011—2020" UN Doc. UNEP/CBD/AHTEG-SP-Ind/1/2（20 May 2011）, available at <http://www.cbd.int/doc/meetings/ind/ahteg-sp-ind-01/official/ahteg-sp-ind-01-02-en.pdf>（last visited 29 September 2014）.

② The Streamlining European Biodiversity Indicators Project 2010, available at <http://biodiversity.europa.eu/topics/sebi-indicators>（last visited 29 September 2014）, the aim of which was "to develop a European set of biodiversity indicators—based on those already existing, plus new indicators as necessary—to assess and inform about progress towards the 2010 targets".

③ M. Walpole *et al.*, "Tracking Progress toward the 2010 Biodiversity Target and Beyond", 325 *Science*（2009）1503.

④ The IUCN Red List of Threatened Species, "Celebrating 50 Years of The IUCN Red List"（30 January 2014）, available at <http://www.iucnredlist.org/news/celebrating-50-years-of-the-iucn-redlist>（last visited 29 September 2014）.

会中。①《红色名录》于1963年首次提出，但最初采用了一种临时的、主观的方法来评估物种灭绝的风险。1994年，一套更加"客观和科学"的评估程序得到发展，该程序应用于1996年创建的《红色名录》。多年来，这套评估程序得到不断调整和完善，从而形成了目前的表现形式：《世界自然保护联盟红色名录类别和标准——3.1版本》。②

《红色名录》是衡量许多其他生物多样性保护指标和系统的基础。其数据用于衡量《生物多样性公约》2010年和2020年目标的进展。千年发展目标将《红色名录》作为指标，"全球报告倡议组织"也将其作为指标，该倡议要求公司报告在受公司运营影响的区域中，属于《红色名录》栖息地的物种数量。③《红色名录》渗透在环境评估立法、企业环境报告表和国际金融机构风险因素分析中。④

《红色名录》催生了一个指标，以追踪物种集合的保护轨迹，即世界自然保护联盟的《红色名录索引》。《红色名录》提供物种状况的概貌，而《红色名录索引》则着眼于随着时间的流逝，物种如何在《红色名录》中进行分类，并从趋势中推断灭绝率。⑤《红色名录索引》使用公式来计算预期物种灭绝率或亚种的损失。从数据角度来看，主要前提是相关物种已经过两次红色名录评估。这两个评估通过以下方式计算两个数值：

每个《红色名录》类别中的物种数量乘以类别权重（范围0~5：0表示无危，1表示近危，2表示易危，3表示濒危，4表示极危，5表示野外绝灭和绝

---

① International Union for Conservation of Nature Website, at http: //www. iucn. org/about/ (last visited 29 September 2014).

② IUCN Species Survival Commission, "Guidelines for Using the IUCN RED List Categories and Criteria—Version 3. 1" (IUCN, 2012), available at <http: //www. iucnredlist. org/technical-documents/categories-and-criteria/2001-categories-criteria> (last visited 29 September 2014).

③ Global Reporting Initiative, *Indicator Protocols Set—Environment* (2011), at EN15.

④ 《澳大利亚北领地环境评估指南》(*The Environmental Assessment Guidelines for the Northern Territory in Australia*)，在借鉴《红色名录》基础上建立了濒危和极度濒危物种标准。Northern Territory Government, *Environmental Assessment for the Northern Territory*：*Terrestrial Fauna Survey* (2011), at 23. 欧洲投资银行是另一个机构对生物多样性的评估依赖于红色名录的例证。European Investment Bank, *The EIB Statement of Environmental and Social Principles and Standards* (2009), at para. 68.

⑤ S. H. Butchart *et al.*, "Improvements to the Red List Index", 2*PLoS ONE* (2007) e140.

灭）。将这些乘积相加，除以最大可能乘积（物种数乘以最大重量），然后从1中减去，产生的数值范围为0～1。①

然后将评估的数值绘制成图表，推断出灭绝趋势。《红色名录索引》已用于衡量在实现《生物多样性公约》目标方面的进展。② 联合国大会也通过了《红色名录索引》，将其作为减少生物多样性丧失的千年发展目标7的指标。③《红色名录索引》也已经被《拉姆萨尔公约》和《迁徙物种公约》"考虑采用"。

该指标在国际上的接受程度和使用频率的增加都有可能掩盖该指标本身的科学评判。一个确定的问题是，红色名录索引值受《红色名录》评估的频率影响：

> 在特定时间点的红色名录索引值取决于自基准年份以来的评估次数。换句话说，评估的频率会影响红色名录索引值。这是因为红色名录索引值是相对于先前评估的值计算的……如果将两个或更多以不同频率评估的物种的红色名录索引值进行比较，这将带来很大的困难。

这种情况很可能出现在"涉及数千名科学家的重大评估计划……（正在）按物流和资金机会确定的时间周期运行"。

这里更重要的一点是，指标成为政策目标产生了一个问题，即它的新作用是否会威胁到该指标的有效性及其所依据数值的评估。④ 在科学研究中，可以很容易地找到对《红色名录索引》作为生物多样性指标的批评。⑤ 但政策研究中却并非如此。阿德里安·牛顿（Adrian Newton）指出，更多地使用《红色名录索引》作为政策或治理工具有可能破坏其作为指标的效用和准确性。他建议，不鼓励对

---

① P. J. Bubb *et al.*, *IUCN Red List Index—Guidance for National and Regional Use* (2009), at 7.

② Conference of the Parties to the Convention on Biological Diversity, *Revised and Updated Strategic Plan: Technical Rationale and Suggested Milestones and Indicators* (18-29 October 2010), at 5.

③ IUCN Global Programme Team, "Congress Paper CGR/2008/8—Annex 2", at 11.

④ A. C. Newton, "Implications of Goodheart's Law for Monitoring Global Biodiversity Loss", 4 *Conservation Letters* (2011) 1.

⑤ 这些批评可追溯到物种分类学覆盖范围不均匀、观测工作的不一致以及变化的事实反映的是知识的变化，而不是物种状态的变化。

特定种群进行进一步的《红色名录》评估，以避免产生负面影响。

政策制定者使用《红色名录》和《红色名录索引》的部分原因是很难找到权威指标的替代者。公司和政策领域对指标的需求都很大，而且这种需求还在不断增长。①

为什么这些指标及其制定者与环境权的"私人"维度的研究相关？这里有重要的经验教训可以对环境权进行更为广泛的分析。什么被测量的东西被计算在内？什么没有测量？"环境"权利的定义中没有包括什么？诸如《红色名录》和《红色名录索引》之类的计量单位形成并构筑了明确表达环境权和计算环境风险的主要语言和术语。它们成为一种重要的"货币"，通过反复使用，其合法性得到了加强。我们需要更多的研究来阐明知识创造和知识影响的私人过程，这是环境治理中越来越多地使用度量标准、名录和指标的基础。

四、结语

为了看到构想和阐明人权的环境维度的新可能性，需要一种新的方式来理解私营主体与环境规范之间的交集。面对固定的剧本，这涉及习惯性将法律问题分割以及对法律相关主题的有限认知。

本章借鉴了大多数关于环境人权的研究所不熟悉的例证和方法。本章参考的不是案例法，而是沃尔玛的市场份额以及正在积极推动碳市场的非政府组织。所审视的法律研究对象不是权利和诉讼策略，而是私人合同、供应链压力以及新兴的环境标准和指标。此处的中心论点是，私营主体参与者并没有占据与国家及其政府和关键机构不同的领域。现在是时候停止把法律描述成它们与我们想象的那样。这意味着需要在环境法理论和概念中为私营主体腾出空间。这样做并不意味着"国家从既有的框架中消失"。相反，新的愿景可以变得更加包罗万象，因此

---

① 对指标的需求不断增长，部分原因是整个行业和活动领域对社会和环境影响评价的需求不断增加。国际环境条约的报告要求也对各国政府提出越来越多的要求，以提供其履行环境条约义务的证据。例如，联合国可持续发展委员会要求各国政府在年度报告中使用指标作为衡量可持续发展进展的机制。United Nations, Department of Economic and Social Affairs, *Indicators of Sustainable Development: Guidelines and Methodologies* (3rd ed., 2007), available at <http: // www. un. org/esa/sustdev/natlinfo/indicators/guidelines. pdf > (last visited 29 September 2014).

更贴近现实。

本章的重点是挖掘私营主体参与环境权中鲜为人知的方面，也许是不光彩的方面——在法学界少有的关于环境治理方面。本章的目的是通过仔细观察一个私营主体参与者（企业）、一个法律机制（合同）和一个知识来源（度量和指标）来表明私营主体参与环境规范的混乱性和复杂性。

这三个看似不相关的、关于私营主体参与环境规范的讨论放在一起表明：市场环境主义不仅仅是一个单独的领域，它与通常讨论权利的公共场所共存甚至互动。关注人权需要承认市场主导的框架，这些框架是21世纪全球环境政策议程中的重要组成部分。

发展和加强人权的环境维度并不意味着将人权方法与日益增长的市场化或可持续性公司化相协调。认识到私人市场行为与公共环境规范之间复杂的相互作用并不意味着对关键环境规范的命运持乐观态度。本章既不是为了找到共同点，也不是为"绿化"人权法建立"双赢"方法。相反，对私人参与环境权利的多个层面的认识为承认基于权利的方法与市场方法之间的张力创造了空间。在联合国可持续发展大会（里约+20会议）之后，其主要成果是增加了公司对可持续性报告的承诺，① 现在该机制更多地参与人权环境事项的时机已经成熟。事实上，人权话语可能为抵御日益受市场支配和市场参与者需求影响的全球"绿色经济"提供了难得的机会。

---

① P. Clark, "Rio +20 to Push Sustainability Reporting", *The Financial Times* (17 June 2012); P. Clark, "A Tipping Point on Sustainability Disclosure in Rio?", *Forbes* (19 June 2012).

第二章　惠益分享：连接跨国公司在环境与人权问责制之间的桥梁

Elisa Morgera 著　　黄之奇　王晟迪*译

第一节　引　言

环境权是人权法体系的迟来者。① 不过在国际层面上，相比环境权领域而言，② 企业问责制在人权维度上发展更加缓慢且不完善。③ 这就可以解释为什么国际法中与企业环境问责制有关的概念和规范越来越多地用于完善企业问责制下

*　黄之奇，广东大唐国际潮州发电有限公司法务，广东外语外贸大学环境与资源保护法学硕士；王晟迪，法学博士，杭州电子科技大学法学院讲师。

①　大多数学术研究只集中在与获取遗传资源有关的国家间惠益分享上：参见 R. Coombe, "Intellectual Property, Human Rights and Sovereignty: New Dilemmas in International Law Posed by Recognition of Indigenous Knowledge and the Conservation of Biodiversity", 6 *Indiana Journal of Global Legal Studies* (1998) 59; E. C. Kamau and G. Winter (eds.), *Genetic Resources, Traditional Knowledge and the Law: Solutions for Access and Benefit Sharing* (2009). 非法律学者将惠益分享解读为是一种再分配政策 (e. g., C. Hayden, "Taking as Giving: Bioscience, Exchange, and the Politics of Benefit-Sharing", 37 *Social Studies of Science* (2007) 729)，但是这种方法从未在获取遗传资源之外得到应用，也没有被国际环境法研究所采用。

②　例如，关于人权的条款仅被添加到 2011 年《经合组织跨国企业准则》(Guidelines for Multinational Enterprises of the Organization for Economic Cooperation and Development) 之中。不过，自 2000 年以来，该法案包含了一项关于环境保护的复杂条款，包括人权和企业问责制方面，available at<http://dx.doi.org/10.1787/9789264115415-en> (last visited 30 July 2014). M. K. Addo (ed.), Human Rights Standards and the Responsibility of Transnational Corporations (1999).

③　E. Morgera, *Corporate Accountability in International Environmental Law* (2009).

的人权规范内容。① 正是因为该问题涉及商业行为对土著人民和当地社区造成的负面影响，越来越多的人呼吁根据《生物多样性公约》（CBD）② 规定的"惠益分享"这一法律概念来弥合企业问责制中关于环境和人权部分的不足。③ 本章将探讨与跨国企业问责制有关，且涉及人权与生物多样性的国际法之间的交叉研究。

在对国际法中与企业问责制有关的关键概念进行介绍之后，本章分析了不符合标准的企业行为与人权和环境退化之间的联系。然后，本章继续概述了与环境保护相关的企业责任和问责制国际标准的发展情况，强调了企业环境问责制国际标准的详细程度和趋同性。在这种背景下，本章系统地研究国际环境法，特别是研究《生物多样性公约》在概念和规范内容上的发展为制定尊重人权的企业责任国际标准作出贡献的实例。出于对未来的展望，本章还总结了惠益分享在绿色经济背景下对于企业问责制在环境和人权方面的作用。

第二节　国际法中与企业问责制有关的基本概念

从社会法律角度看，跨国企业利用全球商业监管机构发展的不完善，从而实现"监管套利"的目的——选择将其业务建立在法律框架松懈、执法有限或效率低下的国家，并进行"创造性的合规"。④ 创造性的合规指的是私营企业规避法律的做法，目的是规避不利于企业的法律规定，并跳出法律监管的范围。此外，众所周知，跨国企业能够通过游说、谈判、妥协和削弱控制来影响国家和国际法律的发展和施行。尽管如此，法律已越来越多地以"微妙、间接和创造性的方

---

① E. Morgera, "From Corporate Social Responsibility to Accountability Mechanisms", in P. M. Dupuy and J. Viñuales (eds.), *Harnessing Foreign Investment to Promote Environmental Protection: Incentives and Safeguards* (2013) 32.

② E. Morgera and E. Tsioumani, "The Evolution of Benefit-sharing: Linking Biodiversity and Community Livelihoods", 20 *Review of European, Comparative & International Environmental Law* (*RECIEL*) (2010) 150.

③ 正如下面第 5 节所讨论的，这一点也是 Morgera 最初所指出的。

④ D. McBarnet 提出了"监管套利"（regulatory arbitrage）、"创造性的合规"（creative compliance）和"超越法律、通过法律和为法律而承担企业社会责任"（Corporate Social Responsibility Beyond Law, Through Law and For Law）的概念。D. McBarnet, A. Voiculescu, and T. Campbell (eds.), *The New Corporate Accountability: Corporate Social Responsibility and the Law* (2007) 1.

式"适用，即使是在没有政府采取行动的情况下，将企业的关注点从实现利润最大化转变为向更多涉及公共问题的利害相关者承担责任。企业重新审视其对法律和行为合法性的认知态度，最终的结果是企业从最低限度地遵守法律条文的态度转变为遵守法律背后的立法立意。

在分析国际法定义可接受的标准和监控企业行为方面的作用时，这些视角尤其重要。跨国企业通常会逃避国家法律的控制，一方面，东道国对子企业和母国对母企业的监管和执行流程效率低下；① 另一方面，跨国企业受到关于国际投资的国际法保护，但却通常不受相应的国际义务约束。② 跨国企业有时也受益于国际人权法的保护：事实上，跨国企业在基于双边投资条约的仲裁中援引了有关诉诸司法的人权标准。③ 违反双边投资条约的行为也以同样的理由被提交人权机构审理。④ 此外，在破坏环境的企业行为方面，跨国企业可以从国际刑事和民事责任制度尚未完善的空白之处谋得利益。⑤

40 年来，国际社会一直在就对跨国企业进行国际监管的必要性进行讨论。⑥ 这些讨论在国际环境法的背景下尤为突出。1972 年《斯德哥尔摩人类环境宣言》的序言广泛提及企业的环境责任。⑦ 1992 年，在联合国环境与发展会议（UNCED）期间，会议就企业在全球环境保护中的作用以及将环境事项纳入企业

① Generally P. Muchlinski, *Multinational Enterprises and the Law* (2007).

② Generally M. Sornarajah, *The International Law on Foreign Investment* (2004) and S. Maljean-Dubois and V. Richard, "The Applicability of International Environmental Law to Private Enterprises", in Dupuy and Viñuales (eds.).

③ *Mondev International Ltd. v. USA*, ICSID Case No. ARB/ (AF) /99/2, Award (11 October 2002), para. 144, as reported by A. Savaresi, "The International Human Rights Implications of the Nagoya Protocol", in E. Morgera, M. Buck, and E. Tsioumani (eds.), *The 2010 Nagoya Protocol on Access and Benefit-sharing in Perspective*: *Implications for International Law and Implementation Challenges* (2012) 53, at 72.

④ L. E. Peterson, *Human Rights and Bilateral Investment Treaties*: *Mapping the Role of Human Rights Law within Investor-State Arbitration* (2009), cited in Savaresi.

⑤ P. Birnie, A. Boyle, and C. Redgwell, *International Law and the Environment* (3rd ed., 2009), at 326-329.

⑥ 联合国经济及社会理事会（ECOSOC）进行了尝试，该理事会于 1972 年通过了一项决议，承认缺乏针对跨国企业的国际监管框架，并且有必要就此问题进行国际辩论。ECOSOC Res. 1721 (LIII) (28 July 1972).

⑦ Declaration of the United Nations Conference on the Human Environment (Stockholm, 16 June 1972), (1972) 11 *ILM* 4116, para. 7 (hereinafter "Stockholm Declaration").

决策的必要性进行了讨论。① 由此产生的《21 世纪议程》将其中的一章用来专门论述"完善对工商业的规范"，并提及负责任的企业家精神。② 2002 年，可持续发展问题世界首脑会议（WSSD）首次提到了两个独立的概念：企业责任（Corporate Responsibility）和企业问责制（Corporate Accountability）。③

出于对当前境况的考量，对这两个术语进行区分是第一要务。可持续发展问题世界首脑会议提出的国际社会认可的"企业问责制"一词可以理解为一种合理的期望，即私营企业④将根据国际标准为保护特定的全球惠益而作出合理的努力，或者实现某些国际公认的环境目标。这个概念可以与企业责任区分开来。企业责任是指私营企业的行为需要实体性的、以结果为导向的标准，且这些标准超出了东道国一级立法的要求。因此，企业责任希望能够确保企业为环境保护以及从更广泛的角度来说，为实现可持续发展作出贡献。而企业问责制则关注与该目标方向有关的事项，包括透明度、向公众公开信息、影响评价、咨询和申诉机制等。因此，企业问责制重视通过国际目标所激发的公众期望来确保跨国企业实施无害环境行为的手段。

---

① "Business and the UNCED Process", in ECOSOC, *Report of the Secretary-General: Follow-up to the United Nations Conference on Environment and Development as Related to Transnational Corporations*, UN Doc. E/C. 10/1993/7 (4 March 1993). H. Gleckman, "Transnational Corporations' Strategic Responses to 'Sustainable Development' ", in H. O. Bergenses, G. Parmann, and Ø. B. Thommessen (eds.), *Green Globe Yearbook of International Cooperation on Environment and Development* (1995) 95.

② "Agenda 21", in *Report of the United Nations Conference on Environment and Development*, UN Doc. A/CONF. 151/26 (12 August 1992), Vol. I, Annex II, ch. 30; ECOSOC, Report of the Secretary-General.

③ "World Summit on Sustainable Development (WSSD), 'Resolution 1: Political Declaration' ", in *Report of the World Summit on Sustainable Development*, UN Doc. A/CONF. 199/20 (26 August-4 September 2002), paras. 27 and 29 (hereinafter "WSSD Declaration"); and WSSD, "Resolution 2: Plan of Implementation of the World Summit on Sustainable Development", in *Report of the WSSD*, paras. 49 and 140 (f). 近期，联合国环境峰会和政策（联合国可持续发展会议即里约 20+峰会于 2012 年 6 月在里约热内卢举行）没有为这些问题提供任何新的启示，参见 E. Morgera and A. Savaresi, "A Conceptual and Legal Perspective on the Green Economy", 22 *RECIEL* (2013) 14, at 26-27.

④ 与企业责任制相关的国际惯例越来越避免将跨国企业与其他企业区分开来。D. Weissbrodt and M. Kruger, "Norms on the Responsibilities of Transnational Corporations and Other Business Enterprises with Regard to Human Rights", 97 *AJIL* (2003) 901, at 910.

这种区别还强调，到目前为止，国际社会已经谨慎且明确地避免使用"企业责任"一词。这表明了一种潜在的立场，即国际环境法本身对跨国企业不具有约束力，因此不会导致严格的法律后果。其结果是，相关的国际事态发展并没有把重点放在环境损害赔偿问题上，而是着眼于防止跨国企业对其业务所在国的环境人权产生不利影响。

联合国大会在确定 2005 年联合国关于人权与跨国企业问题的特别代表的任务时，明确承认了企业问责制和企业责任的二元性。① 与上述根据有关国际环境法的主要国际文书所作的区分相类似，特别代表指出了治理企业"责任"的标准——即实体性（法律、社会或道德角度）强加于企业的义务——以及企业的"问责制"的标准——被理解为要求企业履行其义务的机制。② 因此，该代表倾向于"尊重人权"的"企业责任"（Corporate Responsibility）一词③作为"不损害"相关国际人权文书框架的实体性标准，然后根据"尽职调查"的概念对隐含的程序手段进行了重点阐述。④ 后者被定义为"基于合理的期望，企业不仅要确保遵守国家法律，而且还要防范人权损害的风险，以免遭受损害的过程"。⑤

在国际环境法的背景下，国际社会已经不止于对国际人权法赋予企业国际法律义务这一观念的抵制。取而代之的是，它承认"独立于国家履行国际义务

---

① Commission on Human Rights Res. 2005/69（20 April 2005），para. 1（a）in terms of "identify［ing］and clarify［ing］standards of corporate responsibility and accountability".

② Human Rights Council, *Report of the Special Representative of the Secretary-General on the Issue of Human Rights and Transnational Corporations and Other Business Enterprises, John Ruggie: Mapping International Standards of Responsibility and Accountability for Corporate Acts*, UN Doc. A/HRC/4/35（19 February 2007），para. 6.

③ Human Rights Council, *Report of the Special Representative of the Secretary-General on the Issue of Human Rights and Transnational Corporations and Other Business Enterprises, John Ruggie: Further Steps Toward the Operationalization of the "Protect, Respect and Remedy" Framework*, UN Doc. A/HRC/14/27（9 April 2010）.

④ Human Rights Council, *Report of the Special Representative of the Secretary-General on the Issue of Human Rights and Transnational Corporations and Other Business Enterprises, John Ruggie. Protect, Respect and Remedy: A Framework for Business and Human Rights*, UN Doc. A/HRC/8/35（7 April 2008），paras. 25 and 58（the Human Rights Council recognized the need to operationalize the framework through Res. 8/7（18 June 2008），para. 2）.

⑤ *Ibid.*, para, 25（emphasis added）and its footnote.

的能力和意愿"的"适用于所有经营企业的期待行为的全球标准"。① 在国际法律原则无法对企业行为进行确定性认定的前提下，出于"国家和其他主体的社会期望"而开展制定和监测跨国企业的标准的国际活动日渐增加，使得这些国际标准处于"社会建构的过程中"。② 总体而言，这些国际活动倾向于"模糊国际法中关于企业期待行为严格自愿和强制性领域之间的界限"，以确保尊重人权。

第三节 企业环境损害行为与人权之间的事实和规范联系

跨国企业的日常活动以及由于企业不合标准的做法而导致的重大事故或事件均会导致环境恶化。同时，私营企业的财务、技术和管理资源等因素可以使它们在保护环境和可持续利用自然资源方面成为有影响力和创造性的贡献者。③ 在这方面，它们可以为支持各国履行其国际环境义务作出重大贡献。此外，依赖自然资源进行长期运营的跨国企业最终可以在环境保护方面享有既得惠益。

在这种多方面的背景下，与企业问责制相关的环境与人权之间的联系首先是真实存在的。联合国商业与人权问题特别代表进行的一项调查显示，近三分之一的环境危害指控对人权产生了相应的影响。健康权、生命权、充足的食物与住房权、少数人的文化权以及从科学进步和环境关切中受益的权利都与所有的商业参

---

① *Report of the Special Representative of the Secretary-General on the Issue of Human Rights and Transnational Corporations and Other Business Enterprises*, *John Ruggie*: *Guiding Principles on Business and Human Rights to Implement the United Nations "Protect, Respect and Remedy" Framework*, UN Doc. A/HRC/17/31 (21 March 2011), para. 11. (The Guiding Principles were endorsed by the Human Rights Council Res. 17/4 (6 July 2011), para. 1). 对于这一方法的批判，参见 M. Kamatali, "The New Guiding Principles on Business and Human Rights' Contribution in Ending the Divisive Debate over Human Rights Responsibilities of Companies: Is It Time for an ICJ Advisory Opinion?", 20 *Cardozo Journal of International and Comparative Law* (2011-2012) 437。

② Commission on Human Rights, *Interim Report of the Special Representative of the Secretary-General on the Issue of Human Rights and Transnational Corporations and other Business Enterprises*, UN Doc. E/CN. 4/2006/97 (2006), para. 54.

③ F. Francioni, "The Private Sector and the Challenge of Implementation", in Dupuy and Viñuales (eds.).

与者相关。① 当企业环境损害是由于严重疏忽或故意漠不关心而造成的，并对人们造成严重、持久和广泛的伤害时，人们通常会在国家法院提起侵犯人权行为诉讼,② 尤其是跨国企业在被土著人民和地方社区传统占领的地区造成的环境恶化问题。③

从概念上看，通过人权法和其他方法来处理企业环境损害的途径有助于解决企业、政府和社区之间力量的不平衡，这种不平衡是在传统法律补救措施不足以补救损害时出现的。例如，有人认为，当企业对个人行使"最高权力"（Ultimate Authority）时，应根据人权法将它们认定为责任承担者。这种情况会出现在当政府由于管理上的薄弱和腐败而未能对私营企业进行监管，或当企业相对于政府拥有巨大的权力以至于它们实质上控制着国家决策的时候。此外，在环境损害没有造成跨界污染或对人权没有造成全球性影响的情况下，国际人权法允许在国际环境法管辖范围之外的情况下对国家行为进行国际审查。尽管如此，这两种制度都没有"提出一种处理环境对人类危害的系统结构"。

尽管这些概念上的联系已在相关研究中得到了充分提及，但很少有学术研究集中在国际环境法在解决与企业行为有关的人权问题方面的作用。根据国际环境法制定的概念和标准，以及在国际环境下对企业环境问责制的重新阐述，已经越来越多地被用于制定企业保护人权的国际责任标准。例如，《联合国工商业与人权框架》（*The UN Framework on Business and Human Rights*）以尽职调查程序为基

---

① Human Rights Council, *Report of the Special Representative of the Secretary-General on the Issue of Human Rights and Transnational Corporations and Other Business Enterprises—Corporations and Human Rights: A Survey of the Scope and Patterns of Alleged Corporate-related Human Rights Abuse*, UN Doc. A/HRC/8/5/Add. 2 (23 March 2008), para. 27.

② A. Sinden, "Power and Responsibility: Why Human Rights Should Address Corporate Environmental Wrongs", in McBarnet *et al.* (eds.). For An Analysis of Relevant Case Law, H. M. Osofsky, "Learning from Environmental Justice: A New Model for International Environmental Rights", 24 *Stanford Environmental Law Journal* (2005) 71. 一般而言，关于对土著居民造成影响的企业环境损害所引起的法律问题，参见 G. K. Foster, "Foreign Investment and Indigenous Peoples: Options for Promoting Equilibrium between Economic Development and Indigenous Rights", 33 *Michigan Journal of International Law* (2011-2012) 627.

③ Human Rights Council, *Report of the Special Rapporteur on the Situation of Human Rights and Fundamental Freedoms of Indigenous People*, James Anaya, UN Doc. A/HRC/12/34 (15 July 2009), at 19-20.

础，开始适用在环境领域已经开发和/或实验验证的概念和措施，包括：（1）影响评价；（2）惠益相关者参与决策；（3）生命周期管理。① 正如本章将要讨论的那样，国际上制定标准和监控企业行为的法律更多地借鉴了国际环境法，特别是与生物多样性相关的国际法，以充实联合国框架下的尽职调查程序。但是，在讨论这些内容之前，本章将讨论企业环境问责制的标准如何有助于企业尊重人权。②

第四节 人权视角下的分析：企业环境问责制下的国际标准的趋同性及相关性

虽然各国普遍反对建立具有国际法律约束力的企业问责机制，但政府和多方惠益相关者的自愿行为、③ 软法性质的国际文书和倡议已经多如牛毛，以支持和鼓励跨国企业和其他企业实施无害环境的行为，国内和国际上对企业环境破坏和相关人权侵犯的应对不力推动了这些发展。这些准则已经"转化"④ 或"创造性地调整"⑤ 了针对各国的国际义务，使之成为参照商定的国际环境目标、目的和原则来评估企业行为的基准。

---

① E. Morgera, "Final Expert Report: Corporate Responsibility to Respect Human Rights in the Environmental Sphere", in *Study of the Legal Frame Work on Human Rights and the Environment Applicable to European Enterprises Operating outside the European Union* (*European Commission-Funded Project*) (May 2010), at 12, available at<http://www2. law. ed. ac. uk/euenterpriseslf/documents/files/CSREnvironment. pdf> (last visited 30 September 2014).

② E. Morgera, "Human Rights Dimensions of Corporate Environmental Accountability", in P. -M. Dupuy, U. Petersmann, and F. Francioni (eds.), *Human Rights, Investment Law and Investor-State Arbitration* (2009) 511.

③ 国际公私伙伴关系的情况尤其如此，这是 2002 年可持续发展问题世界首脑会议的正式成果。"The World Summit on Sustainable Development: Partnerships as the New Tool in Environmental Governance", 13 *YbIEL* (2003) 21.

④ Because the main principles of international environmental law are written for public rather than private entities, they need to be translated to the private sector: A. Nollkaemper, "Responsibility of Transnational Corporations in International Environmental Law: Three Perspectives", in G. Winter (ed.), *Multilevel Governance of Global Environmental Change: Perspectives from Science, Sociology and the Law* (2006) 179, at 185.

⑤ With reference to human rights law in particular.

　　各个国际组织在不同时间点进行了一系列标准制定活动。在联合国范围内，这些活动包括命运不济的《联合国跨国企业行为守则草案》（*UN Draft Code of Conduct for Transnational Corporations*）、① 20 世纪 90 年代初崩溃的谈判② 以及《关于跨国企业及其他商业实体的人权责任规则》（*UN Norms on the Responsibilities of Transnational Corporations and Other Business Enterprises*）。③ 后者由联合国增进和保护人权小组委员会④（一个由独立人权专家组成的机构）通过，但前联合国人权委员会并未通过这份文件。⑤ 因此，这份联合国规范仅享有一定程度的专家合法性，而没有取得政治上的认可。⑥ 尽管可以认为它们已被《联合国工商业与人权框架》所取代，但这些文件仍然为与企业问责制相关的国际人权与环境法之间的交叉融合提供了有益的历史性启发。

　　有关文书包括在政府间认可和极有影响力的《经合组织跨国企业准则》、联合国全球契约以伙伴关系为重点的原则⑦（出自联合国秘书长的倡议，并得到联合国

---

　　① ECOSOC, *Draft Code of Conduct on Transnational Corporations*, UN Doc. E/1990/94（12 June 1990）（hereinafter "UN Draft Code"）.

　　② W. Sprote, "Negotiations on a United Nations Code of Conduct on Transnational Corporations", 33 *German Yearbook of International Law*（1990）331, at 339.

　　③ ECOSOC, *Commentary to the Norms on the Responsibilities of Transnational Corporations and Other Business Enterprises with regard to Human Rights*, UN Doc. E/CN. 4/Sub. 2/2003/38/Rev. 2（26 August 2003）（hereinafter "Commentary UN Norms"）.

　　④ ECOSOC, *Norms on the Responsibilities of Transnational Corporations and Other Business Enterprises with Regard to Human Rights*, UN Doc. E/CN. 4/Sub. 2/2003/12/Rev. 2（26 August 2003）.

　　⑤ 委员会最终并未予以通过，应当注意的是"规范的内容"，它指出"在这方面规范不是委员会所要求的，并且作为提案草案，没有法律地位，小组委员会不应进行任何监督"。Office of the High Commissioner for Human Rights, Responsibilities of Transnational Corporations and Related Business Enterprises with Regard to Human Rights, UN Doc. E/CN. 4/DEC/2004/116（20 April 2004）, para. C.

　　⑥ S. Walker, Speech, in *Corporate Social Responsibility and Development: Towards a New Agenda: Summaries of Presentations Made at the UNRISD Conference*（Geneva, 17-18 November 2003）83, at 85, available at < http: //www. unrisd. org/80256B3C005BD6AB/（httpEvents）/3B9E23F717B84550C1256E23004DAB40? OpenDocument>（last visited 30 September 2014）.

　　⑦ Global Compact Website, at < http: //www. unglobalcompact. org/>（last visited 30 September 2014）. *United Nations Guide to the Global Compact: A Practical Understanding of the Vision and the Nine Principles*, at 58, available at < http: //people. plan. aau. dk/~ henrik/er/guide-to-global-compact. PDF >（last visited 30 September 2014）（hereinafter "Guide to the Global Compact"）.

各机构的支持)① 以及国际金融企业的《环境与社会可持续性政策和绩效标准》。②

从最初到后续的国际讨论中，已经出现了一系列通用标准，这些通用标准在国际层面上达到了相当高的水平，并可以直接适用于私营企业。③ 在 2010 年初期，这种发展趋势加速了。在 2011 年对《经合组织跨国企业准则》和国际金融企业《环境与社会可持续性政策和绩效标准》进行平行审核之际（主要是由于需要考虑适用《联合国工商业与人权框架》），企业的程序标准已进一步趋同于环境问责制，包括采用共同的实体性标准。

出于对当下处境的考虑，我们应该强调的是由此产生的关于企业环境问责制的国际标准已经暗示了某些人权方面的内容。例如，环境影响自我评价就是这种情况，即基于各种科学性判断来对私营企业在其运营之前和运营期间的活动可能产生的环境影响以及与可能受影响的社区的沟通进行评价，这超出了国家一级法律的要求。④ 在这种持续评价的基础上，私营企业将进一步完善环境管理体系，以协助控制对环境的直接和间接影响，并不断改善其环境绩效。⑤ 尽管通过这些评价程序不太可能同时考虑到所有相关的人权问题（例如劳工标准和工作条件），但是可以重点关注与自然资源的获取和加工条件有关的人权问题。⑥ 惠益相

---

① 最终，《全球契约》通过联合国大会第 62/211 号决议获得政府间认可，参见 "Towards Global Partnership" （11 March 2008）, para. 9, and UNGA Res. 64/223, "Towards Global Partnership" （25 March 2010）, para. 13. 然而，政府间就《全球契约》的任务分配问题仍然悬而未决，参见 The Joint Inspection Unit, United Nations Corporate Partnerships, *The Role and Functioning of the Global Compact*, UN Doc. JIU/REP/2010/9 （2010）, paras. 13-18 and recommendation 1; and "A Response from the Global Compact Office" （24 March 2011）, at 2 （on file with the author, no longer available online）.

② International Finance Corporation （IFC）, *IFC Performance Standards on Social and Environmental Sustainability* （1 January 2012）, available at < http: //www. ifc. org/wps/wcm/connect/Topics_ Ext_Content/IFC_External_Corporate_Site/IFC+Sustainability/Our+Approach/Risk+Management/Performance+Standards/#2012 > （last visited 30 September 2012） （hereinafter "2012 IFC Performance Standards"）.

③ 这是 Morgera 的主要发现。

④ Commentary UN Norms; OECD Guidelines; 2012 IFC Performance Standards.

⑤ OECD Guidelines and Commentary on the Environment Chapter, ibid., para. 60; Commentary UN Norms; 2012 IFC Performance Standards.

⑥ 但是，与自然资源有关的人权问题似乎在以下以人权为重点的会议中被忽略了：全球商业领袖论坛、国际金融企业和联合国全球契约。*Guide to Human Rights Impact Assessment and Management Road-Testing Draft* （2007）, at 29.

关者的参与和评价——人权评价的共同要素①——也极大地有助于人权问题的发展，特别是当地和土著社区的人权问题也将会纳入环境自我评价之中。②

企业环境问责制的标准还包括损害预防措施（据此，私营企业应采取合理的积极步骤，包括暂停某些活动，以防止或最大程度地减少对环境的损害③）和损害预防原则的适用（因此，出于科学上的不确定性角度的考虑，私营企业将采取损害预防措施，通过在早期采取成本效益最高的措施来防止环境损害的发生，或避免出现延误的情况，将损害减至最小④）。这两个标准都不符合国际人权法，但可能有助于防止或遏制可能造成侵害人权的环境损害后果。⑤

信息的公开披露、⑥ 与公众的直接协商⑦以及为社区建立一个可以提出要求的审查或上诉程序⑧都是相辅相成的程序标准。尽管在土著人民获得自由、事先知情同意的权利方面出现了差异，但是这些程序标准在 2011 年在《经合组织跨国企业准则》和世界银行的国际金融企业绩效标准的审查中得到了进一步完善。⑨

---

①　O. Lenzen and M. d'Engelbronner, *Guide to Corporate Human Rights Impact Assessment Tools* (2009).

②　International Business Leaders Forum et al.

③　OECD Guidelines；2012 IFC Performance Standards；implicitly, Global Compact（参见 Guide to the Global Compact）；Commentary UN Norms. International Business Leaders Forum.

④　Global Compact and Guide to the Global Compact；OECD Guidelines；Commentary UN Norms.

⑤　联合国土著居民权利问题特别报告员对企业问责制的反思最近援引了预防措施，参见 Human Rights Council, *Report of the Special Rapporteur on the Rights of Indigenous Peoples*, UN Doc. A/HRC/21/47（6 July 2012），para. 52；and in UN Global Compact Office, *United Nations Declaration on the Rights of Indigenous Peoples*：*A Business Reference Guide*, *Exposure Draft*（10 December 2012），at 76, available at <http：//www. unglobalcompact. org/docs/issues_doc/human_rights/UNDRIP_Business_Reference_Guide. pdf>（last visited 30 September 2014）.

⑥　UN Draft Code；Guide to the Global Compact；Commentary UN Norms；2012 IFC Performance Standards；OECD Guidelines.

⑦　Guide to the Global Compact；OECD Guidelines；2012 IFC Performance Standard.

⑧　2012 IFC Performance Standards.

⑨　《经合组织跨国企业准则》中未提及自由、事先告知和知情同意的情况。"OECD Watch Statement on the Update of the OECD Guidelines for Multinational Enterprises：Improved Content and Scope, but Procedural Shortcomings Remain"（25 May 2011），available at <http：//oecdwatch. org/publications-en/Publication_3675>（last visited 30 September 2014）；and by Amnesty International, "The 2010-11 Update of the OECD Guidelines for Multinational Enterprises Has Come to an End：The OECD Must Now Turn［in］to Effective Implementation"（23 May 2011），available at <http：//www. amnesty. org/en/library/asset/IOR30/001/2011/en/601f0e2c-a8a3-4fbc-b090-c0abb3 c51ab2/ior300012011en. pdf>（last visited 30 September 2014）.

《经合组织跨国企业准则》强调了有关"可能对当地社区产生重大影响"的项目或活动（如涉及大量使用土地和水，以及披露气候变化和有关生物多样性的信息）的计划和决策的真诚磋商。① 同时，国际金融企业大力完善了社区咨询的手段，将企业进行知情咨询的需求与对自由、事先告知和知情同意的明确要求（尽管有资格）联系起来。在以下三种情况下，需要获得国际金融企业客户的自由、事先告知和知情同意：土著人民的潜在迁移需求、对传统所有权或对基于习俗利用土地和自然资源的影响以及拟将文化资源用于商业目的的项目。② 在这方面，国际金融企业致力于替私营企业"表达"自由，事先告知和知情同意的概念内涵：与代表土著人民社区文化的机构进行真诚谈判，以期达成社区中的大多数人认为合法的协议。③

国际金融企业绩效标准进一步明确阐明，"不一定需要一致同意，即使个人和小组明显不同意也可以达成共识"。④ 土著人民权利问题特别报告员认为这似乎与联合国提出的对自由、事先告知和知情同意的概念理解一致。自由、事先告知和知情同意的权利不会在国家为公共惠益合法而忠实地采取行动时赋予土著人民对该行动的否决权，而是"确立了必要的制定协商程序，以尽最大努力在各方面达成共识"。⑤ 此外，国际金融企业绩效标准要求，用恰当的话来形容，"考虑在适当的情形下"让受影响社区的代表参与到有效地监测企业环境管理计划，⑥ 并制定一个"外部沟通系统"，使企业可以筛选、评估和回复惠益相关者的意见，以期不断改进其管理系统。如果该项目的确切位置未知，但是可以合理预期该项目会对当地社区产生重大影响，那么该系统将受制于"惠益相关者参与框架"的要求。当社区可能受到项目不利的风险影响时，应将以下信息一并告知相关社区：项目的目的、性质和规模，拟议项目或活动的持续时间，对社区的风险和潜在

---

① OECD Council,"OECD Guidelines for Multinational Enterprises：Update 2011—Note by the Secretary-General", OECD Doc. C（2011）59（3 May 2011）, Appendix II, para. II. A. 14; OECD Council,"OECD Guidelines for Multinational Enterprises：Update 2011—Commentaries", OECD Doc. C（2011）59/ADD1（3 May 2011）, paras. 25 and 33.

② 2012 IFC Performance Standards.

③ 2012 IFC Performance Standards.

④ 2012 IFC Performance Standards.

⑤ *Report of the Special Rapporteur on the Situation of Human Rights and Fundamental Freedoms of Indigenous People*（2009）.

⑥ 2012 IFC Performance Standards.

影响以及管理方案的有关内容，潜在惠益相关者的参与过程，申诉和补救机制。①

这些程序标准同样以保护环境和尊重人权为目标。在企业环境问责制的国际标准制定过程中，企业环境问责制的实体性标准更加难以确定。只有国际金融企业绩效标准试图确定可持续性自然资源管理②和对国际保护场所的尊重等标准。③然而，2011年的评审引入了气候变化、生物多样性和资源效率等参照值作为企业环境问责制的实质标准。2011年版的《经合组织跨国企业准则》在这方面做得比较谨慎，建议"探索和评估改善环境表现的方法"，涉及减排、资源有效利用、有毒物质管理和生物多样性保护。④此外，2011年版的国际金融企业绩效标准引入了非常详细的温室气体排放、⑤水消耗、废物减少标准⑥以及对自然栖息地和生态系统服务的保护标准。⑦上述所提到的标准都与企业环境问责制的实体性标准（尽管是隐含地）息息相关，因为国际上越来越多地讨论废物和气候变化⑧侵犯人权或造成其他负面影响的问题。⑨反过来，与生物多样性相关的标准提供了具体的程序性人权维度：需要考虑惠益相关者的观点，以确定退化的

---

① 2012 IFC Performance Standards.

② 国际金融企业绩效标准的早期版本，国际金融企业的社会和环境可持续性绩效标准（IFC Performance Standards on Social and Environmental Sustainability）提到了可持续资源管理，以使人们和社区能够提供其当前的社会、经济和文化福祉的方式或速率来使用、开发和保护资源，同时也保持了这些资源的潜力以满足子孙后代的合理可预见需求。参见 Cf. 2012 IFC Performance Standards.

③ Cf. 2012 IFC Performance Standards. 关于这些实质性标准的详细讨论，参见 Morgera.

④ OECD Guidelines.

⑤ 例如，"在项目设计和运营期间，在技术和财务上可行且具有成本效益的方案中减少与项目相关的温室气体排放"，以及在项目预计或实际每年产生超过 25000 吨二氧化碳当量的情况下更具体的义务：2012 年国际金融企业绩效标准"。

⑥ 这包括检查处理危险废物的承包商是否有良好的信誉和合法的许可证，以及他们的场地是否以符合可接受标准的方式运作。国际金融企业的客户还必须考虑是否应该在项目现场开发自己的回收或处置设施。此外，禁止他们购买、储存、制造、使用或贸易世界卫生组织列为极度危险或高度危险的产品，paras. 9, 12, and 17.

⑦ Cf. 2012 IFC Performance Standards.

⑧ 参见 UN Office of High Commissioner for Human Rights, "Special Rapporteur on the Adverse Effects of the Movement and Dumping of Toxic and Dangerous Products and Wastes on the Enjoyment of Human Rights", available at < http: //www. ohchr. org/EN/Issues/Environment/ToxicWastes/Pages/SRToxicWastesIndex. aspx> (last visited 30 September 2014).

⑨ Human Rights Council, Resolutions on "Human Rights and Climate Change": Res. 7/23 (28 March 2008); Res. 10/4 (25 March 2009); and Res. 18/22 (17 October 2011).

程度，以及识别和保护"预留地区"。① 此外，要求商业实体在惠益相关者的参与下明晰可能对生态系统服务造成的不利影响，并系统地确定优先的生态系统服务（要么是将对受影响社区产生不利影响的项目，要么是直接依赖于其生态系统服务运营的项目）。这些实践旨在避免或最大程度地减少负面影响，并采取措施提高资源利用的运营效率。

总体而言，企业环境问责制的国际标准具有多种功能。它们通过扩大风险评估的实体性标准，并在国家法律和东道国加入的国际条约之外，加深企业合法性的层次，从而完善项目审查的流程。② 此外，它们为惠益相关者的投诉和倡导运动提供了基础，而这些原本在国家或国际层面上似乎是没有依据的。从企业的角度来看，鉴于私营企业能够直接参与制定有关企业环境问责制的国际标准，并对多边环境协议的关键条款或目标作出越来越多的承诺后，国际标准具有重要和日益增长的"商业意义"。③

第五节　确保企业问责制在环境与人权维度的相互促进下得以落实

企业问责制的相关国际标准的制定和监督越来越依赖国际环境法，特别是《生物多样性公约》的相关规定，以进一步发展并有效地将与人权有关的国际标准应用至跨国企业。《生物多样性公约》提供了规范标准和实用方法，尤其是在关于社会文化、环境影响评估以及惠益分享方面，将可持续利用和保护土著人民和地方社区④的

---

① 2012 IFC Performance Standards.

② A. Meyerstein, "Global Adversarial Legalism: The Private Regulation of FDI as a Species of Global Administrative Law", in M. Audit & S. Schill (eds), *Transnational Law of Public Contracts* (forthcoming 2015).

③ N. Affolder, "The Market for Treaties", 11 *Chicago Journal of International Law* (2010) 159, at 186.

④ Convention on Biological Diversity (Rio de Janeiro, 5 June 1992, entered into force 29 Dec. 1993) 1760 UNTS 79 (hereinafter "CBD"). 虽然根据《生物多样性公约》制定的软法律文书总是提到"土著和地方社区"，但联合国土著问题论坛已经指出，在反映与土著人民有关的国际人权发展时，不恰当地使用这一术语，但《生物多样性公约》缔约方一直在努力就采用"土著人民和当地社区"一词达成共识。这个问题最近一次是在2012年的缔约方大会上讨论的，最终在审议了"其对《生物多样性公约》及其缔约方的所有影响"之后，推迟到2014年审议。

概念"转化"为私营企业的行为基准,①《生物多样性公约》指南值得特别注意,因为它们已经与惠益相关者以及土著人民和地方社区的代表②进行了谈判,并得到了几乎所有签署《生物多样性公约》成员国的政府之间的③批准。④ 在这方面,《生物多样性公约》提供了一个相当有效和及时的平台。政府间就促进基于权利的环境政策方针,包括制定与企业问责制有关的文书达成了共识。⑤ 生物多样性相关的国际法与人权法之间的相互促进对确保国际法不同领域的实体性统一⑥作出了重大贡献,而私营企业却可能会因此产生负面影响。

例如,国际金融企业的 2012 年绩效标准运用了《生物多样性公约》和惠益

---

① 尽管惠益分享的概念自 20 世纪 50 年代末就已载入国际法 (例如《保护北太平洋海狗临时公约》(Washington, 9 February 1957, entered into force 14 October 1957) 314 UNTS 105), as argued by A. Proelß, "Marine Mammals", in R. Wolfrum (ed.), *Max Planck Encyclopedia of Public International Law* (2010), para. 10, available at <http://opil.ouplaw.com/home/EPIL> (last visited 30 September 2014); United Nations Convention on the Law of the Sea (United Nations Convention on the Law of the Sea Montego Bay, signed 10 December 1982, entered into force 16 November 1994) 1833 UNTS 3, Art. 140 (2); UNGA Res. 41/128, Declaration on the Right to Development (4 December 1986), Art. 2 (3); and the ILO Convention No. 169 Concerning Indigenous and Tribal Peoples in Independent Countries (adopted 27 June 1989, entered into force 5 September 1991), 1659 UNTS 383, Art. 15 (2)), 正是在《生物多样性公约》的背景下, 才得到了充分的发展。

② 特别是根据《生物多样性公约》第 8 条 (j) 款 ("传统知识"), 通过欢迎社区代表担任共同主席之友、主席团之友和联系小组共同主席, 确保土著和当地社区尽可能充分地参加工作组的所有会议, 包括双方接触小组的会议。参见 Conference of the Parties to the Convention on Biodiversity, *Report of the Seventh Meeting of the Ad Hoc Open-ended Working Group on Article 8 (j) and Related Provisions*, UN Doc. UNEP/CBD/COP/11/7 (24 November 2011), para. 20.

③ 根据《联合国气候变化框架公约》, 目前有 193 个国家为缔约方。关于缔约方会议决定的法律意义, 参见 J. Jutta Brunnée, "COPing with Consent: Law-making under Multilateral Environmental Agreements", 15 *Leiden Journal of International Law* (2002) 1; 以及《生物多样性公约》和缔约方会议决定的重要性, 参见 E. Morgera, "Far Away, So Close: A Legal Analysis of the Increasing Interactions between the Convention on Biological Diversity and Climate Change Law", 2 *Climate Law* (2011) 85.

④ 美国是个明显的例外。Status of the CBD membership at: "Parties", available at <http://www.cbd.int/information/parties.shtml> (last visited 30 September 2014).

⑤ E. Morgera and E. Tsioumani, "Yesterday, Today and Tomorrow: Looking Afresh at the Convention on Biological Diversity", 21 *YbIEL* (2011) 4.

⑥ P. M. Dupuy, *L'unité de l'ordre juridique international* (2003).

分享的概念，这体现了土著人民获得自由①、事先告知和知情同意的权利与私营企业的尽职调查之间的关键联系。② 2012 年绩效标准呼吁私营企业在考虑到土著人民的法律、机构和习俗的情况下，采取缓解措施，例如补偿和惠益分享。根据相关土著人民的喜好，惠益可能包括在文化上适当改善其生活水平和生计，以及他们所依赖的自然资源的长期可持续性。③ 惠益分享被进一步地构思设想为：企业应当考虑当地土著的身份与生计方式，同时也要考虑企业的资源利用行为是否会恶化土著的生计风险。④ 关于非自愿移民，国际金融企业的客户应采取措施，确保以自然资源为基础的生计社区继续获得受影响的资源，或获得具有同等生计潜力和可及性的替代资源。另外，国际金融企业客户在考虑到生态环境的前提下，应提供"可能是集体性质而不是直接面向个人和家庭的"的与使用自然资源相关的补偿和惠益。⑤

与此同时，联合国土著人民权利专员指出，有必要补充《联合国工商业与人权框架》在环境领域的规定，以更好地保障当地土著人民的权益。对此，他指出，《生物多样性公约》详细阐述的诸如惠益分享、社会文化和环境影响评估之类的概念可以进一步地充实《联合国商业与人权框架》规定的尽职调查标准。⑥ 为此，他指出，根据《联合国工商业与人权框架》，在《生物多样性公约》下⑦ 详细阐述的诸如惠益分享、社会文化和环境影响评价之类的概念可以有助于完善

---

① UNGA Res. 61/295, "UN Declaration on the Rights of Indigenous Peoples" (13 September 2007) (hereinafter "UNDRIP").

② In the previous version of the IFC Performance Standards, the concept of benefit-sharing was only relied upon in the context of cultural heritage: 2006 IFC Performance Standards.

③ 2012 IFC Performance Standards.

④ 2012 IFC Performance Standards.

⑤ 2012 IFC Performance Standards.

⑥ *Report of the Special Rapporteur on the Situation of Human Rights and Fundamental Freedoms of Indigenous Peoples* (2009).

⑦ The socio-cultural and environmental impact assessments were elaborated upon through Akwé: Kon Voluntary Guidelines for the Conduct of Cultural, Environmental and Social Impact Assessment regarding Developments Proposed to Take Place on, or Which Are Likely to Impact on, Sacred Sites and on Lands and Waters Traditionally Occupied or Used by Indigenous and Local Communities, CBD Decision VII/16F (13 April 2004) (hereinafter "Akwé: Kon Voluntary Guidelines").

尽职调查标准。① 他还强调，土著人民除了有权获得补偿外，还有权分享在传统土地上进行的商业活动或依照习俗利用自然资源获得的利益。② 而且，由共识驱动的磋商程序不仅应采取减轻或补偿项目不利影响的措施，还应本着真正的伙伴关系精神探索并寻求公平的惠益分享手段。③ 同样，土著人民权利制度指出了在土著人民领土上大规模开采自然资源的背景下，自由、事先告知、知情同意权利、惠益分享和缓解措施之间的联系，强调了关于保护区的《生物多样性公约》工作方案和关于社会文化和环境影响评估的 Akwé：Kon 准则④的重要性。⑤

近年来关于监督活动的开展，《经合组织跨国企业准则》的执行程序为我们提供了实例。在这些实例中，《生物多样性公约》中的概念被用来解释准则中尊重人权的普遍性的企业责任标准。英国国家联络点使用 Akwé：Kon 准则来解释《经合组织跨国企业准则》中有关环境影响磋商的规定，并据此判断，有一家采矿企业除采用书面形式进行磋商外，未采用当地语言或交流手段与文盲率很高的社区沟通。⑥ 重要的是，它进一步明确强调，特别是对土著群体，在按照《联合国工商业与人权框架》的建议进行人权影响评价时，可以使用 Akwé：

① Human Rights Council, *Report of the Special Rapporteur on the Situation of Human Rights and Fundamental Freedoms of Indigenous Peoples*, James Anaya, UN Doc. A/HRC/15/37 (19 July 2010), paras. 73-75.

② Human Rights Council, *Report of the Special Rapporteur on the Situation of Human Rights and Fundamental Freedoms of Indigenous Peoples*, James Anaya, UN Doc. A/HRC/15/37 (19 July 2010), paras. 76-80.

③ *Report of the Special Rapporteur on the Situation of Human Rights and Fundamental Freedoms of Indigenous Peoples* (2009).

④ "*Programme of Work on Protected Areas*", in Protected Areas (Arts 8 (a) to (e)), *CBD Decision VII/28* (13 April 2004) Annex.

⑤ *Expert Mechanism on the Rights of Indigenous Peoples, Progress Report on the Study on Indigenous Peoples and the Right to Participate in Decision-making*, UN Doc. A/HRC/15/35 (23 August 2010); and *Report of the Expert Mechanism on the Rights of Indigenous Peoples on Its Third Session*, UN Doc. A/HRC/15/36 (23 August 2010).

⑥ UK National Contact Point, *Final Statement on the Complaint from Survival International against Vedanta Resources Plc* (25 September 2009), paras. 44-46, available at < http://www.oecd.org/investment/mne/43884129.pdf> (last visited 30 September 2014).

Kon 准则作为参考。经合发组织准则执行程序下的其他建议也验证了《生物多样性公约》与 Akwé：Kon 准则的相关性，以准确辨认出土著人民，并与他们展开协商。①

因此，根据《生物多样性公约》制定的惠益分享以及社会文化和环境影响评价有助于加强企业环境问责制与土著人民人权之间的联系。不过这种联系可能会受到采掘行业的负面影响。它们提供了灵活而详细的程序，以维护对土著人民自决权与对其土地和资源的永久主权，并使他们的自由权、事先告知权及知情同意权在私营企业批准使用土著土地、领土和资源时依然可以得到保障。在这方面，更为统一和详细的程序发挥着巨大作用，因为与土著人民的自由权、事先告知权和知情同意权有关的"国家实践仍然是零星的且前后矛盾的"。同时，我们已经认识到，有必要在文化上进行适当和有效的磋商②并获得自由、事先告知和知情同意等权利，分享私人投资产生的惠益，以确保结果符合土著人民的理解和偏好。③

因此，惠益分享以及社会文化和环境影响评估似乎是两个相互关联的程序保障，④ 它们支持企业尊重土著人民的实质性权利，这些权利可能或实际上受到其土地内或附近的采掘活动的影响。这些保障措施被认为是落实企业问责制的基本手段，即保障土著人民的财产、文化、宗教和不被歧视的实体性权利，包括开发自然资源、健康权、身体健康权以及其独立自主地确定并追求自己的发展优先事项的权利。⑤ 尤其是，对社会文化与环境影响评估是获得自由、事先告知和知情

---

① Norwegian National Contact Point, *Final Statement*: *Complaint from* The Future in Our Hands (*FIOH*) *against* INTEX Resources ASA *and the Mindoro Nickel Project* (January 2012), at 48, available at < http://www.oecd.org/daf/internationalinvestment/guidelinesformultinational enterprises/Norwegian%20NCP%20intex_final.pdf> (last visited 30 September 2014).

② Human Rights Council, Expert Mechanism on the Rights of Indigenous Peoples, *Follow-up Report on Indigenous Peoples and the Right to Participate in Decision-making with a Focus on Extractive Industries*, UN Doc. A/HRC/21/55 (16 August 2012).

③ *Report of the Special Rapporteur on the Rights of Indigenous Peoples*, UN Doc. A/67/301 (13 August 2012), para. 78.

④ *Report of the Special Rapporteur on the Rights of Indigenous Peoples* (2012).

⑤ The identification of substantive rights can be found in *Ibid.*, para. 50.

同意等权利必不可少的前提；惠益分享代表了这一过程的具体结果。预期这些保障措施将适用于对土著人民生存产生重大影响的活动，比如在土著人民正式承认或依照习俗划分的土地边界地区内发生的商业活动，或对土著人民有文化意义的地区内开展的挖掘活动，或是开采对他们来说具有传统意义，同时也是对生存具有重要意义的资源。① 在这些保障措施下，企业将按照补偿、缓解措施和惠益分享等条款的规定，遵守当地的决策程序。这种预期将导致全新的商业模式，着重于构建起私营企业与土著人民之间真正的伙伴关系，这一点符合土著人民的权利和优先发展等需求。②

第六节　惠益分享：需要进一步研究

尽管社会文化与环境的评估和惠益分享在与企业问责制相关的生物多样性和人权国际法的交叉应用中同样发挥了作用，但无疑后一概念更值得进一步关注。③ 在与环境和人权④有关的各种国际法律文书中都加入了惠益分享的内容，目的是在各国之间、政府与土著人民和地方社区之间公平分配经济和非经济惠益。但是，这种法律概念尚未得到很好的理解，并且较少以一种监管方法⑤予以适用，以解决发展中国家以及土著人民和地方社区的环境可持续性和公平问题。尤其是，惠益分享作为企业环境问责制和企业尊重人权的一种工具仍有待进一步系统地探讨。本节将初步讨论惠益分享在国际环境法和人权法中的法律性质和实际意义，以期明确与企业问责制有关的未决问题。

尽管国际法的其他各个领域都存在惠益分享，但它在《生物多样性公约》中受

---

① The identification of substantive rights can be found in *Ibid.*, para. 65.

② The identification of substantive rights can be found in *Ibid.*, para. 68.

③ 确实，社会文化环境评估确实是确保惠益分享的一种手段，特别是惠益分享被视为社会文化环境影响评价的结果，是对土著居民和当地社区的负面影响的补偿。*Akwé: Kon Voluntary Guidelines.*

④ 感谢 Annalisa Savaresi 和 Elsa Tsioumani 对本章这一部分的建议。

⑤ 例如根据记录所示，2009 年与保护区有关的研究有：*In-depth Review of the Implementation of the Programme of Work on Protected Areas*, *UN Doc.* UNEP/CBD/SABSTTA/14/5 (14 January 2010), at 8-9。

到了最广泛的关注。在该公约中，这一概念已通过软法与硬法性质的法律文书得到了显著发展，成为一个涉及获取遗传资源①、保护区的创建和管理②以及森林③、山区生态系统④和其他可持续利用自然资源的综合概念。⑤ 在这些情况下，惠益分享将确保在不同的惠益相关者（国家和非国家行为者）之间公平分配经济、社会、文化和环境利益，这些利益是由于开发自然资源或和适用与资源相关的法规而产生的。通过促进环境可持续发展和公平，惠益分享旨在平衡作为全球公共产品提供者的"自然管家们"的需求，并对此给予支持，以满足发展中国家以及贫困和边缘化社区的特殊需求，并允许各种文化体系作为对话和持久合作的基础。

正如在《生物多样性公约》中制定的那样，惠益分享在概念上需要作出两个不同维度的理解：国家之间和国家内部的维度，即确保在各个国家之间以及国家与土著人民或地方社区之间保障公平的工具。⑥ 关于前一个方面，《生物多样性公约》的规定已经表明，可以通过提供或获得遗传资源的国家之间的技术转让、资助、分享研究成果和科学合作来实现惠益分享。作为一份完整的规范文件，《生物多样性公约》在之后的发展表明，不仅在遗传层面，而且在生态系统

---

① *Bonn Guidelines on Access to Genetic Resources and Fair and Equitable Sharing of the Benefits Arising out of their Utilization*, CBD Decision VI/24 (27 May 2002) (hereinafter "Bonn Guidelines").

② "Programme of Work on Protected Areas", program element 2 ("Governance, Participation, Equity and Benefit-Sharing"), in particular, paras. 2. 1. 3-2. 1. 5.

③ *Expanded Programme of Work on Forest Biological Diversity*, CBD Decision VI/22 (7-19 April 2002), paras. 13, 19 (h), and 34, as well as Activities (b) and (f) under Objective 1.

④ "Work Programme on Mountain Biodiversity", in *Mountain Biological Diversity*, CBD Decision VII/27 (13 April 2004), Annex, paras. 1. 3. 2-1. 3. 4, 1. 3. 7, and 219.

⑤ "Addis Ababa Principles and Guidelines for the Sustainable use of Biodiversity", in *Sustainable Use* (*Art.* 10), CBD Decision VII/12 (13 April 2004), Annex II; *Operational Guidelines to Principle* 4; "Principles of the Ecosystem Approach", in *Ecosystem Approach*, CBD Decision V/6 (22 June 2000), Annex B, Operational Guidance 2, para. 9; and "Refinement and Elaboration of the Ecosystem Approach, Based on Assessment of Experience of Parties in Implementation", in *Ecosystem Approach*, CBD Decision VII/11 (13 April 2004), Annex 1, Principle 4 and paras. 2. 1. 3-2. 1. 5.

⑥ 这两个方面已经从《生物多样性公约》文本中显现出来（尽管不是很清楚）：比较公约中对利益分享的提及。

和物种层面，惠益分享被更多地视为国家间合作的基础。① 这是很重要的，因为惠益分享似乎不仅能够在交换的情况下发挥作用（当各国能够得到其他国的遗传资源中并获取私利时），② 同时，当各国开展合作以保护或可持续利用第三方国家的生物资源，并创造了全球性惠益时，也是如此（这是人类共同关注的问题）。③

此外，《生物多样性公约》相关内容的发展表明，在国家内部，国际社会不仅将惠益分享视为对向政府和私营企业分享如何利用遗传基因知识的土著人民与社区的奖励。④ 它也被视为保证社区充分有效地参与，并尊重其在保护或可持续利用生物资源方面的决策权。它还旨在补偿开发自然资源行为对社区生计的负面影响，包括外国主体直接投资的情况。为此，惠益分享可能需要法律来认定传统所有权或土地使用权，支持可持续利用的习俗，或分享自然资源管理的机会。它还可能需要提供指导（例如培训或能力建设）以提升社区在环境可持续性方面的实践水平，并主动寻找替代生计的机会。

虽然从国内、国外维度予以梳理是一个可取的做法，但必须承认，将惠益分享清晰地从两个维度进行区分存在着概念理解上的困难。一方面，国家之间的惠

---

① 大多数学术研究只集中在与获取遗传资源有关的国家间惠益分享上：参见 e. g. , R. Coombe, "Intellectual Property, Human Rights and Sovereignty: New Dilemmas in International Law Posed by Recognition of Indigenous Knowledge and the Conservation of Biodiversity", 6 *Indiana Journal of Global Legal Studies* (1998) 59; E. C. Kamau and G. Winter (eds.), *Genetic Resources, Traditional Knowledge and the Law: Solutions for Access and Benefit Sharing* (2009). Non-legal scholars have analysed benefit-sharing as a form of redistribution politics (e. g., C. Hayden, "Taking as Giving: Bioscience, Exchange, and the Politics of Benefit-Sharing", 37 *Social Studies of Science* (2007) 729). 但是这种方法从未在获取遗传资源领域之外得到应用，也没有被国际环境法研究采用。

② 关于《生物多样性公约关于获取遗传资源和公正和公平分享其利用所产生惠益的名古屋议定书》（2010 年 10 月 29 日通过，2014 年 10 月生效）中的诚意问题，参见 E. Morgera, E. Tsioumani, and M. Buck, *Unraveling the Nagoya Protocol: Commentary on the Nagoya Protocol on Access and Benefit-Sharing* (2014).

③ J. Brunnée, "Common Areas, Common Heritage and Common Concern", in D. Bodansky, J. Brunnée, and E. Hey (eds.), *Oxford Handbook of International Environmental Law* (2007) 550.

④ 通过《生物多样性公约名古屋议定书》的规定，这方面得到了显著发展，它阐明了各国对土著社区的国际义务，参见 A. Smagadi, "Analysis of the Objectives of the Convention on Biological Diversity—Their Interrelation and Implementation Guidance for Access and Benefit Sharing", 31 *Columbia Journal of Environmental Law* (2006) 243, and Savaresi.

益分享可能间接支持土著人民或当地社区；这是当前的国际体制根据《粮食和农业植物遗传资源国际条约》（*International Treaty on Plant Genetic Resources for Food and Agriculture*）向全球收取款项并向发展中国家的农民分配资金的例子。① 另一方面，国家内部的惠益分享可能受到土著人民和地方社区之间的发展合作影响，进而影响到国家间关系。

就目前而言，重要的是私营企业的角色在国家之间和国家内部②的关系中都具有重要意义。事实上，有助于定义不断发展的惠益分享概念的《生物多样性公约》指南也直接针对私营企业。③ 关于国家之间惠益分享，预计私营运营商将通过向发展中国家提供技术转让帮助来分享惠益。④ 关于国家内部的惠益分享，预计私人投资者将与土著人民和地方社区分享收益，为他们提供工作机会或制定共同管理方案。⑤

尽管取得了这些重大进展，但在相关政策和学术讨论中，惠益分享的范围和含义仍然令人惊讶地不清晰。《生物多样性公约》缔约方同意在 2012 年启动一项关于惠益分享的研究。⑥ 同时，学者们继续准确地讨论了惠益分享的含义、

---

① International Treaty on Plant Genetic Resources for Food and Agriculture（signed 3 November 2001）2400 UNTS 303（hereinafter "ITPGR"）; and ITPGR Secretariat，"Board of Plant Treaty Announces New Benefits for Farmers in 11 Developing Nations，as Efforts Heat Up to Protect Valuable Food Crops in Face of Threatened Shortages，Climate Change"，Press Release（undated），available at < ftp: //ftp. fao. org/ag/agp/planttreaty/news/news0009 _ en. pdf > （last visited 30 September 2014）.

② 感谢爱丁堡大学法学院的詹姆斯·哈里森（James Harrison）博士提请我注意这一点。

③ 虽然它们是针对缔约方和政府的（the Akwé：Kon Voluntary Guidelines），但预计将为政府、土著和地方社区、决策者和发展管理人员提供一个合作框架。《关于生物多样性可持续利用的亚的斯亚巴原则和准则》指出："这些原则为各国政府、资源管理人员、土著和地方社区、私营部门和其他利益攸关方提供了一个框架，以便他们如何确保其对生物多样性组成部分的使用不会导致生物多样性的长期下降。" 在脆弱的陆地、海洋和沿海生态系统以及对生物多样性具有重要意义的生境和保护区，包括脆弱和河岸和山地生态系统，开展可持续旅游发展相关活动的国际准则明确指出，该指南为新的旅游投资或活动的支持者应如何寻求批准提供了一个框架，并为负责旅游和生物多样性的管理人员提供了技术指导。

④ Bonn Guidelines.

⑤ "Refinement and Elaboration of the Ecosystem Approach，Based on Assessment of Experience of Parties in Implementation"，in *Ecosystem Approach*，Annotations to Rationale to Principle 4; and "International Guidelines for Activities Related to Sustainable Tourism Development".

⑥ CBD Decision XI/14（5 December 2012）para C. 2.

它将如何应用以及是否只有一个或多个概念。① 一方面，这种不确定性可能是由于对惠益分享涉及的范围的学术思考有限，以及这一概念在国内外产生的影响过于广泛共同导致的，另一方面则是因为在国际层面上碎片化的尝试与努力所致。

因此，应该强调指出，出于保护土著人民免受不可持续的自然资源开发形式和环境侵害有关的需要，人权判例法、② 联合国关于人权的正式报告和议程③以及人权研究④越来越多地适用惠益分享。但是，关于惠益分享的人权论点似乎仍处于早期阶段。它既涉及国家保护和促进人权的义务，也涉及私营企业尊重人权的责任。人权机构充其量只是参考《生物多样性公约》框架内拟定的惠益分享准则，而没有过多讨论。在学术方面，目前还没有深入研究《生物多样性公约》和人权法之间的交叉之处，以及在企业责任方面进一步融合这两个国际法分支的优点。在思考人权与环境的讨论中，⑤ 这个被忽视的问题值得进一步探讨，以充分

---

① B. De Jonge, "What Is Fair and Equitable Benefit-sharing?", 24 *Journal of Agricultural & Environmental Ethics* (2011) 127.

② Inter-American Court of Human Rights, *Saramaka People v. Suriname*, Case No. 12, 338 (28 November 2007); African Commission on Human and Peoples' Rights, Centre for Minority Rights Development (Kenya) and Minority Rights Group International on Behalf of the Endorois Community v. Kenya, Comm. No. 276/2003 (4 February 2010); ILO Committee of Experts on the Application of Conventions and Recommendations, Observations on Peru, CEACR 2009/80th Session, in *Report of the Committee of Experts on the Application of Conventions and Recommendations*, Report III (Part 1A), ILC. 102/III (1A) (2013), at 841.

③ Office of the UN High Commissioner for Human Rights, "Indigenous Peoples and Human Rights: Setting a Framework for Consultation, Benefit-Sharing and Dispute Resolution, UN Doc. A/HRC/EMRIP/2009/5, 3 July 2009; UN-Indigenous Peoples Partnership", *Strategic Framework 2011-2015* (undated), at 13, available at < http://www.ilo.org/wcmsp5/groups/public/—ed_norm/—normes/documents/publication/wcms_186285.pdf > (last visited 30 September 2014); *Report of the Special Rapporteur on Indigenous Peoples' Rights* (2010).

④ 1 D. L. Shelton, "Self-Determination in Regional Human Rights Law: From Kosovo to Cameroon", 105 *AJIL* (2011) 60; G. Pentassuglia, "Towards a Jurisprudential Articulation of Indigenous Land Rights", 22 *EJIL* (2011) 165.

⑤ E. g., A. Boyle and M. R. Anderson (eds.), *Human Rights Approaches to Environmental Protection* (1998); F. Francioni, "International Human Rights in an Environmental Horizon", 21 *EJIL* (2010) 41; A. Boyle, "Human Rights or Environmental Rights: A Reassessment?", 18 *Fordham Environmental Law Review* (2007) 471; S. Kravchenko and J. Bonine, *Human Rights and the Environment* (2008); D. K. Anton and D. Shelton, *Environmental Protection and Human Rights* (2012); Boyle, "Human Rights and the Environment: Where Next?", 23 *EJIL* (2012) 613, and Chapter 7 in this volume.

理解二者之间实体性和程序性协同作用对确立更有效的人权和环境保护的理论与实践意义。就这一点来看，实现《联合国工商业与人权框架》似乎需要采取这种理解。

在各国之间，未来的研究应该评估是否能够、在多大程度上、在何种情况下，惠益分享可以帮助克服发达国家和发展中国家在当前多边环境谈判中的僵局，通过支持解决环境挑战的办法，促进就考虑到经济和非经济利益的公平分配责任的领域达成一致意见。因此，鉴于发达国家和发展中国家相对于各种环境挑战的能力差异，可以在各国之间寻求惠益分享，以解决公平分担责任方面的困难。在这方面，可以在执行共同但有区别的责任的背景下探索惠益分享，① 在多边环境（包括气候）谈判的背景下，这已成为真正的瓶颈。② 同时还应考虑到私营企业对于履行各国的国际环境和人权义务至关重要的作用，例如在获得技术方面。

在国家内部，未来的研究应评估惠益分享在何种程度上和何种条件下是否有助于确保在政府保护和可持续利用自然资源方面尊重土著人民和地方社区的人权。这种理解能确保私营企业在进行开发活动和其他基于利用自然资源行为时，更好地尊重土著人民和地方社区由此产生的权利。

虽然进一步的研究应侧重于与政府职责有关的惠益分享的国际法发展，但也应将注意力转向与"生物与文化社区协议"（Bio-cultural Community Protocols）的应用有关的新兴跨国实践。③ 这些文件是土著人民和地方社区在国际环境法和人权法所给予的保护的基础上，阐明了有关环境管理的价值观、传统习俗和习惯法。至关重要的是，社区通过这种手段表达了它们在特定情况下对文化和生物最

---

① E. g., E. Hey, "Common but Differentiated Responsibilities"; L. Rajamani, *Differential Treatment in International Law* (2006); C. D. Stone, "Common but Differentiated Responsibilities in International Law", 98 *AJIL* (2004) 276.

② T. Honkonen, "The Principle of Common but Differentiated Responsibility in Post-2012 Climate Negotiations", 18 *RECIEL* (2009) 257.

③ E. g., United Nations Environment Programme (UNEP), *Community Protocols for ABS* (*undated*), available at <http: //www. unep. org/communityprotocols/index. asp> (last visited 30 September 2014); H. Jonas, K. Bavikatte, and H. Shrumm, "Community Protocols and Access and Benefit Sharing", 12 *Asian Biotechnology and Development Review* (2010) 49; and a series of publications by Natural Justice, available at <http: //naturaljustice. org/library/our-publications> (last visited 30 September 2014).

适当的惠益分享形式的理解，以此作为与政府和私营企业合作的基础。这一做法是在根据《生物多样性公约》获得遗传资源的惠益分享的有关国际谈判中发展起来的，并最终影响了这些谈判。它提供了一个有趣的例证，说明了不同级别的环境监管之间的相互影响。第一，社区协议通过国际法、国内法以及土著人民和地方社区的习惯法之间的相互作用来运作。第二，这些协议是由跨国法律顾问网络（包括政府间组织、非政府组织和支持发展中国家当地社区的双边发展伙伴）推广的。① 第三，社区协议在极短的时间内在国际法中获得正式承认，成为一项具有法律约束力的文书，涉及国家之间和国家内部的惠益分享。②

对社区协议进行更彻底的学术研究可以帮助阐明土著人民和地方社区习惯法与有关环境和人权的国际法和国内法之间的相互作用。尽管习惯法被认为是"在管理生活资源和适应环境变化的过程中能够激发创新并使行为合法化的理论"，③ 但土著人民和地方社区习惯法对可持续发展的作用的研究仍处于起步阶段。出于当前目的，至关重要的是，社区协议也被用于保障企业问责制。④ 正如有关土著人民或地方社区所理解和同意的那样，它们可能是私营企业在特定背景下考虑环境保护与人权法之间联系的一种建设性和具有成本效益的工具。

最终，未来的研究需要确定将有关生物多样性的国际法律义务转化为企业环境问责制标准，将它们与尊重人权的企业责任有关的文书和程序进行融合，⑤ 以及要探讨在此过程中，是否存在稀释或削弱国际义务的巨大风险。⑥ 同样，根据国际和区域人权文书建立的更加完善和综合的审判制度是否可以有助于更好地执行国际环境法是还有待讨论的。关于这一点，有可能可以通过环境恶化构成侵犯人权的案件，也可以通过涉及国家在预防或补救企业环境损害方面的积极义务的

---

① 　UNEP website on community protocols case studies, available at: <http://www.unep.org/communityprotocols/casestudies.asp> (last visited 30 September 2014); and the website of a coalition of different actors on community protocols, available at < http://www.community-protocols.org/> (last visited 30 September 2014).

②　CBD Nagoya Protocol.

③　P. Ø rebech et al. , *The Role of Customary Law in Sustainable Development* (2006).

④　关于企业问责制和《名古屋议定书》更概括性的内容，参见 M. J. Oliva, "The Implications of the Nagoya Protocol for the Ethical Sourcing of Biodiversity"。

⑤　例如，注意到土著人民权利问题特别报告员从人权角度对国际金融公司业绩标准的积极评价。

⑥　Affolder 认为 2006 年国际金融企业绩效标准削弱了国际生物多样性法。

案件来取得这一效果。①

第七节　企业问责制与绿色经济

与企业环境问责制相关的概念性和规范性国际法律的发展越来越多地用于更好地定义和承担企业尊重人权的责任。尤其是，越来越多地呼吁根据《生物多样性公约》提出的"惠益分享"法律概念来连接企业问责制的环境保护和人权维度，特别是在土著人民和地方社区方面。② 但是，在这方面有几个问题仍有待探讨。

惠益分享的概念在国际环境法规的其他领域也迅速兴起，尽管它对环境保护、人权法和企业问责制之间相互作用的影响尚待探讨。例如，已经在跨界自然资源，③ 特别是在国际水道的背景下讨论了惠益分享。④ 此外，根据当前关于国家管辖范围以外的海洋遗传资源的谈判，可能会形成海洋法中的惠益分享机制。⑤ 惠益分享最近在应对气候变化中也受到了一些关注。在这方面，注意力主要集中在建立通过减少砍伐森林和减缓森林退化而降低温室气体排放的机制（所

---

①　F. Francioni, "The Private Sector and the Challenge of Implementation".

②　因此，《生物多样性公约》下的规范性发展（以缔约方会议决定的形式）为企业问责提供了足够精确的指导，相反，Affolder 断言该公约"不容易转化为绩效标准或特定项目要求"。

③　N. Schrijver, *Sovereignty over Natural Resources: Balancing Rights and Duties* (2008).

④　P. Wouters and R. Moynihan, "Benefit-sharing in International Water Law", in A. RieuClarke and F. Loures (eds.), *The UN Watercourses Convention in Force—Strengthening International Law for Transboundary Water Management* (2013).

⑤　*Recommendations of the UN General Assembly's Ad Hoc Open-ended Informal Working Group on Marine Biodiversity*, Annex to UN Doc. A/66/119 (30 June 2011), para. 1 (b), endorsed by UNGA Res. 66/231 (24 December 2011), para. 167. E. g., L. A. de la Fayette, "A New Regime for the Conservation and Sustainable Use of Marine Biodiversity and Genetic Resources Beyond the Limits of National Jurisdiction", 24 *International Journal of Marine and Coastal Law* (2009) 221; P. Drankier *et al.*, "Marine Genetic Resources in Areas beyond National Jurisdiction: Access and Benefit-Sharing", 27 *International Journal of Marine and Coastal Law* (2012) 375; and T. Greiber, *Access and Benefit Sharing in Relation to Marine Genetic Resources from Areas Beyond National Jurisdiction: A Possible Way Forward—Study in Preparation of the Informal Workshop on Conservation of Biodiversity Beyond National Jurisdiction* (2011), available at < http://www.bfn.de/fileadmin/ MDB/ documents/service/Skript_301.pdf> (last visited 30 September 2014).

谓的 REDD +)，以及防止脆弱的森林社区被进一步边缘化。① 其他贡献也涉及与清洁发展机制、适应农业和土地利用有关的惠益分享，② 这些均提出了在以市场为基础的机制中实现公平以遏制对气候变化的一般性思考。③

但是，迄今为止，还没有学术研究试图对不同国际环境制度之间的惠益分享进行全面而系统的解释，更不用说它与企业问责制和人权的相关性了。因此，有必要将学术注意力转向惠益分享的潜力，作为一种全面和灵活的管理方法，在国际环境制度中履行平等，特别是代际平等④的义务——在自决、文化多样性和维护生态完整性等基础上实现同代惠益相关者之间的平等。⑤ 在代内范围中诉诸公平比在代际范围中更新颖，这在国际法中仍然存在争议。在这方面，可以将惠益分享作为跨领域的工具进行探索，以在国家、地方和土著社区以及私营企业之间赋权，参与和建立伙伴关系。

最后，将对惠益分享的研究置于绿色经济政策讨论中似乎是有意义的。绿色经济强调了环境管理带来的业务发展、创造就业和公共部门增收的机会。⑥ 特别

---

① S. Baez, "The 'Right' REDD Framework: National Laws that Best Protect Indigenous Rights in a Global REDD Regime", 80 *Fordham Law Review* (2011) 821; M. Greenleaf, "Using Carbon Rights to Curb Deforestation and Empower Forest Communities", 18 *New York University Environmental Law Journal* (2011) 507; and L. Peskett, *Benefit-Sharing in REDD+: Exploring the Implications for Poor and Vulnerable People* (2012), available at < http://documents.worldbank.org/curated/en/2010/10/15525465/benefit-sharing-redd-exploring-implications-poor-vulnerable-people> (last visited 30 September 2014).

② C. Voigt, "Is the Clean Development Mechanism Sustainable: Some Critical Aspects", 8 *Sustainable Development Law & Policy* (2007) 15; D. B. Hunter, "The Confluence of Human Rights and the Environment: Human Rights Implications for Climate Change Negotiations", 11 *Oregon Review of International Law* (2009) 331; C. Streck, "Towards Policies for Climate Change Mitigation: Incentives and Benefits for Smallholder Farmers", Climate Change Agriculture and Food Security Report No. 7 (2012), available at < http://cgspace.cgiar.org/bitstream/handle/10568/21114/ccafsreport7-smallholder_farmer_finance.pdf> (last visited 30 September 2014).

③ 弗朗西奥尼 (F. Francioni) 的 "现实主义，乌托邦与国际环境法的未来" (Realism, Utopia and the Future of International Environmental Law) 引起了人们的关注。A. Cassese (ed.), *Realizing Utopia: The Future of International Law* (2012) 442.

④ D. B. Magraw and L. Hawke, "Sustainable Development", in Bodansky et al. (eds.).

⑤ F. Francioni, "Equity in International Law", in Wolfrum (ed.).

⑥ 4 S. Larcom and T. Swanson, "Economics of Green Economies: Investment in Green Growth and How it Works".

是绿色经济理念还要求采取以协同的方式应对气候、生物多样性和能源危机。① 在这方面，相关研究将探讨惠益分享是否可以作为不同国际制度之间的"桥梁"。这些制度往往在被制定和运作时没有适当考虑其他国际协定，以期为私营企业制定一个可理解和可操作的基准。

在 2012 年 6 月的联合国可持续发展大会（里约+20 会议）上，国际社会鼓励向绿色经济过渡。② 但是，向绿色经济过渡的细节仍存在争议。人们担心如果在环境管理时确立以利润为导向的高科技目标的话，③ 可能会引发对绿色经济的不公平批评，尤其是缺乏必要的资金和技术的发展中国家。同样，绿色经济议程引起了人们进一步对土著人民和地方社区被边缘化的人权关注，这些土著人民和地方社区以难以从纯经济角度的方式为环境保护和管理作出贡献。④ 关于企业问责制，从保护土著人民权利的角度来看，"里约+20"会议的成果文件⑤通常被认为是"令人失望的"，特别是在它忽视对采掘业的负面影响的情况下。⑥ 值得注意的是，"里约+20"会议也错过了将《联合国商业与人权框架》与相关全球环境标准以及新兴的绿色经济理念紧密联系的机会。但是，该会议成功地在绿色经济的概念中纳入了必须考虑到人权与土著人民和地方社区对环境管理的具体贡献，以此作为实现可持续发展的战略。⑦ 它还清楚地指出了《生物多样性公约》在作为一种经济评估的依据时，在实现环境一体化、条约执行和要求私营企业参与方面发挥了巨大作用。⑧ 因此，应认真研究《生物多样性公约》关于生态系统服务经济价值评估概念的进一步规范性发展，以确定惠益分享是否可以系统地用

---

① A. Steiner, "Focusing on the Good or the Bad: What Can International Environmental Law Do To Accelerate the Transition Towards a Green Economy?", 103 *American Society of International Law Proceedings* (2009) 3.

② UNGA Res. 66/288, "The Future We Want" (11 September 2012), Annex, paras. 56 and 62.

③ P. Doran, "Care of the Self, Care of the Earth: A New Conversation for Rio+20?", 21 *RECIEL* (2012) 31.

④ D. L. Shelton, "Commentary on Achim Steiner's 2009 Grotius Lecture", 25 *American University International Law Review* (2010) 877.

⑤ UNGA Res. 66/288.

⑥ *Report of the Special Rapporteur on the Rights of Indigenous Peoples* (2012).

⑦ UNGA Res. 66/288.

⑧ UNGA Res. 66/288.

于绿色经济，以此作为机会，通过将对经济利益与对非经济（社会、文化和环境）利益的相结合，将公平融入不同国际环境制度。这些可期的发展可能会进一步完善企业的环境问责制并促进企业对人权的尊重。

第三章　欧洲和美洲人权法院 环境判例之比较研究

Riccardo Pavoni 著　邱冬梅*译

第一节　引　言

本章讨论了欧洲和美洲人权制度中出现的一些环境判例的关键内容①。尽管制度之间存在定量和定性的差异，本章旨在确定监督有关制度的区域性法院所发展的理论是否有利于今后在与环境保护有关的各判例法方面广泛融合。

欧洲人权法院（ECtHR）在环境领域的判例正在迅速发展，种类繁多，相当复杂。其如此显著的数量增长和多样化使得似乎很难对其进行详尽无遗的描绘。在对最近的某些重要判决进行审查后发现，欧洲判例的特点是存在一些重大的不确定性，这一问题远未得到妥善解决，例如，关于程序性环境权在《人权和基本

---

* 邱冬梅，广州应用科技学院法政学院讲师、武汉大学国际法学硕士。

① 本章不审查非洲人权制度下的有关做法，因为非洲人权制度不适合与欧洲和美洲的对应机构进行广泛的比较分析。与后者不同的是，《非洲人权和民族权宪章》（1981 年 6 月 27 日在内罗毕通过，1986 年 10 月 21 日生效，《联合国条约集》第 1520 卷第 128 页）第 24 条规定，所有民族都有权享有"有利于其发展的令人满意的环境"。此外，非洲人权和民族权委员会（ACommHPR）与环境有关的实践基本上只有两个代表性案例，*Social and Economic Rights Action Centre and Center for Economic and Social Rights v. Nigeria*，Comm. No. 155/96（27 October 2001）; *Centre for Minority Rights Development（Kenya）and Minority Rights Group International on behalf of Endorois Welfare Council v. Kenya*，Comm. No. 276/2003（25 November 2009），尽管这两项判决非常重要。

自由欧洲公约》（ECHR）中的适当地位和范围①。这种状况当然是因为《欧洲人权公约》（ECHR）没有规定明确的环境健康权，但可以说，更根本的原因还在于法院认识到，对环境诉讼过于温和的态度可能会使其负担过重。

虽然，美洲人权法院（IACtHR）和美洲人权委员会（IACommHR）的环保实践迄今为止规模相当有限，但却呈指数级增长②，这点尤为突出。在司法层面上，与《欧洲人权公约》体系类似，它主要源于对《美洲人权公约》（ACHR）③所保障的权利的演变和动态解释④，这些权利容易因环境损害而受到侵犯，例如生命权和财产权。尽管《美洲人权公约》的《圣萨尔瓦多议定书》（*The San Salvador Protocol to the ACHR*）⑤第 11 条第 1 款规定了独立的环境健康权，但后者不能成为个人向美洲人权委员会和美洲人权法院申诉的依据⑥。

相关判决的一个关键特点是，它们表明美洲各机构特别重视遵守环境参与权的决心。并不令人感到意外的是，这在涉及土著人民权利的案件中体现得最为明显，但正如我们看到的那样，它同样适用于与土著人民无关的某些判决。在这一背景下，美洲人权委员会的活动是美洲制度中出现环境判例的关键决定因素。它在早期的"*Yanomami People* 案"⑦的判决中，尤其是认定修建穿越土著土地的公路侵犯了生命权、人身安全和健康权，已被证明对随后的美洲实践颇有影响。

---

① European Convention for the Protection of Human Rights and Fundamental Freedoms（Rome，4 November 1950，entered into force 3 November 1953）213 UNTS 222.

② IACommHR，*Indigenous and Tribal Peoples' Rights over Their Ancestral Lands and Natural Resources: Norms and Jurisprudence of the Inter-American Human Rights System*，Doc. OEA/Ser. L/V/II，Doc. 56/09（30 December 2009），para. 207.

③ American Convention on Human Rights（San Jose，22 November 1969，entered into force 18 July 1978）1144 UNTS 143.

④ 两个地区法院所采用的这种解释方法与它们的一般做法有关，参见 L. Caflisch and A. A. Cancado Trindade，"Les Conventions américaine et européenne des droits de l'homme et le droit international général"，108 *Revue générale de droit international public*（2004）5，at 13-22.

⑤ Additional Protocol to the American Convention on Human Rights in the Area of Economic，Social and Cultural Rights（San Salvador，17 November 1988，entered into force 16 November 1999）（1988）OASTS 69，1989）28 ILM 156（hereinafter "San Salvador Protocol"）. 此外，《圣萨尔瓦多议定书》第 11 条第 2 款规定缔约方负有"促进环境保护、保存和改善"的义务。

⑥ 参见《圣萨尔瓦多议定书》第 11 条第 6 款。

⑦ *Yanomami People*（*Brazil*），Case No. 7.615，Resolution No. 12/85 of 5 March 1985.

美洲人权委员会的国别报告①提出的环保领域的许多建议也是如此，这些建议的相关性远远超出了通常是委员会关注的土著人民问题。

本章首先评估了与环境参与权有关的美洲判例法（第二节）。除了获得环境信息、公众参与决策和诉诸司法这些程序性权利外，环境参与权这一概念被广泛理解为包括为环境活动者和宣传团体的工作提供保护的思想、言论和结社等方面的基本自由。事实上，欧洲制度从美洲制度中吸取的主要经验教训来自环境参与权领域。为了说明这一点，其后的章节将对欧洲人权法院判例法中程序性环境权的发展、目的和范围进行深入审查（第三节和第四节）。接下来，本章解释了为什么尽管相关实践中出现了一些含糊不清的地方，但美洲制度显然比欧洲制度更容易发生环境公益诉讼（第五节），其目的是为随后评价某些里程碑式的环保案例奠定基础，这些里程碑案例揭示了与土著人民有关的美洲判例的特点（第六节）。第七节是结语。

第二节　美洲制度在环境参与权方面的经验教训：
"*Kawas-Fernández* 案" 和
"*Claude Reyes* 案" 的判决

"程序性环境权" 是一个宽泛的表述，它主要是指公民在环境事项上的获得信息、参与决策和诉诸司法的权利。虽然从现有权利的角度来看，对后一种权利

---

① Especially, *The Situation of Human Rights in Cuba — Seventh Report*, OEA/Ser. L/V/II. 61, Doc. 29 rev. 1（4 October 1983）, paras. 1, 2, 41, and 60-61; *Report on the Situation of Human Rights in Ecuador*, OEA/Ser. L/V/II. 96, Doc. 10 rev. 1（24 April 1997）, chs VIII and IX; *Report on the Situation of Human Rights in Brazil*, OEA/Ser. L/V/II. 97, Doc. 29 rev. 1（29 September 1997）, ch. VI; *Third Report on the Human Rights Situation in Colombia*, OEA/Ser. L/V/II. 102, Doc. 9 rev. 1（26 February 1999）, ch. X, paras. 28-35 and recommendations 4 and 5; *Second Report on the Situation of Human Rights in Peru*, OEA/Ser. L/V/II. 106, Doc. 59 rev.（2 June 2000）, ch. X; *Third Report on the Situation of Human Rights in Paraguay*, OEA/Ser. L/V/II. 110, Doc. 52（9 March 2001）, ch. V, para. 48 and ch. IX; *Access to Justice and Social Inclusion: The Road towards Strengthening Democracy in Bolivia*, OEA/Ser. L/V/II, Doc. 34（28 June 2007）, paras. 245-256 and 297; Follow-up Report—Access to Justice and Social Inclusion: The Road towards Strengthening Democracy in Bolivia, OEA/Ser/L/V/II. 135, Doc. 40（7 August 2009）, paras. 157-165; *Democracy and Human Rights in Venezuela*, OEA/Ser. L/V/II, Doc. 54（30 December 2009）, paras. 1058 and 1137.

的精确概念化可能有待讨论，但允许公众参与环境领域无疑意味着对根深蒂固的言论、思想、集会和结社等基本自由的适用。特别是建立组织以便开展旨在保护环境的活动和有效开展这类活动，这种权利尤为重要。它有助于有意义地保护环境和捍卫人权，因为它使人们能够将其个人诉求纳入集体进程，以追求普遍利益。因此，联合国最近任命的人权理事会环境权问题独立专家将防止对环境人权维护者的生命和人身完整性的攻击或威胁作为其工作的优先事项之一，这一点并不奇怪①。

美洲人权法院在"Kawas-Fernández 案"的判决中涉及一项关于环境活动者被谋杀的指控，该名环境活动者及其担任主席的基金会经常抗议那些影响洪都拉斯国家公园和保护区的开发项目。从环境的角度来看，这一判决值得注意，因为除生命权外，法院还认定被告国违反了《美洲人权公约》第 16 条规定的结社自由权。为了得出这一结论，法院首先回顾了与人权协会或非政府组织（NGO）相关的"在民主社会中的重要作用"②。各国负有积极的义务"为它们能够自由履行职责创造法律条件和事实条件"③。被谋杀的环境活动者在生态保护领域的工作也是如此；事实上，鉴于其不可分割性和相互依存性，对人权的保护"不仅限于公民权利和政治权利，而且必然涉及经济、社会及文化权利的调查、报告和教育"④。为了支持其观点，法院指出：

> 更进一步说，根据本法院和欧洲人权法院的判例法，保护环境与享有其他人权之间存在着不可否认的联系。环境退化和气候变化的不利影响对美洲大陆人权造成的损害一直是美洲国家组织大会和联合国讨论的主题。还应指出的是，有相当多的《美洲人权公约》的缔约方通过了宪法条款，明确承认

---

① *Preliminary Report of the Independent Expert on the Issue of Human Rights Obligations Relating to the Enjoyment of a Safe, Clean, Healthy and Sustainable Environment*, UN Doc. A/HRC/22/43（24 December 2012），paras. 28 and 61（recalling *Report of the Special Rapporteur on the Situation of Human Rights Defenders*, UN Doc. A/HRC/19/55（21 December 2011），paras. 60-92 and 123-126）.

② *Kawas-Fernández v. Honduras*, IACtHR, Judgment of 3 April 2009, para. 146. L. Burgorgue-Larsen and A. U' beda de Torres, *The Inter-American Court of Human Rights. Case Law and Commentary*（2011），at 346 and 518；L. Lixinski, "Treaty Interpretation by the Inter-American Court of Human Rights：Expansionism at the Service of the Unity of International Law", 21 *EJIL*（2010）585, at 596.

③ *Kawas-Fernández v. Honduras*.

④ *Kawas-Fernández v. Honduras*.

人们享有环境健康权。美洲大陆在人权发展方面取得的这些进展已被纳入关于经济、社会及文化权利的《美洲人权公约补充议定书》……①

法院接着指出："生命权或人道待遇权的损害……反过来可能导致对《公约》第 16 条第 1 款的违反，而这种违反针对的是受害人合法行使结社自由权的行为。"② 由于这无疑是 *Kawas-Fernández* 女士的情况，洪都拉斯应对侵犯她的结社自由权负责③。这项判决适当地考虑了为保护环境自由结社权利的个人和集体两个维度。显然，鉴于在 *Kawas-Fernández* 死后洪都拉斯还发生了一连串对环境活动者的袭击和谋杀事件④以及这些事件在民主社会中的严重性，法院迫切希望敦促被告国采取一切适当措施，通过保障所有环境协会代表人的安全，解决这一系统性的人权问题。因此，作为对已查明的侵权行为的救济，洪都拉斯被判令：

> ……制定立法、行政和司法措施，或执行已经制定的措施，保障开展环境宣传活动的自由；立即保护因工作而面临危险或威胁的环境活动者；与此同时，着手对环保主义者因工作而面临生命或品格正直方面危害的任何情况进行负责任和有效的调查……以及以安全官员、司法系统人员和普通公众为宣传对象，在洪都拉斯开展一项全国性的宣传活动，提高人们对环保主义者工作的重要性及其对保护人权的贡献的认识和敏感性。⑤

"*Kawas-Fernández* 案"的判决之所以值得关注，还在于该案是美洲人权法院迄今为止对欧洲人权法院环境判例的唯一引用。美洲人权法院确认，承认人权与

---

① *Kawas-Fernández v. Honduras.*

② *Kawas-Fernández v. Honduras.*

③ *Kawas-Fernández v. Honduras.*

④ *Kawas-Fernández v. Honduras.* 中美洲和南美洲针对环境活动者的暴力气氛是一个长期存在的问题，参见 e. g., *Report of the Special Rapporteur on the Situation of Human Rights Defenders*, *Addendum*, *Mission to Honduras*, UN Doc. A/HRC/22/47/ Add. 1 (13 December 2012), paras. 73-75 and 82-86.

⑤ 法院对赔偿问题采取的严格和创造性的做法还体现在它向洪都拉斯发出的进一步命令中："为受害者建造一座纪念碑，并在以她的名字命名的国家公园张贴标志，这些标志应指出受害者是为了保护环境，特别是为了保护这个国家公园而被杀害的事实。"

环境保护之间的“不可否认的联系”① 是“根据……欧洲人权法院的判例法”②，并援引了该法院作出的③“López Ostra 案”④、“Guerra 案”⑤ 和“Fadeyeva 案”⑥ 三个判例。

　　显然，援引这些案例的目的并不是要回顾事实上类似于“Kawas-Fernández 案”的先例（这三项判决涉及工业污染和私人生活权），而只是为了赞许欧洲人权法院在环境事项上长期存在的判例。因此，总的来说，“Kawas-Fernández 案”的判决是欧洲和美洲法院在这一领域进行对话和相互促进的一个充满希望的例证。这种新出现的对话的一个重要特点是，在程序性环境权利方面，鉴于美洲人权法院对这些保障的扩展性概念，相对于更麻烦的欧洲人权法院的方法，美洲人权法院必然会扮演先行者的角色⑦。因此，斯特拉斯堡法院有责任在程序权利领域跟上美洲判例的渐进方向。

　　“Claude Reyes 案”是对这一点最鲜明的证明⑧。美洲人权法院审查了由个人提出的一份申诉书，控告智利外国投资委员会拒绝应他们的请求公布有关智利最南部区域一个对该国可持续发展产生重大影响的森林开发项目（即所谓的“RíoCóndor项目”）的某些资料。这些人特别关注参与该项目的外国投资者公司的“可靠性和适宜性”⑨，并要求外国投资委员会提供公司的背景资料，特别是有关该公司的财务资料，以及外国投资委员会进行的有关审查。此外，他们还要求提供说明公司是如何履行投资合同的文件，主要是履行环境影响评价（EIA）的义务⑩。申诉方援引了主动收集和获得信息的权利，这是《美洲人权公约》第13条规定的言论自由权的一个组成部分。

---

① *Kawas-Fernández Case*，note 11.

② *Kawas-Fernández Case*，note 11.

③ *Kawas-Fernández Case*，note 193.

④ *López Ostra v. Spain*，Appl. No. 16798/90，ECtHR，Judgment of 9 December 1994.

⑤ *Guerra and Others v. Italy*，Appl. No. 14967/89，ECtHR，Judgment of 19 February 1998.

⑥ *Fadeyeva v. Russia*，Appl. No. 55723/00，ECtHR，Judgment of 9 June 2005.

⑦ *Infra* Sections 3 and 4.

⑧ *Claude Reyes and Others v. Chile*，IACtHR，Judgment of 19 September 2006. 参见 Burgorgue-Larsenand Uarsenan Torres；D. K. Antonand D. L. Shelton，*Environmental Protection and Human Rights*（2011），at 356-359 and 369-380.

⑨ *Claude Reyes and Others v. Chile*.

⑩ *Claude Reyes and Others v. Chile*.

美洲人权法院作出了一项开创性的判决，确定获得国家掌握的公共利益信息的一般权利是言论自由权的一个基本要素，并认定，根据本案的事实，智利无正当理由拒绝提供与"*RíoCóndor* 项目"有关的文件侵犯了这项权利①。法院将涉及公共利益的知情权视为实现相互依存的个人和社会目的的基本保障，这一重要观点尤其具有指导意义：

> 《公约》第13条保护所有个人获得国家掌握的信息的权利……因此，本条保护个人获得此类信息的权利和国家提供此类信息的积极义务，以便个人在出于《公约》允许的任何理由的情况下，能够获得此类信息或收到包括正当理由的答复，国家可以在特定情况下限制对信息的访问。请求国家提供信息的申请人无须证明存在直接利害关系或是涉案当事人，且在获得信息后可以在社会上传播，从而使公众能够了解、接触和评价该信息。通过这种方式，思想和言论自由权包括保护获得国家掌握的信息的权利，其中清楚地包括个人和社会两个维度的权利，这两个维度的权利必须同时得到国家的保障。

法院进一步强调了知情权作为有效民主和国家活动透明度的必要前提的重要性，指出"获取国家掌握的公共利益信息可以通过社会控制参与公共管理，而社会控制可以通过知情权的途径进行"。简而言之，通过允许行使这种民主权利，国家鼓励个人更多地参与社会公共事务。

虽然法院没有特别强调公众参与原则在环境案件中的至关重要性，但它确实提到了对这一原则的产生至关重要的某些环境法律文件。除了关于获取公共信息的各种美洲国家组织、欧洲联盟和欧洲委员会的文件外，法院还依据了《关于环境与发展的里约宣言》（*The Rio Declaration on Environment and Development*）

---

① *Claude Reyes and Others v. Chile.* 在申诉方提出请求时，智利尚未在其立法中规定拒绝获取国家掌握的资料的理由，且不是通过作出合理的决定来拒绝提供资料，这一事实对智利赖以辩解的其可以对言论自由权进行限制的说法是致命的。智利援引所请求信息的保密性或出于普遍利益的理由是徒劳无功的，因为上述情况为"国家在将信息分类为秘密、保留或机密方面的自由裁量和任意行为创造了肥沃的土壤，并［导致］在行使［知情权］和国家限制该权利方面的法律的不确定性"。作为一项补偿措施，法院判令智利"提供受害者所要求的适当的信息，或在这方面作出合理的决定"；尽管这个利害攸关的项目最终被取消了。

之原则 10，并首次和迄今为止仅一次依据了《关于在环境事项上获得信息、公众参与决策和诉诸司法的公约》即《奥胡斯公约》（*The Aarhus Convention*）①。

因此，"*Claude Reyes* 案"一案的判决构成了一个关键的先例，它必将影响美洲制度中不断出现的环境判例。特别是它为一种重要形式的环境公益诉讼——即任何人因国家当局无理拒绝为公共利益而提供环境影响信息而提出的申诉而引起的诉讼。最重要的是，只要其他法院，特别是美洲以外的法院，尤其是欧洲法院支持这一判决，该判决必然具有在获取环境信息和参与环境决策领域发展判例法的全球影响力。

第三节　《欧洲人权公约》是否规定了环境知情权？

为了理解上述美洲国家间关于程序性环境权利的实践与欧洲人权体系的相关性，有必要关注两个方面：（1）欧洲人权法院在审查环境案件时运用言论和信息自由权的程度；以及（2）在欧洲人权法院审理的侵犯生命权和私人生活权的环境判例中程序要求的范围和目的。我将在本节和以下几节中依次讨论这两个问题。

虽然欧洲人权法院没有判决过在事实情况方面类似于美洲人权法院"*Kawas-Fernández* 案"判决的案件②，但欧洲人权法院通过《欧洲人权公约》第 10 条规定的言论自由权，充分承认了环境活动者和协会的重要作用。针对引起公众注意自然资源管理不善事例的记者提起的诽谤诉讼中，欧洲人权法院在审查对记者制

---

① *Ibid.*, para. 81. UN Economic Commission for Europe（UNECE）Convention on Access to Information, Public Participation in Decision-Making and Access to Justice in Environmental Matters（Aarhus, 25 June 1998, entered in force 30 October 2001）2161 UNTS 447（hereinafter "Aarhus Convention"）; Rio Declaration on Environment and Development（13 June 1992）31 ILM 874（hereinafter "Rio Declaration"）.

② 对《欧洲人权公约》第 11 条进行集中论述的相关判决，参见 *Zeleni Balkani v. Bulgaria*, Appl. No. 63778/00, ECtHR, Judgment of 12 April 2007（因禁止一个环境非政府组织为反对当局清理当地河流的河岸和河床而组织的公开集会而侵犯了公民和平集会的权利）; *Koretskyy and Others v. Ukraine*, Appl. No. 40269/02, ECtHR, Judgment of 3 April 2008（因没有对一个环境非政府组织进行注册登记和授予其法律实体地位而侵害公民结社权）。与文中回顾的根据第 10 条所作的判决不同，这里提到的判决未包含承认环境非政府组织与任何其他类型的协会相比的特殊作用和重要性的表述。

裁的相称性时就是这样做的①。此处，法院对新闻界提供的高度保护促成了与《欧洲人权公约》第 10 条规定不一致的裁决，这意味着国家当局以存在"迫切的社会需求"② 为理由援引该条第 2 款对言论自由权进行限制的余地很小。但至关重要的是，当诽谤诉讼针对环境活动者和非政府组织时，同样的原则得到了保留。

因此，在"*Aizsardzíbas Klubs* 案"中，该案涉及一个地方协会因公开谴责一名官员在某些对拉脱维亚沿海区域生态保护产生不利影响的开发项目中的行为被判处以名誉损害赔偿，欧洲人权法院强调，在这种情况下，作为申诉人的地方协会只是在环境保护领域发挥了"公共监督机构"③ 的作用。这一作用在民主社会中与新闻界同样重要，应加强保护以防止国家干涉环境协会的知情权。因此，为了恰当地履行其职能，这类协会必须披露公众可能感兴趣的事实，使公众对这些事实有所了解，同时这也有助于提高政府当局的透明度④。欧洲人权法院发现，对该协会的民事制裁转化为对其言论自由权的过分限制⑤。几个月后，在伦敦绿色和平组织的两名环境活动者因不服其被认定为诽谤并被判对麦当劳给予损害赔偿而提出申诉的案件中，欧洲人权法院特别根据第 10 条规定重申了这一做法。在该案中，申诉人分发了一份传单，内容包括对麦当劳的严重指控，包括毁林和不可持续的农业行为。被诉的政府方不同意向环保活动人士提供类似于记者的高度保护，法院驳回了政府方这一意见。

法院认为："……在民主社会，即使是主流以外的小型和非正式的活动团体，

---

　　①　*Bladet Tromsø and Stensaas v. Norway*, Appl. No. 21980/93, ECtHR, Judgment of 20 May 1999; *Thoma v. Luxembourg*, Appl. No. 38432/97, ECtHR, Judgment of 29 March 2001. 参见 Anton and Shelton.

　　②　E. g., *Stoll v. Switzerland*, Appl. No. 69698/01, ECtHR, Judgment of 10 December 2007, para. 101 (including a recapitulation of the principles emerging from the ECtHR case law relating to freedom of expression).

　　③　*Vides Aizsardzíbas Klubs v. Latvia*, Appl. No. 57829/00, ECtHR, Judgment of 27 May 2004, para. 42.

　　④　*Vides Aizsardzíbas Klubs v. Latvia*, Appl. No. 57829/00, ECtHR, Judgment of 27 May 2004, para. 49.

　　⑤　*Vides Aizsardzíbas Klubs v. Latvia*, Appl. No. 57829/00, ECtHR, Judgment of 27 May 2004 (必须披露公众可能感兴趣的事实，让他们了解这些事实，并提升公共当局的透明度).

如伦敦绿色和平组织，也应能够有效地进行他们的活动，通过传播有关健康和环境等一般公共利益事项的信息和主张，为公开辩论作出贡献，这是一种强烈的公共利益。"①

事实上，这类案件除了涉及个人利益冲突外，更广泛的利益在于促进信息以及对有影响力的商业实体活动意见的自由传播，可能产生的"寒蝉"效应也是在这个背景下需要考虑的重要因素，同时考虑活动团体在激发公众讨论方面可发挥的合法和重要的作用②。

正如上述裁决所表明的那样，斯特拉斯堡法院与美洲人权法院一样，认识到保护环保人士和协会的知情权对于追求社会的普遍利益至关重要。对该项权利的限制被认为只在特殊情况下才发生。例如在最近对国际动物保护者协会作出的一项判决中，大法庭以微弱多数（9 票对 8 票）有争议地认为，英国禁止播放付费的"政治"广告（即涉及公共利益的广告）符合《欧洲人权公约》第 10 条③。

然而，传统上，根据《欧洲人权公约》第 10 条，环境协会和普通公众总体而言基本上有权在不受政府当局干涉的情况下生成信息并被动地接受他人（如记者）自愿传播的信息。除非有明确的拒绝理由，当局有义务公布这些公共利益信

---

① *Steel and Morris v. the United Kingdom*, Appl. No. 68416/01, ECtHR, Judgment of 15 February 2005, para. 89. The Court found that the respondent state had disproportionately interfered with the right to freedom of expression, because the applicants had not been secured equality of arms in the domestic proceedings and the award of damages against them had been excessive, *Steel and Morris v. the United Kingdom*, Appl. No. 68416/01, ECtHR, Judgment of 15 February 2005, para. 98.

② *Steel and Morris v. the United Kingdom*, Appl. No. 68416/01, ECtHR, Judgment of 15 February 2005, para. 95.

③ *Animal Defenders International v. the United Kingdom*, Appl. No. 48876/08, ECtHR, Judgment of 22 April 2013, paras. 113-125. 显然，这一判决可能是在保护环境协会和活动家知情权方面遇到的一个挫折。Compare *ibid.*, diss. op. Judge Tulkens, joined by Judges Spielmann and Laffranque：法院认为，被告国过多地干涉了言论自由的权利，因为申诉人在国内诉讼中没有得到平等的权利保障，且要求他们支付的损害赔偿额过高。[禁令] 的范围异常广泛。任何涉及"政治"主题的付费广告，或由"完全或主要具有政治性"目标的机构发布的任何付费广告，不论该机构的身份或功能如何，也不论涉及的主题是什么，均在禁止之列。"政治"一词被解释得如此广泛，以致适用于大多数公共利益事项。此外，禁令是不加区分地实施的。实际上，这一禁令涉及民主进程中最重要的行为者之一（非政府组织）最受保护的表达形式（讨论公共利益问题）和仍然具有影响力的媒体形式（广播和/或电视），没有例外。

息，但他们作为公共利益信息的积极寻求者不受保护，简言之，《欧洲人权公约》并未将获取国家掌握信息的一般权利视为言论自由权的一部分。这种做法的根源是第 10 条①中省略了动词"主动收集"，并在斯特拉斯堡法院判例法②中经常重申。因此，它与美洲人权法院的"*Claude Reyes* 案"以及其他相关实践特别是联合国人权委员会的最新声明存在差异③。

的确，很少有人根据第 10 条向欧洲人权法院提起环境诉讼。这可能是"*Guerra* 案"判决的一个遗留问题，法院拒绝将意大利当局没有向受影响公众通报一家化工厂有毒排放物所造成的卫生和环境危险定性为对知情权的干涉。法院推翻了欧洲人权委员会的认定结果，排除了第 10 条的适用性，因为"在本案这种情况下，接受信息的自由不能解释为对一国施加主动收集和传播信息的积极义务"④。诚然，至少在环境方面，这种在没有事先特别请求的情况下知情的权利不应与公众获取信息的一般权利⑤相混淆。然而，在这方面，斯特拉斯堡法院的做法也与联合国人权理事会的做法不一致，后者最近提出，根据《公民权利和政治权利国际公约》第 19 条第 2 款的规定，为落实获取信息的权利，缔约方应主

---

①　与《公民权利和政治权利国际公约》（1966 年 12 月 16 日在纽约通过，1976 年 3 月 23 日生效，《联合国条约集》第 999 卷第 171 页）第 19 条第 2 款和《美洲人权公约》（前注 4）第 13 条第 1 款的规定不同，前者规定："人人有自由发表意见的权利；此项权利包括寻求、接受和传递各种消息和思想的自由，而不论国界，也不论口头的、书写的、印刷的、采取艺术形式的或通过其所选择的任何其他媒介。"后者规定："人人都有思想和发表意见的自由。此项权利包括寻求、接受和传递各种消息和思想的自由，而不论国界，也不论口头的、书写的、印刷的、采取艺术形式的或通过其所选择的任何其他媒介。"

②　E. g., *Loiseau v. France*, Appl. No. 46809/99, ECtHR, Decision of 18 November 2003 (Appl. No. 46809/99, ECtHR, Decision of 18 November 2003 (ght of access to administrative data and documentser 2003 (re A. Boyle, "Human Rights or Environmental Rights? A Reassessment", 18 *Fordham Environmental Law Review* (2007) 471, at 490al La.

③　UN HR Committee, *General Comment No. 34 (Article* 19：*Freedoms of Opinion and Expression)*, UN Doc. CCPR/C/GC/34 (12 September 2011), para. 18："Article 19, paragraph 2 [of the ICCPR] embraces a right of access to information held by public bodies." 详见 M. O'Flaherty, "Freedom of Expression：Article 19 of the International Covenant on Civil and Political Rights and the Human Rights Committee's General Comment No. 34", 12 *Human Rights Law Review* (2012) 627, at 638-639 and 651.

④　*Guerra and Others v. Italy*.

⑤　参见 *infra* text accompanying notes 83-85.

动公开涉及公共利益的政府信息①。

不可否认，最近一段时间，欧洲人权法院关于知情权的判例法似乎正在向前推进，正如法院本身所承认的那样，"对'获得信息的自由'的概念作出更广泛的解释……从而承认获得信息的权利"②。显然，这一创新趋势最初是在一个提出环境和健康问题的案例中出现的。在 "Sdružení Jihočeske 案" 中，一个环保协会根据第 10 条等规定提起诉讼，声称政府当局不允许其知情参与涉及对捷克共和国 Temelín 核电站进行各种技术调整的决策过程③。该协会认为，当局拒绝查阅一系列与核电站运行有关的文件，构成对其知情权的侵犯。法院出人意料地指出，在这种情况下，国家的行为确实构成了对这种权利的干涉。但法院随后提出了包括信息所附的安全和机密方面在内的各种理由，说明为何不能将这种干涉视为武断或与所追求的目标不相称，并得出结论认为，该项申诉显然没有根据。尽管如此，似乎可以肯定的是，当获取政府当局掌握的信息的权利存在风险时，被认定为适用第 10 条。此外，法院的以下意见不容忽视：

> 《公约》第 10 条不应被解释为保证获得与建造核设施有关的所有技术细节的绝对权利，因为这种数据与有关其环境影响的资料不同，不涉及普遍利益。④

因此，如果该非政府组织的请求涉及有关该工厂的环境影响评价的文件，那

---

① *General Comment No. 34.* 可以肯定的是，这一做法和美洲人权法院 "*Claude Reyes* 案" 判例也不相符。

② *Társaság a Szabadságjogokért v. Hungary*，Appl. No. 37374/05，ECtHR，Judgment of 14 April 2009，para. 35. Compare，most recently，*Youth Initiative for Human Rights v. Serbia*，Appl. No. 48135/06，ECtHR，Judgment of 25 June 2013，法院的一个分庭第一次明确提出了在艺术领域接受信息的自由的概念。10 ECHR "Appl. No. 48ht of access to information"，*Társaság a Szabadságjogokért v. Hungary*，Appl. No. 37374/05，ECtHR，Judgment of 14 April 2009，para. 20.

③ *Sdružení Jihočeské Matky v. Czech Republic*，Appl. No. 19101/03，ECtHR，Decision of 10 July 2006.

④ 《公约》第 10 条不应被解释为保证获得与［核］设施建设有关的所有技术细节的绝对权利，因为与有关该设施的环境影响的资料不同，这种资料不涉及普遍利益。

么法院方面可能会产生一种不那么犹豫的态度和对当局行为不那么恭敬的审查，因为这种信息从定义上说是一个公共利益问题。

得出我们正在目睹法院判例的重大修正或转变并将（环境）知情权视为言论自由权的一个组成部分这一观点可能为时过早①。同时（得出这一观点）风险也很高。这种修正可能意味着欧洲制度向一种公益诉讼形式开放，这种诉讼形式将与《欧洲人权公约》中的受害者要求和禁止民众之诉的相关规定相冲突，因为这些概念在传统上被理解和接受②。可以预见的是，被剥夺环境信息的公众可能会提出大量有根据的申诉。

显而易见的是，美洲实践已经并将继续在欧洲人权法院重新思考环境参与权问题的努力中发挥关键作用。"*Claude Reyes* 案"的判决是斯特拉斯堡法院判例法中明确提及美洲判例的罕见例证，这并非巧合③。

在就欧洲人权法院在这一领域的判例状况得出一般性结论之前，有必要澄清一下，为什么从环境法和环境政策的角度来看，根据《欧洲人权公约》对通常在环境案件中援引的权利增加重要的程序保障并不令人满意。

第四节　作为《欧洲人权公约》一个权利维度的环境参与要求

一、《欧洲人权公约》下环境案件程序维度的产生与发展

欧洲人权法院的判例以支持对环境案件进行两级审查而闻名。最明显的

---

①　法院在这方面的犹豫不决表现在它试图从国家干涉言论自由权的角度重新表述获取信息的问题，从而在传统的弃权消极义务而不是确保保护的积极义务的领域寻找理据，参见 *Társaság a Szabadságjogokért*：［法院］认为，本案本质上涉及的是一种干涉——凭借信息垄断的审查权力——对社会监督机构（如新闻界）行使职能的干涉，而不是剥夺查阅官方文件的一般权利。

②　参见 *infra* Section 5.

③　参见 *Stoll v. Switzerland.* 欧洲理事会最近的一份报告显示，截至 2012 年 8 月，在欧洲人权法院处理的案件中，有 25 起引用了美洲人权法院的判决或《美洲人权公约》。参见 *References to the Inter-American Court of Human Rights in the Case-law of the European Court of Human Rights*（2012），available at ＜http：//www. echr. coe. int/Documents/ Research _ report _ inter _ american_court_ENG. pdf＞（last visited 2 October 2014）.

是，当援引的《欧洲人权公约》条款是生命权（第2条）或私人生活和家庭的权利（第8条）时，法院调查实体性和程序性义务的履行情况。前者涉及国家防止和/或避免有害环境的活动对申诉人私人领域造成影响的义务，后者涉及在环境事项上获得信息、公众参与和诉诸司法的要求，即核心的环境参与权。在上述"Guerra案"的判决中，法院认定，当意大利当局未能就风险和化工厂对受影响群众所采取的紧急措施进行提示和告知时，已经构成了对个人生命权的侵犯①。通过这一策略，法院能够在《欧洲人权公约》范围内纳入获取环境信息的权利，尽管法院先前认为这项权利不是言论自由的一个组成部分。

在随后的判例中，生命权和私生活权的程序维度的重要性越来越突出。从涉及伦敦希思罗机场（Heathrow Airport）夜间航班造成噪音污染的"Hatton案"的判决②开始，法院明确表示，以尊重公众知情权、参与权和有效救济为标志的公正透明的决策过程是在环境案件中认定遵守《欧洲人权公约》的一个关键因素。同样地，在涉及危险活动时，特别是在"Tătar诉罗马尼亚案"③等案件中，法院特别强调了事先环境影响评价的要求，这可能直接源于法院意识到环境影响评价的一个关键特征在于该评估是一项义务，即告知并允许与那些活动最终决定相关的公众有意识地参与其中。在关于预防和救济措施的判例中也可以看出类似的态度，各国负有积极的义务采取这些措施，以保护生命权免遭危险的人类活动（如废物处理④）或自然灾害（如受泥石流影响区域容易

---

① *Guerra and Others v. Italy*.

② *Hatton and Others v. United Kingdom*, Appl. No. 36022/97, ECtHR, Judgment of 8 July 2003, paras. 98, 104, and 128; *Taşkin and Others v. Turkey*, Appl. No. 46117/99, ECtHR, Judgment of 10 November 2004, paras. 118-125.

③ *Tătar v. Romania*, Appl. No. 67021/01, ECtHR, Judgment of 27 January 2009, especially paras. 101, 113-119, and 121-125, 参见 the case report by D. L. Shelton, "*Tătar c. Roumanie*. European Court of Human Rights Decision on Protections against Environmental Harms and on Proof of Causation and Damages", 104 *AJIL* (2010) 247; *Giacomelli v. Italy*, Appl. No. 59909/00, ECtHR, Judgment of 2 November 2006, paras. 86-98.

④ *Öneryildiz v. Turkey*, Appl. No. 48939/99, ECtHR, Judgment of 30 November 2004, paras. 90, 93-96, and 108.

发生的灾害）的影响①。在这种情况下，公众获得信息和有效救济的权利是国家义务的主要内容。

欧洲人权法院在环境争端的程序方面采取严格做法的进一步证据来自其最近对"*Hardy and Maile* 案"的裁决，一宗涉及对英国米尔福德港（Milford Haven Harbour）两个液化天然气接收站运作环境影响评价不充分的案件。在这项判决中，法院甚至对遵守程序要求进行了双重检查，以确定是否违反了《欧洲人权公约》第8条。因此，它首先肯定地指出，在重大开发项目（比如存在风险的项目）的授权和风险评估方面，国家立法和责任分配是清晰和全面的②。特别是，就本案的事实而言，该法律制度确保了与该项目有关的重要文件的公布，并授权公众就此发表评论。它还允许申诉人向法院提起诉讼对当局的决定提出质疑③。法院接着审查了申诉人关于环境影响评价过程中未披露某些信息的指控，这是一个明显不同的独立问题④。在回顾获得使公众能够识别和评估其所面临风险的基本信息的重要性之后，法院认为，在本案中，申诉人未能证明国家没有公布"任何实体性文件"⑤。此外，申诉人本可以根据相关立法采取"有效和方便的程序"⑥，以寻求他们希望当局披露的任何进一步信息。

多年来，法院坚持环境案件的程序维度的根本相关性，以至于给人一种印象，即它从实体性的角度，比如在损害预防措施的实体义务方面，审查这些案件的权力实际上是不存在的。事实上，将环境诉讼程序化只不过是法院采取的一种

---

① *Budayeva and Others v. Russia*，Appl. Nos. 15339/02，21166/02，20058/02，11673/02，and 15343/02，ECtHR，Judgment of 20 March 2008，paras. 131-132，138-144，152-155，and 163-165. 为准确起见，应当指出，在该案和"*Öneryildiz* 案"中，公众的知情权都被纳入生命权的实质性方面，即被视为国家当局必须建立的管理框架的一个组成部分以使这一权利得到保护。

② *Hardy and Maile v. the United Kingdom*，Appl. No. 31965/07，ECtHR，Judgment of 14 February 2012，para. 231.

③ *Hardy and Maile v. the United Kingdom*，Appl. No. 31965/07，ECtHR，Judgment of 14 February 2012，para. 230.

④ *Hardy and Maile v. the United Kingdom*，Appl. No. 31965/07，ECtHR，Judgment of 14 February 2012，paras. 233-249.

⑤ *Hardy and Maile v. the United Kingdom*，Appl. No. 31965/07，ECtHR，Judgment of 14 February 2012，para. 249.

⑥ *Hardy and Maile v. the United Kingdom*，Appl. No. 31965/07，ECtHR，Judgment of 14 February 2012，para. 249.

精明的策略，以避免对国内有争议的环境事项裁决进行全面审查。从这一角度来看，一旦确定在国家层面开展了一个参与性和透明的程序，讼争行为的实体性价值将根本不受质疑。简言之，环境案件的程序维度将吞没和削弱其实体性方面①。

这是一个合理的关切。法院在其对"*Fadeyeva* 案"所作出的有影响力的判决中指出，法院有权审查受指责的国家行为的实体性是非曲直，这是一种例外，比如，基本上只限于在环境领域中就如何在不同私人行为体的利益冲突之间达到公平的平衡②这一问题存在明显错误的理解时。换言之，《欧洲人权公约》针对环境恶化规定的权利受到限制往往是基于普遍利益的考虑（比如，国家的经济福祉），因为它们不能接受严格的比例标准，特别是当它们是由于国家未能履行私人生活和家庭权包含的积极义务而产生的时候③。法院认为，对环境诉讼采取这种态度是政府被赋予宽泛的裁量权、有关问题的复杂性以及法院在该领域的辅助作用多个因素共同作用的结果④。因此，在环境案件中，"法院必须首先审查决策过程是否公平，是否适当尊重第 8 条所保障的个人利益……只有在特殊情况下，法院才能超越这一界限，修改国内当局的重要结论……"⑤

然而，随后的判决表明，上述方法论的前提并不一定阻止欧洲人权法院宣布侵犯私人生活权的实体性内容。最引人注目的是，在"*Di Sarno* 案"中，法院裁定意大利违反了第 8 条，因为意大利没有采取适当措施保护申请人（和相关公众）免受"废物危机"造成的环境和健康风险，"废物危机"在过去的十年里严重侵害了坎帕尼亚地区（The Campania Region）的各个区域⑥。相反，法院鉴于

---

① 对此的激烈批评，参见 E. Lambert Abdelgawad, "La proportionnalité dans le syste´me de la Convention européenne des droits de l'homme", in H. Ruiz Fabri and L. Gradoni (eds.), *La Circulation des Concepts Juridiques: Le Droit International de L'environnement Entre Mondialisation et Fragmentation* (2009) 427, at 460-462.

② *Fadeyeva v. Russia.*

③ *Fadeyeva v. Russia.*

④ *Fadeyeva v. Russia.*

⑤ *Fadeyeva v. Russia.* "Giacomelli 案"的判决基本上符合这一法理。在该案中，法院确认，为对环境产生不利影响的国家措施开脱的可能性基本上取决于是否实现了程序上的保证：因此，在确定被告国自由裁量权的范围时，法院必须审查是否对申诉人的利益给予了应有的重视，以及是否为她提供了充分的程序保障。

⑥ *Di Sarno and Others v. Italy*, Appl. No. 30765/08, ECtHR, Judgment of 10 January 2012, para. 112. 再举一个类似的例子，虽然是关于工业污染的。参见 *Băcilă v. Romania*, Appl. No. 19234/04, ECtHR, Judgment of 30 March 2010, paras. 65-73.

意大利当局公布了两份关于废物危机产生的风险的研究报告，从而迅速排除了违反第 8 条程序部分的可能性①。

从本质上讲，《欧洲人权公约》下的当代环境判例表明，法院并没有对国家在环境保护领域的实体性义务视而不见。各种判决揭示了一种平衡的方法，根据这种方法，只有对实体性和程序性方面进行有意义的审查，才能全面评估影响自然和人类健康的国家行为的合法性。

二、《欧洲人权公约》权利的程序维度与程序性环境权的比较

相比而言，一个根本的问题是，欧洲人权法院相关判例是否令人满意地适用了程序性环境要求。关于欧洲人权法院的判例意味着将《关于环境与发展的里约宣言》原则 10 和《奥胡斯公约》应享权利事实上纳入《欧洲人权公约》体系的说法仍需要加以验证②。诚然，通过这些判决，欧洲人权法院进一步提供了一个证明其对《欧洲人权公约》的动态、渐进和自由解释方法的特殊证据，包括考虑到欧洲理事会框架之外的国际法律文件。因此，法院越来越多地以明确的方式引用和依赖《奥胡斯公约》，甚至在"Taşkin 案"中（并从"Taşkin 案"开始）③，

---

① *Di Sarno and Others v. Italy*. 但法院仍然认定《欧洲人权公约》第 13 条规定的有效救济权受到了侵犯，理由是申诉人没有足够的救济途径就其所受到的因当局对废物收集和处置系统明显管理不善造成的损失进行索赔，*Di Sarno and Others v. Italy*.

② *Boyle*. For qualifications, 参见 *ibid.*, at 490-491, 498-500, and 505.

③ *Taşkin and Others v. Turkey*. 然而，正如法院在其对"Demir 案"和"Baykara 案"的判决（这可以被视为法院自由解释方法的一个不折不扣的宣言）中坦率地指出的那样，某一条约尚未得到《欧洲人权公约》所有缔约方（包括被告国）的批准，并不会对法院对《欧洲人权公约》不断演变的保护标准进行解释造成致命影响，*Demir and Baykara v. Turkey*, Appl. No. 34503/97, ECtHR, Judgment of 12 November 2008, paras. 65-86；法院在界定《欧洲人权公约》案文中的术语和概念的含义时，能够而且必须考虑到《欧洲人权公约》以外的国际法要素、主管机关对这些要素的解释以及欧洲国家反映他们共同价值的做法。从专门的国际文书和缔约国的实践中显露的一致意见可能构成法院在具体案件中解释《欧洲人权公约》条款时的相关考虑因素。在这种情况下，被告国没有必要批准适用于有关案件争议事项的全部文书。在法院看来，只要有关国际文书表明国际法或欧洲委员会大多数成员国国内法所适用的规范和原则在不断演变，同时表明，在一个确切的领域，现代社会存在共同的基础……这就足够了。

在被告国土耳其不是（现在仍然不是）缔约方的情况下，仍予以考虑①。同时，人们可以有把握地认为，欧洲人权法院对《奥胡斯公约》的依赖将成倍增长，从而在区域一级甚至可能在其他地区加强《奥胡斯公约》的法律地位。然而，我们决不应忽视法院含蓄或明确提及《奥胡斯公约》的主要目的。这始终是为了某些《欧洲人权公约》权利，主要是私人生活权的程序方面提供一个规范性的支柱，而不是要通过《奥胡斯公约》赋予《欧洲人权公约》中的一项或多项保证以更多的独立权利。

因此，一个关键问题是，指控违反《欧洲人权公约》有关规定的程序性规定本身是否可以确保环境诉讼被受理并适用于这些案件。换言之，不允许公众知情和有意义地参与环境决策本身是否可以构成根据《欧洲人权公约》特别是根据第8条的私人生活权提出申诉的基础？

对根据欧洲制度提出个人环境申诉的价值审查确实存在重大限制。《欧洲人权公约》中没有规定明确的"自然保护权"②，这意味着个人"只有在申诉事由与申请人的住宅或私人或家庭生活之间存在直接和紧迫联系的情况下"③ 才有权就环境恶化问题提出申诉④。因此，讼争的环境损害对申诉人权利的这种直接的和紧迫的影响，成为适用《欧洲人权公约》相关条款的一个门槛，而这与《欧

---

① 欧洲人权法院判例法中关于《奥胡斯公约》的更多论述，参见 e. g. , *Collectif national d'information et d'opposition á l'usine Melox—Collectif Stop Melox et Mox v. France*, Appl. No. 75218/01, ECtHR, Decision of 28March 2006, para. 4; *Tătar v. Romania*; *Di Sarno and Others v. Italy*; *Grimkovskaya v. Ukraine*, Appl. No. 38182/03, ECtHR, Judgment of 21 July 2011, paras. 39, 69, and 72. 在后四个案件中，被告国过去和现在都是《奥胡斯公约》的缔约方。有趣的是，在"*Fadeyeva* 诉俄罗斯案"中，一个涉及非《奥胡斯公约》缔约方的国家（俄罗斯）的案件，没有援引后者。这可能是故意的，因为法院重申了与"*Taskin* 案"对环境案件的程序维度采取的相同做法。

② *Fadeyeva v. Russia*.

③ *Atanasov v. Bulgaria*, Appl. No. 12853/03, ECtHR, Judgment of 2 December 2010, para. 66 (emphasis added). 这一法院判决是建立在先前判决的基础上的，特别是 *Kyrtatos v. Greece*, Appl. No. 41666/98, ECtHR, Judgment of 22 May 2003, paras. 52-53; *Hatton and Others v. United Kingdom*; *Fadeyeva v. Russia*.

④ Further Section 5.

洲人权公约》下的传统受害者要求和禁止民众之诉的相关规定几乎没有区别。声称其程序性环境权被剥夺的申诉人是否足以被视为《欧洲人权公约》违反行为的受害者，并使所援引的《欧洲人权公约》条款得以适用？这个问题在欧洲人权法院的判例法中似乎没有得到解决。关于在核武器和化学武器试验中保护人类健康的两项重要判决可能有助于作出解释，根据这两项判决，不披露信息本身就涉及第8条规定的私人生活权。法院认为：

> 获取信息这一议题可以减轻申请人的恐惧……或使他们能够评估他们所面临的危险，这一议题与第8条意义上的私人和家庭生活密切相关，因此在该条款下产生了一个问题。①

然而，在随后的"Atanasov案"的判决中，法院明确拒绝考虑第8条是否适用，唯一的理由是国家当局没有完成对先前一个涉及有毒物质的铜矿尾矿库复垦计划的环境影响评价，因此未能充分告知并允许有关公众参与。根据法院的说法，"在没有证据表明所指控的污染对申诉人或其家庭有任何直接影响的情况下"②，第8条不能通过指出有关程序上的缺陷而发挥作用。但是，"McGinley案"和"Roche案"必须加以区分，因为只有当申诉人直接接触到讼争的有害活动时，才能以缺乏信息披露为由援引第8条③。

因此，"Atanasov案"的判决认为，正是申请人自身直接接触污染源或其他环境事项，才启动了欧洲人权法院的制约机制，而不仅仅是声称国家未能有意义地让申请人本人参与决策过程。这种做法证明，将《奥胡斯公约》的程序性权利

---

① *McGinley and Egan v. the United Kingdom*, Appl. Nos. 21825/93 and 23414/94, ECtHR, Judgment of 9 June 1998, para. 97 (emphasis added); 以及，经适当调整, *Roche v. the United Kingdom*, Appl. No. 32555/96, ECtHR, Judgment of 19 October 2005, para. 155; Compare A. Saccucci, "La protezione dell'ambiente nella giurisprudenza della Corte europea dei diritti umani", in A. Caligiuri, G. Cataldi, and N. Napoletano (eds.), *La tutela dei diritti umani in Europa* (2010) 493, at 527-528.

② *Atanasov v. Bulgaria*.

③ *Atanasov v. Bulgaria*.

纳入《欧洲人权公约》这一方式是不完善和不令人满意的。将这些权利被限制在《欧洲人权公约》某些条款的某个层面上意味着，只有当受害者和《欧洲人权公约》体系的适用性要求得到满足时，这些权利才能发挥作用。换言之，程序性权利的维度属于环境案件的案情，而在审查可采性和适用性问题时，这个问题并不重要。

法院对"Atanasov案"判决的态度表明了其阻止某种形式的环境公益诉讼通过《奥胡斯公约》的后门进入欧洲制度的意图。因此，只要申诉人不能证明她/他本人直接受到所涉环境损害或威胁的影响而仅仅声称被剥夺环境信息或参与权，就应立即驳回这类申诉。这与《奥胡斯公约》的目的安排形成鲜明对比。与其公共利益的理由一致，《奥胡斯公约》权利的属人管辖范围显然更广。一方面，《奥胡斯公约》将公众视为获取环境信息权利的拥有者，并使公众能够在"不必说明利益"的情况下请求获得这种信息①；但另一方面，如果发生任何"对人类健康或环境的紧迫威胁"②（"Guerra案"中的普遍情况），国家收集和传播所有相关信息的责任又仅限于"可能受到影响的公众成员"③。在这两者之间，构思了各种中间情况：例如，参与有关具体活动（能源部门、工业厂房、废物管理等）决策过程的权利对"有关公众"④ 即"受到或可能受到环境决策影响或对环境决策感兴趣的公众"最为重要⑤，继而为质疑就这些活动通过的决定而诉诸司法的权利只授予有"足够利益"⑥ 或声称"权利受到损害"的有关公众。⑦

---

① Aarhus Convention.《欧洲人权公约》第2条第4款对"公众"（The public）的定义是："一个或多个自然人或法人，以及按照国家立法或实践，兼指这种自然人或法人的协会、组织或团体。"

② Aarhus Convention.

③ Aarhus Convention.

④ Aarhus Convention.

⑤ Aarhus Convention（emphasis added）. Notably, environmental NGOs "meeting any requirements under national law shall be deemed to have an interest".

⑥ Aarhus Convention.

⑦ 这是《奥胡斯公约》中最具争议的条款之一，也是因为它基本上把现有概念的定义留给国内法。

　　显然，欧洲人权法院环境判例中出现的与私人生活权有关的不同画面，只是法院对《欧洲人权公约》项下保证进行个人主义逻辑解释的结果，而这一逻辑集中体现在一些关键观念上，如受害者要求、禁止民众之诉和非政府组织（或多或少直接）诉请解决普遍关心问题的能力限制。这些观念可能对欧洲人权法院作为维护在环境损害事件中隐含集体利益平台的可行性构成巨大障碍①。尽管如此，这里并不是要主张将《奥胡斯公约》的公共利益方法不切实际地大规模地移植到《欧洲人权公约》体系中。

　　而有问题的似乎是法院继续将程序性环境要求仅仅视为生命权和私人生活权的一个方面②，而不是对《欧洲人权公约》其他相关条款，主要是那些保护思想、言论、集会和结社基本自由的规定（第9~11条）的独立、整体的保障。这些自由在保护个人利益的同时，还表现出明显的集体和社会因素，完全有可能对其价值加以厘定，从而将参与权的相关方面纳入其范围之内。

　　如我们所知③，这一创新的判例法认可获得环境信息的权利是第10条规定的言论自由权的一部分，从而遵循美洲人权法院在"Claude Reyes案"中的判决思路，这是最先的也是最重要的。目前，如果一起与"Claude Reyes案"类似的申诉即未能向居住在有关区域数千公里以外的个人公布一项重大森林开发项目的资料在私人生活权项下提交给欧洲人权法院，法院很可能会立即驳回。申诉人将不会被视为受当前环境事项的影响或暴露其中，第8条的程序层面的问题甚至不

---

　　①　参见 F. Francioni, "International Human Rights in an Environmental Horizon", 21 *EJIL* (2010) 41; C. Schall, "Public Interest Litigation Concerning Environmental Matters before Human Rights Courts: A Promising Future Concept?", 20 *Journal of Environmental Law* (2008) 417; R. Pavoni, "Public Interest Environmental Litigation and the European Court of Human Rights: No Love at First Sight", in F. Lenzerini and A. F. Vrdoljak (eds.), *International Law for Common Goods: Normative Perspectives on Human Rights, Culture and Nature* (2014) 331.

　　②　值得注意的是，这些权利是欧洲人权法院以相当不灵活的方式运用其个人主义方法的权利之一，特别是，非政府组织基于这些权利提出的申请必然会因缺乏受害者要求而失败，因为所指控的侵权行为很可能是由只会影响自然人的妨害行为引起的：*Asselbourg and Others v. Luxembourg*, Appl. No. 29121/95, ECtHR, Decision of 29 June 1999, para. 1 (*The Law*) (绿色和平组织卢森堡总部位于有争议的污染源附近，但这并未使该非政府组织成为住房权受到侵犯的受害者); *Sdružení Jihočeské Matky v. Czech Republic* (*En droit*).

　　③　参见 Section 3.

会出现①。相比而言，如果这一主张是根据第 10 条提出的，法院也将不遗余力地重复同样的做法，并据此裁定，只有当信息与她/他的个人领域直接相关时，个人才是拒绝发布信息的受害者②。既然法院认为《欧洲人权公约》是一个可以适应不断变化规则的富有生命力的文件，法院最好承认，根据现代环境人权法，个人和主管协会有权获得环境信息，无论是否显示（实际或潜在的）严格的人身伤害或利益。

这将是欧洲人权法院向充分承认程序性环境权日益重要的意义迈出的第一步，这也是基于情势的变化部分纠正《欧洲人权公约》所保护的权利目录中明显缺乏参与公共事务的权利的一种手段，包括环保领域在内的参与性权利都植根于这项权利③，这是最重要的普遍性和区域性人权条约所统一设想的④。

---

① Compare, however, *Okyay and Others v. Turkey*, ECtHR, Appl. No. 36220/97, Judgment of 12 July 2005. 这起案件涉及此前的一项公正判决，申诉人指控当局无视法院先前作出的关闭土耳其爱琴海地区的三座火力发电厂的判决，拒绝关闭这些发电厂。法院作出了对申诉人有利的认定，尽管他们居住在距离争议核电站约 250 公里的地方。这一判决在法院的判例法中是相当孤立的，并且（隐含地）被最近的判决推翻，compare *Sdružení Jihočeské Matky v. Czech Republic*（*En droit*）; *Atanasov v. Bulgaria*; *Association Greenpeace France v. France*, Appl. No. 55243/10, ECtHR, Decision of 13 December 2011. 此外，"*Okyay* 案"涉及《欧洲人权公约》第 6 条项下的公平审判权，其对环境索赔的适用性提出了本研究未考虑的具体问题。

② 事实上，在"*Sdružení Jihočeské Matky* 诉捷克共和国案"和"*Youth Initiative for Human Rights* 诉塞尔维亚案"两个案件中，并没有这种推理的痕迹。

③ 参见 Commission on Human Rights, *Analytical Study of the High Commissioner for Human Rights on the Fundamental Principle of Participation and Its Application in the Context of Globalization*, UN Doc. E/CN. 4/2005/41（23 December 2004）; IACommHR, *Indigenous and Tribal Peoples' Rights over Their Ancestral Lands and Natural Resources*; J. Ebbesson, "Public Participation", in D. Bodansky, J. Brunnée, and E. Hey（eds.）, The Oxford Handbook of International Environmental Law（2007）681, at 686-687.

④ ICCPR, 第 25 条（a）项; ACHR, 第 23 条第 1 款（a）项, and African Charter on Human and Peoples' Rights, Art. 13（1）. In the IACtHR jurisprudence, 参见 *YATAMA v. Nicaragua*, IACtHR, Judgment of 23 June 2005, paras. 194-229, especially paras. 196 and 225. In the *Claude Reyes Judgment*, 美洲人权法院似乎接受了这样一种观点，即参与政府的权利是由于政府没有披露所涉信息；它只是决定对申诉人在这方面提出的论点采取司法节制的态度, para. 107. Compare UN HR Committee, *Brun v. France*, Comm. No. 1453/2006, UN Doc. CCPR/C/88/D/1453/2006, decision of 18 October 2006, para. 6. 4（根据《公民权利和政治权利国际公约》第 25 条（a）项提出的关于未充分参与关于转基因生物种植的决定的申诉被认为是不可受理的，因为申诉人有各种方式公开表达关切）.

第五节　美洲制度中的受害者要求与集体诉讼

在前几节中，有几处提到了在欧洲人权制度下发展关于环境申诉的可受理性和审查标准的主要理论。毫无疑问，欧洲制度对欧洲人权法院进行环境公益诉讼构成了严重障碍，即使那些被认为可以受理的申诉也不会导致对讼争的国家措施进行严格审查。总结一些要点：为了让法院全面审查她/他的申诉，申诉人必须证明，眼前的环境事项直接影响到她/他的个人处境和状况，因此，她/他不仅仅是代表共同利益行事（受害者要求和对相关的民众之诉的禁止，以及对所援引的《欧洲人权公约》条款适用性的审查）。此外，所申诉的环境恶化必须是"严重的"①，并反过来严重影响申请人的范围②。因此，一项有关人身伤害的诉讼，"与每一个现代城市的生活中固有的环境危害相比是微不足道"的③，不属于法院的管辖范围。鉴于《欧洲人权公约》中没有环境健康权的规定，环境案件通常对这些要求进行严格审查，而正如前一小节所述，程序性环境权只有在根据案情进行评估时才具有相关性。

在最近的一项研究中，我详细探讨了欧洲人权法院应用于环境案例的几个理论所产生的影响。我最初的假设是，如果一旦任何此类案件显露出公益诉讼的特点，法院就一概地、简单快捷地驳回这些案件，这种做法是不合适的，且与人权相关的环境事项日益增多的步调不一致，也和法院本身对那些影响整个地理地区

---

① *López Ostra v. Spain.*

② *Fadeyeva v. Russia.* 这一原则的具体应用，参见 *Fägerskiöld v. Sweden*, Appl. No. 37664/04, ECtHR, Decision of 26 February 2008, para. 1（申诉人的财产附近的风力涡轮机造成的噪音污染"没有严重到达到处理环境问题案件所规定的高门槛"）。

③ *Fadeyeva v. Russia.* "每个现代城市的生活"这种说法具有误导性。事实上，所涉及的最低门槛也适用于非城市、非工业环境，参见 *Kyrtatos v. Greece*；*Atanasov v. Bulgaria.* 值得注意的是，《欧洲人权公约第 14 议定书》新引入的《欧洲人权公约》第 35 条第 3 款（b）项的申诉人"严重损失"的可受理性标准似乎在环境案件中没有任何作用。在这种情况下，最低限额是一项内在要求。事实上，到目前为止，没有任何环境申诉是基于"没有严重损失"的标准而被驳回的，参见 *The New Admissibility Criterion under Article* 35 § 3 (b) *of the Convention*: *Case-Law Principles Two Years on*（2012），available at <http://www.echr.coe.int/Documents/Research_report_admissibility_criterion_ENG.pdf>（last visited 2 October 2014）（欧洲委员会关于 2010 年 6 月 1 日至 2012 年 5 月 31 日判例法的研究报告）.

或人群的有害环境活动的诉讼进行适当审查的各种先例不相符。

在目前的情况下，问题是在美洲人权机构的相关实践中是否可以发现与"受害者要求"类似的概念和态度。显然，《美洲人权公约》并没有将受害者要求作为个人申诉可受理的条件。《美洲人权公约》第 44 条授权"任何个人或团体，或在美洲国家组织一个或多个成员国合法承认的任何非政府实体"就违反《美洲人权公约》的情形向美洲人权委员会提出申诉。因此，与《欧洲人权公约》不同的是，申诉人和受害者不一定是同一个人。这是美洲制度的一个关键特征：除了受害者的朋友和亲属（或其他任何人），它特别允许非政府组织处理人权案件，并将其提交给美洲人权委员会（并通过后者提交给美洲人权法院）。显然，这种得到广泛认可的非政府组织地位，在提出普遍关心问题的所有情况下，包括在环境保护领域，都可以发挥关键作用。这是欧洲制度无法比拟的。

然而，《美洲人权公约》这种宽容的立场并不意味着没有必要确认指称的侵权行为的受害者①，因此也不意味着申诉可以采取民众之诉的形式②。事实上，从 1994 年的一份咨询意见开始，美洲判例法中已经出现了一个隐含的受害者要求，在该意见中，美洲人权法院认为，向美洲人权委员会提交的个人申诉书应是基于"对某个特定个人的人权的具体侵犯"③，这是一个"必要的"条件④；事实上，"法院的诉讼管辖权旨在保护特定个人的权利和自由，而不是解决抽象问题"⑤。

虽然经常重申这一要求，但这一要求并没有对美洲人权委员会随后关于个人

---

① 显然，为了根据《美洲人权公约》第 63 条第 1 款进行赔偿，受害者或受害方的身份一直是必要的。

② 相反的观点参见 O. De Schutter, *International Human Rights Law：Cases, Materials, Commentary* (2010), at 930；Burgorgue-Larsen and U' beda de Torres. For the correct position，参见 D. L. Shelton, *Regional Protection of Human Rights* (2008), at 596, 599-605.

③ *International Responsibility for the Promulgation and Enforcement of Laws in Violation of the Convention* (*Arts. 1 and 2 of the American Convention on Human Rights*), Advisory Opinion OC-14/ 94 (9 December 1994), para. 45.

④ *International Responsibility for the Promulgation and Enforcement of Laws in Violation of the Convention* (*Arts. 1 and 2 of the American Convention on Human Rights*), Advisory Opinion OC-14/ 94 (9 December 1994), para. 45.

⑤ *International Responsibility for the Promulgation and Enforcement of Laws in Violation of the Convention* (*Arts. 1 and 2 of the American Convention on Human Rights*), Advisory Opinion OC-14/ 94 (9 December 1994), para. 49.

申诉可否受理的做法产生重大影响。然而，正如几位分析人士指出的那样，这导致委员会一开始就驳回了一起涉及在巴拿马城自然保护区修建道路的环境案件①。在"*Metropolitan Nature Reserve* 案"中，一个人声称该项目侵犯了巴拿马所有公民在《美洲人权公约》下享有的多项人权，包括他们在有关保护区的财产权（《美洲人权公约》第 21 条）和他们参与政府有关环境事务的决策的权利（《美洲人权公约》第 23 条第 1 款第（a）项）。在回顾根据《美洲人权公约》第 44 条提出的申诉书必须提到"具体的、个人的和可识别的受害者"之后，美洲人权委员会宣布该申诉不可受理，因为它涉及的是"民众之诉的抽象的受害者，而不是具体明确的个人"。委员会认为，实质上，不可能认为一个现代城市所有公民的人权都受到重大基础设施项目的不加区别的影响。申诉人试图辩称，受到有关国家行为损害最严重的是一些依法被赋予与国家保护区管理有关的权利和特权的环境和科学协会，美洲人权委员会干脆利落地反驳了这一论点，理由是《美洲人权公约》必须保障的是自然人而不是法律实体的权利②，因此，只有前者可能是侵权行为的受害者。

"*Metropolitan Nature Reserve* 案"不能作为美洲人权实践中一个特别有启发性和代表性的先例，也不能作为美洲机构对环境领域的集体诉讼和公益诉讼持消极态度的一种僵化表现。这个案子的说理没有说服力。稍微说一句，申诉人本可以指出这些协会的成员是受到指责的国家行为的真正受害者，而不是协会本身。最重要的是，可能是受美洲关于土著人民权利判决的影响，申诉人的大部分指控围绕着巴拿马城所有居民对其自然公园拥有不切实际的、据称是专属的财产权。在这种情况下，更为恰当的做法是，强调《美洲人权公约》有关规定所赋予的参与权被剥夺，并提出一个合理的标准来确定与项目最相关的人，从而可以行使这些权利。

---

① *Metropolitan Nature Reserve*（*Panama*），Case No. 11. 533，IACommHR，Report No. 88/03 of 22 October 2003.

② 根据《美洲人权公约》第 1 条第 2 款，为了公约的目的，"'person'意为每一个人"，有文章批评美洲机构对这一条款的解释过于"形式主义"，参见 P. Nikken，"Balancing of Human Rights and Investment Law in the Inter-American System of Human Rights"，in P. -M. Dupuy，F. Francioni，and E. -U. Petersmann（eds.），*Human Rights in International Investment Law and Arbitration*（2009）246，at 255-259.

最明显的是①，"*Metropolitan Nature Reserve* 案"与有关土著人民和地方社区对其传统土地（包括在那里发现的自然资源）权利的美洲实践存在冲突。众所周知，尽管涉及的受害者人数众多，地域范围广，美洲各机构仍然决定审查土著人民的案件，并以严格的集体和共同体的方式进行。这种方式甚至导致法院在"*Saramaka* 案"中认定，被告国未能承认萨拉马卡（The Saramaka People）人民本身作为共同体的司法人格②，侵犯了《美洲人权公约》第 3 条所规定的法律人格权。虽然前面提及《美洲人权公约》所提供的保护仅限于自然人，但这并不妨碍得出这一结论。同样方法的另一个突出应用涉及对土著人民案件给予赔偿的问题，美洲人权委员会认为，这一问题必须仔细琢磨，以反映其所具有的显著的集体性。例如，在"*Saramaka* 案"中，"鉴于萨拉马卡人口的规模和地理多样性"③，法院认为没有必要确定有权获得赔偿的社区成员的具体姓名，并进一步判令国家当局设立一个发展基金，并为萨拉马卡人民的利益向该发展基金支付损害赔偿金④。

在"*Metropolitan Nature Reserve* 案"中，美洲人权委员会准确地考虑到当时关于土著群体的现行判例法，其中提道：

> 作为共同利益诉讼提交的申诉书被认为不可受理，并不意味着申诉人必须始终能够识别每一位其所代表提出申诉的受害者及其特征。实际上，应当

---

①　如需进一步了解，参见 Burgorgue-Larsen and U'beda de Torres.

②　*Saramaka People v. Suriname*, IACtHR, Judgment of 28 November 2007, paras. 159-175. 法庭并不十分清楚如何才能使所涉裁决与《美洲人权公约》第 1 条第 2 款的规定相一致。可以肯定的是，这一认定是美洲人权法院运用传统上追求的对《美洲人权公约》的有效和与时俱进的解释的方法的结果。参见 *Saramaka People v. Suriname*（*Interpretation*），IACtHR, Judgment of 12 August 2008, paras. 58-65.

③　*Saramaka People v. Suriname*.

④　*Saramaka People v. Suriname*. 这一判例中的典范在"*Kichwa Indigenous People of Sarayaku* 诉厄瓜多尔案"的判决中得到了体现，IACtHR, Judgment of 27 June 2012：在以往的情况下……法院判定侵权行为损害了土著或部落社区居民和人民的利益。然而，有关土著或部落社区和人民的国际立法承认他们作为国际法的集体主体的权利，而不仅仅是个人权利。鉴于土著或部落社区和人民因其特定的生活方式和身份而联结在一起，在集体的基础上行使《美洲人权公约》承认的某些权利，法院指出，本判决中所表达或发表的法律考量应从这种集体的角度来理解。

指出的是，委员会审议了代表受害者群体提交的某些申诉书，这些申诉书是在对受害者群体本身作了具体界定的情况下提出的，而且是在可辨识的个人成员的各自权利因所诉称的情况而受到直接损害的情况下提出的。特定社区的成员就是属于这种情况。①

例如，在"*Community of San Mateo de Huanchor* 案"中，委员会对代表秘鲁一个城镇的受到有毒废物淤泥污染严重影响的大约 5600 人（其中大多数人是土著人民）提出的申诉的可受理性毫无疑问②。

因此，包括环境保护领域在内，《美洲人权公约》在受害者要求和民众之诉方面显然还留有灵活性的余地。关键是，在美洲国家，在有关群体和集体权利的实践中，不乏在全体居民居住地发生的环境破坏或管理不善的令人震惊的例证，而这些地区对于维持可持续的全球生态平衡往往至关重要。美洲土著人民判例中与环境保护有关的结论不能仅仅被视为其中的一个附带方面。它们同时是该判例的一个不可分割的关键组成部分。最重要的是，在这方面，美洲各机构坚定支持的集体观点间接地有利于与环境保护有关的主张。其结果是，在相当大的程度上，对这类案件的裁决可被视为一个涉及普遍利益的问题。

第六节 在 "Saramaka 案" 和 "Sarayaku 案" 之后：美洲人权制度中环保里程碑式的土著人民判例

从比较分析的角度来看，美洲土著人民判例的一个关键方面是它将财产权（《美洲人权公约》第 21 条）作为打击有害环境活动的利剑，而不是作为反对以

---

① *Metropolitan Nature Reserve* (*Panama*).

② *Community of San Mateo de Huanchor and Its Members* (*Peru*), Case No. 504/03, IACommHR, Report No. 69/04 of 15 October 2004, paras. 15 and 42. 这起典型的环境案件仍有待美洲人权委员会作出案情报告，参见 <http://www.ciel.org/ HR_Envir/HRE_SanMateo.html> (last visited 2 October 2014).

维护环境的普遍利益为由对个人财产进行征用或其他干涉的盾牌①。相比之下，财产权与生态保护之间的关系在欧洲制度中大多是在第二种视角下出现的，因此，保护环境的公共利益是限制财产权的正当理由，鉴于这一目标的重要性以及国家当局在选择实现这一目标的最佳手段方面宽泛的自由裁量权，很可能认为由此产生的国家措施是合理的②。简言之，根据这一观点，财产权与保护自然是对立的。

相反，从根据《美洲人权公约》第 21 条作出的土著人民判例中得出的主要经验教训是，必须确保土著社区使用和享受其传统土地的集体权利，这就意味着任何导致不可持续地开采这些土地上自然资源的活动，至少在没有得到有关社区的事先同意或没有与之协商的情况下进行时都是非法的③。因此，财产权及其必然结果转化为一种有效工具，从而将环境权利和原则纳入美洲机构的诉讼程序。

同时，还应考虑土著人民人权问题的特殊性质。首先，当涉及普通（非土著）的诉求时，同样的对财产权的环境友好型利用是不可行的。这里只需回顾一下"*Metropolitan Nature Reserve* 案"，该案中巴拿马城所有公民对保护区的所谓财

---

① 参见 recently, C. Pitea, "Right to Property, Investments and Environmental Protection: The Perspectives of the European and Inter-American Courts of Human Rights", in T. Treves, F. Seatzu, and S. Trevisanut (eds.), *Foreign Investment, International Law and Common Concerns* (2013) 257.

② 欧洲在这方面的判例法是非常丰富的：早期的判决，参见 *Fredin v. Sweden* (*No.* 1), Appl. No. 12033/86, ECtHR, Judgment of 18 February 1991, paras. 48-56; *Pine Valley Developments Ltd. and Others v. Ireland*, Appl. No. 12742/87, ECtHR, Judgment of 29 November 1991, paras. 57-60; 参见 L. Loucaides, "Environmental Protection through the Jurisprudence of the European Convention on Human Rights", 75 *British Year Book of International Law* (2004) 249, at 259-261. 很明显，美洲人权法院在"*Salvador Chiriboga* 诉厄瓜多尔案"中也认可同样的办法，IACtHR, Judgment of 6 May 2008, paras. 67-76 and 116-118（为了在基多市建设大都会公园而进行的征收是出于公共事业的合法目的，但由于未能支付合理补偿，最终是非法的）.

③ 众所周知的产生这种效果的早期判决，参见 *Mayagna (Sumo) Awas Tingni Community v. Nicaragua*, IACtHR, Judgment of 31 August 2001, paras. 153 and 164（伐木许可权）; *Maya Indigenous Communities of the Toledo District (Belize)*, Case No. 12.053, IACommHR, Report No. 40/04 of 12 October 2004, paras. 136-153（伐木和石油特许权）.

产权被美洲人权委员会以可受理性为由断然拒绝①。而对土著人民祖传土地的共有财产给予广泛保护，则可能导致截然相反的结论。美洲人权法院不仅提到土著人的财产权优先于存在冲突的第三方财产权或利益②，包括根据双边投资条约产生的那些权利或利益③，最重要的是，它还申明，维护土著人民拥有和收回其祖传土地的权利不会因建立包括这些土地的生态保护区而受到阻碍。

在"*Xákmok Kásek* 案"中④，被告国辩称，它因为这些土地的一部分已被宣布为私人所有的受保护林区，无法将所主张的土地归还给有关土著社区，这一论点被美洲人权法院断然驳回。由于发布公告时既没有与社区协商，也没有考虑到社区的土地要求，该国被判令采取一切必要措施，确保载有该公告的立法"不会成为归还传统土地的障碍"⑤。法院明确赞同联合国前土著人民问题特别报告员、本案专家证人 Rodolfo Stavenhagen 在这方面所表达的观点，他强烈地批评借助自然保护区公告这种新的复杂的手段，"利用法律机制，甚至祭出像保护环境这样有道德的目的来阻挠土著民族的土地要求"⑥。换言之，土著共有财产权甚至可以超越环境保护措施，特别是当这些措施不是土著人民参与程序的结果，而是为了阻挠土著人民的合法要求而恶意作出的决定时。最有趣的是，在同一时期，美洲人权委员会也作出了类似的裁决，在"*Endorois* 案"中，它拒绝在肯尼亚博戈里亚湖地区（The Lake Bogoria Area）建立禁猎区和保护区，认为这不能

---

① *Metropolitan Nature Reserve* (*Panama*). 类似的考虑也适用于《欧洲人权公约》案件，这些案件中援引《欧洲人权条约第 1 议定书》第 1 条规定的《欧洲人权公约》中的个人财产权来对抗据称对环境有害的活动。在这些案件中不太可能认定侵犯该权利的情况，因为欧洲人权法院的初始假设是《欧洲人权条约第 1 议定书》第 1 条不保证在舒适的环境中享受其财产的权利。

② *Yakye Axa Indigenous Community v. Paraguay*，IACtHR，Judgment of 17 June 2005，paras. 143-149.

③ *Sawhoyamaxa Indigenous Community v. Paraguay*，IACtHR，Judgment of 29 March 2006，para. 140.

④ *Xákmok Kásek Indigenous Community v. Paraguay*，IACtHR，Judgment of 24 August 2010，paras. 80-84 and 155-170.

⑤ *Xákmok Kásek Indigenous Community v. Paraguay*，IACtHR，Judgment of 24 August 2010，operative para. 26.

⑥ *Xákmok Kásek Indigenous Community v. Paraguay*，IACtHR，Judgment of 24 August 2010，para. 169（emphasis added）.

成为将有关土著社区驱逐出其祖传土地并最终未能归还这些土地的正当理由①。

旨在保护环境的国家规制措施与维护土著人民权利之间的关系无疑是一个新出现的挑战。它需要根据每个特定案件的具体事实进行不同的评价。目前，不能简单地解释先前的判例，认为在某些情况下，土著财产权已经不利于环境保护。相反，这种判例表明，人权法院和人权机构对土著人民传统生活方式与尊重环境和合理利用自然资源的相容性保持清醒。因此，认定影响土著土地的环境保护措施具有非法性并非基于环境保护措施的性质，而是由于有关社区没有参与相关决策进程。

并且很明显的是，根据美洲机构的意见，只有在侵犯土著人民权利时，发生在土著领土上的环境恶化才成其为一个问题。不能说美洲制度在土著事务的背景下出现了一项真正旨在保护自然的健康环境自主权。正如法院在"Saramaka 案"中所说，保护土著人民土地上的自然资源本身不是目的，但保护自然资源使得有关社区可以继续传统地使用这些资源，因而对他们的"物质和文化生存"具有重大的意义和作用②。无论如何，单纯从功能角度理解美洲关于土著人民的环境相关判例是不恰当的。对环境事项采取这种间接或功能性的做法是所有由于没有预见而未规定明确和可执行的环境健康权的人权条约所产生的实践的共同特点。然而，欧洲制度中出现的在环境案件中采取的严格的个人主义立场（至少在理论上）与美洲各机构在维护土著人民包括环境方面的权利时所坚定支持的固有的集体的办法之间存在着明显的区别。通过惠及广大社区居民和整个生态系统，这种集体办法无疑更有可能适当考虑到环境事项的公共利益层面。这从两方面被进一步证明，一是有关判决（特别是在生物多样性和气候稳定方面的判决）往往涉及保护具有全球重要性的自然资源和生态环境而不是区域或国家层面的重要性的客

---

① *Centre for Minority Rights Development（Kenya）and Minority Rights Group International on behalf of Endorois Welfare Council v. Kenya*（除了财产权之外，所谓的环境目标也不能成为侵犯 Endorois 人民的宗教自由和文化权利的借口）. 参见 D. Shelton, "Resolving Conflicts between Human Rights and Environmental Protection: Is there a Hierarchy?", in E. de Wet and J. Vidmar (eds.), Hierarchy in International Law: *The Place of Human Rights* (2012) 206, at 215-220.

② *Saramaka People v. Suriname.* 法院进一步指出，为土著和部落社区成员采取特别措施的目的是保证他们可以继续其传统的生活方式，他们独特的文化特征、社会结构、经济制度、习俗、信仰和传统得到国家的尊重、保障和保护。参见 Maya Indigenous Communities of the Toledo District（Belize）.

观事实，二是土著人民权利与环境法领域某些基本原则和规则之间存在的密切联系。

具有里程碑意义的"*Saramaka* 案"和"*Sarayaku* 案"的判决为后一点提供了令人信服的例证。"*Saramaka* 案"争议的焦点是被告国在传统上由涉案社区占有的苏里南河（Suriname River）上游地区授予的各种伐木和金矿开采特许权，结果是，给这片土地造成了"环境破坏、生存资源被掠夺的恶果以及精神和社会问题"①。同时，"*Sarayaku* 案"标志着厄瓜多尔亚马逊地区几十年来石油资源勘探和开采活动造成的环境破坏的司法顶峰。正如美洲人权法院适时回顾的那样，受到利益攸关的石油特许权影响的萨拉亚库斯人（The Sarayakus）居住的当地环境"是世界上生物多样性最丰富的地区之一"②，而萨拉亚库斯人自己宣称他们的土地是"基奇瓦民族（The Kichwa Nation）生物多样性及祖先文化的圣地和遗产地"③。私人特许公司的活动造成的危害包括改变景观、滥伐树木、严重污染水资源、稀有动物物种的迁移以及无法将有害物质从受这些活动影响的土地上清除④。

在"*Saramaka* 案"一案中，法院从对土著人民共有财产权限制的角度，对国家对土著人民祖传土地上自然资源开发的授权行为进行界定和阐释⑤。除了对限制财产权的合法性、必要性和相称性进行正当审查外，法院认为，在涉及"土著土地上的自然资源"案件中，"另一个关键因素"⑥ 是，该等限制是否等同于以危及团体及其成员生存的方式否认社区的传统和习俗⑦。而后一种情况的避免被认为是以遵守三项基本保障为条件的，法院在一项关键判决中描述如下：

第一，国家必须确保萨拉马卡人民按照他们的习俗和传统，有效参与萨拉马卡领土内的任何开发、投资、勘探或开采计划。第二，国家必须保证萨

---

① *Saramaka People v. Suriname.*

② *Kichwa Indigenous People of Sarayaku v. Ecuador.*

③ *Kichwa Indigenous People of Sarayaku v. Ecuador.*

④ *Kichwa Indigenous People of Sarayaku v. Ecuador.*

⑤ *Saramaka People v. Suriname.*

⑥ *Kichwa Indigenous People of Sarayaku v. Ecuador.*

⑦ *Kichwa Indigenous People of Sarayaku v. Ecuador.*

拉马卡人将从其领土内的任何此类计划中获得合理的利益。第三，国家必须确保在萨拉马卡领土内不授予任何特许权，除非直到独立的、有技术能力的实体在国家监督下事先进行了环境和社会影响评价。①

尽管法院努力将这一裁决置于众所周知的人权理论中，但其创新性是不可否认的。事实上，通过将涉及土著人民土地上自然资源的开采活动的合法性置于有效参与、利益分享、环境和社会影响评价三重条件之下，法院创设了或者至少加强了土著人民的权利与现代环境法的重要原则之间的紧密联系。

"Saramaka 案"的判决确认，与非土著人权案件中普遍存在的权利相比，土著人民的环境参与权尤为广泛。它们转化为国家在履行影响土著人民土地的任何开发或投资计划之前，与有关社区协商以期达成协议的义务。此外，当重大或大型项目存在风险时，这项义务将成为获得社区自由、事先告知和知情同意的义务之一②。在"Sarayaku 案"中，法院详细讨论了协商义务的重要性和各种要素，甚至认为这一义务构成了"国际法的一般原则"③。

在这种情况下，还应考虑对事前环境和社会影响评价（ESIA）的保障。环境和社会影响评价不仅仅是确定和评估给定项目可能产生的环境、文化和社会后果的单边科学实践，它是一个要求国家让有关社区参与决策的过程，首先告知它们存在的任何可能的风险，"包括环境和健康风险"④，以便这些风险"在知情和自愿的情况下被接受"⑤。"Sarayaku 案"的判决表明，为什么涉及对其领土产生影响的项目时，土著人民的参与权至关重要。法院回顾了根据土著群体的信仰，文化与自然之间所存在的不可分割的整体联系⑥，换言之，土著人民生活的环境是其文化遗产的一部分。因此，在开展任何可能对环境产生影响的活动之前，如

---

① *Kichwa Indigenous People of Sarayaku v. Ecuador.* 鉴于苏里南在给予讼争的特许权时不符合三项保障措施中的任何一项，法院认定苏里南构成财产侵权，*Kichwa Indigenous People of Sarayaku v. Ecuador.* 参见 *Kichwa Indigenous People of Sarayaku v. Ecuador.*

② *Saramaka People v. Suriname.*

③ *Kichwa Indigenous People of Sarayaku v. Ecuador.*

④ *Saramaka People v. Suriname*；*Kichwa Indigenous People of Sarayaku v. Ecuador.*

⑤ *Saramaka People v. Suriname.*

⑥ *Kichwa Indigenous People of Sarayaku v. Ecuador.*

果不与有关社区协商，就意味着侵犯了它们的文化认同权①，法院认为这是土著人民的一项基本的集体权利②，这是从《美洲人权公约》第 21 条中财产权的潘多拉盒子中产生的。

关于利益分享的第三个保障，法院在 "Saramaka 案" 中指出，土著人民享有开发他们的领土上的资源所产生的收益的分配权，这应被视为对财产权被剥夺或限制的另一种补偿形式，通过这种方式，土著人民享有其土地和相关自然资源的权利③。这种补偿应当是合理和公平的④。

令人惊讶的是，法院在对有关法律材料和实践进行审查时几乎没有提及国际环境法文件和程序⑤以证实上述保障措施的适用。然而，关于环境和社会影响评价，法院已经澄清，它们 "必须符合相关的国际标准和最佳实践"⑥，在这方面，法院列举了⑦生物多样性公约（CBD）缔约方大会在 2004 年通过的《阿格维古准则》（Akwé Kon Guidelines）⑧。相比之下，《生物多样性公约》从未在获得遗传

---

① Kichwa Indigenous People of Sarayaku v. Ecuador. 不与 Sarayaku 人民协商影响了他们的文化身份，因为毫无疑问，破坏他们的文化遗产意味着严重不尊重他们的社会和文化特性，他们的习俗、传统、世界观和生活方式，这自然对他们造成了极大的痛苦和悲伤。在与环境视角高度相关的该判决的另一部分，苏里南被认定侵犯了生命权和人身完整权，因为它没有从该社区的领土上清除未引爆的爆炸物（约 1400 公斤炸药），这些爆炸物原本是用于石油勘探目的的，但在相关项目取消后，私人特许经营者 "逃离" 有关地点时，最终把它们留在了那里。

② Kichwa Indigenous People of Sarayaku v. Ecuador.

③ Saramaka People v. Suriname.

④ Saramaka People v. Suriname.

⑤ 在讨论文化认同权时，"Sarayaku 案" 的判决确实提到了《关于环境与发展的里约宣言》的原则 22：土著人民及其社区和其他地方社区由于其知识和传统做法，在环境管理和发展方面发挥着至关重要的作用。各国应承认并适当支持他们的特性、文化和利益，使他们能够有效参与实现可持续发展（参见 Kichwa Indigenous People of Sarayaku v. Ecuador）。

⑥ Saramaka People（Interpretation）.

⑦ 参见 IACommHR, Indigenous and Tribal Peoples' Rights over Their Ancestral Lands and Natural Resources.

⑧ COP-7, Kuala Lumpur, 9-20 February 2004, Decision VII/16, Annex. 这一软法法律文件的全称是对拟议在圣地和土著及当地社区历来居住或使用的土地和水域上进行的、或可能对这些土地和水域产生影响的开发活动进行文化、环境和社会影响评价的阿格维古自愿性准则，可通过以下网址获取：<http://www.cbd.int/traditional/guidelines.shtml>（last visited 2 October 2014）.

资源及相关的土著传统知识以及分享利用这些资源和知识所产生的惠益的问题上被提及。当然，在土著领土内对土著人民传统使用的动植物物种进行的生物勘探活动是开发或勘探项目的一个突出例证，这些项目突出体现了美洲人权法院判例认可的原则和保障措施。

当然，在"Saramaka 案"判决时，唯一存在的"硬性"法律是《生物多样性公约》中的一项薄弱的条款，呼吁缔约方"尽可能并酌情"① 尊重土著社区的传统知识，并在这些社区的"同意和参与"下促进这些知识更广泛的应用②，以及"鼓励"③ 公平分享使用这些知识所带来的好处。2010 年通过的《生物多样性公约》的《名古屋议定书》（*The 2010 Nagoya Protocol to the CBD*）④ 全面解决了遗传资源的获取和惠益分享问题。将《名古屋议定书》对土著人民问题的处理与美洲判例进行比较是非常有趣的。它证明了这一判例的深远性质。与这份最相关的环境法律文件相比，后者无疑对土著社区的环境人权提供了更高程度的保护⑤。在这种情况下，美洲人权法院甚至使用了诸如利益分享等概念，这是生物多样性和其他环境制度的关键。在这里，只要回顾一下就会发现《名古屋议定书》中有关土著社区的规定从未被规定为无条件或明确的义务。这些条款基本上由缔约方来履行，同时还为国内法设置了一系列保留条款。例如，只有在与这些……社区对这些遗传资源的既定权利的国内立法相一致时，缔约方采取一切适当措施以确保土著人民公平分享利用土著社区所拥有的遗传资源产生的收益的义

① Convention on Biological Diversity (Rio de Janeiro, 5 June 1992, entered into force 29 December 1993) 1760 UNTS 79, Art. 8 (j).

② Convention on Biological Diversity (Rio de Janeiro, 5 June 1992, entered into force 29 December 1993) 1760 UNTS 79, Art. 8 (j).

③ Convention on Biological Diversity (Rio de Janeiro, 5 June 1992, entered into force 29 December 1993) 1760 UNTS 79, Art. 8 (j).

④ Protocol on Access to Genetic Resources and the Fair and Equitable Sharing of Benefits Arising from their Utilization to the Convention on Biological Diversity (Nagoya 29 October 2010, entered into force 12 October 2014), UN Doc. UNEP/CBD/COP/DEC/X/1.

⑤ 关于"名古屋议定书对国际人权法的影响"，A. Savaresi 提出了一个更为微妙的立场，in E. Morgera, M. Buck, and E. Tsioumani (eds.), *The 2010 Nagoya Protocol on Access and Benefit-sharing in Perspective*: *Implications for International Law and Implementation Challenges* (2013) 53. 参见 International Law Association, Committee on the Rights of Indigenous Peoples, "Final Report (2012)" at 22-23, available at < http://www.ila-hq.org/en/committees/index.cfm/cid/1024> (last visited 21 November 2014).

务才适用。同样，只有当"土著社区有既定的权利允许使用这些资源"时，才需要获得土著社区的事先知情同意。对土著人的诉求和权利更具保护性的是关于传统知识的规定，但即使在这方面，规定义务和机制以跟踪公司和用户对《名古屋议定书》基本原则的遵守情况，也只涉及遗传资源这类问题。上述不足只是通过《名古屋议定书》的序言部分地得到弥补，根据《名古屋议定书》序言，其本身的任何规定"不得解释为削弱或取消土著人民和地方社区的现有权利"。一方面，可以肯定的是，《美洲人权公约》缔约方将无法成功地依赖《名古屋议定书》的规定得出可以不适用美洲人权法院在遗传资源和相关的土著传统知识领域的"Saramaka 案"判例法。另一方面，对于那些不是《美洲人权公约》或其他与土著人民权利有关的条约的缔约方的国家来说，从有关土著人对自然资源诉求的习惯法的演变来看，《名古屋议定书》的制度即使不是倒退，也构成了一个非常审慎的信号。

第七节　结　　语

在向人权法院和机构提出的与环境有关的个人申诉激增的时候，两个最重要的地区性法院的相关判例日益趋同当然是可取的，而且与在许多其他权利问题上已经发生的情况相符。

两个关键因素似乎特别适合在这方面发挥关键作用。第一，欧洲和美洲法院愿意通过审查和引用各自的判决来建立不断的对话，要么予以赞同，要么解释为什么同一解决办法不能适用于另一体系。然而正如前面的分析所表明的，迄今为止，这一领域的对话是例外的。这里的一个问题是，欧洲法院面临着一个不断增长的积极支持以集体/公共利益为导向的环境诉讼裁决方法的美洲判例。关于土著人民环境权的判决可能在很大程度上被视为美洲的一个特点，但"Claude Reyes 案"判例法却不能等同而论，它将公众的环境知情权与言论自由权紧密联系在一起。为了保持声望以及与现代环境人权法的一致性，欧洲法院最好是追随美洲法院的脚步。

第二，《奥胡斯公约》的演变有可能促进判例法的趋同，尽管其本质上是区域性渊源，但它越来越被视为确立了全球性的标准，而且可以说是一种初始的习惯性标准。受《关于环境与发展的里约宣言》原则 10 和《奥胡斯公约》先例的启发，正在进行的关于拉丁美洲和加勒比公约的谈判正是朝着这个方向发展的①。同样的情况也适用于欧洲法院判例法中对《奥胡斯公约》的几处引述以及美洲法院在"*Claude Reyes* 案"一案中对《奥胡斯公约》的依赖。然而，虽然"*Claude Reyes* 案"的判决完全符合《奥胡斯公约》的基本原理和规定，但欧洲法院的引述却不能掩盖这样一个事实，即在各关键方面，该公约尽管已经得到《欧洲人权公约》几乎所有缔约方的批准，却没有反映在其判例中。从这一角度看，与环境有关的《欧洲人权公约》权利的程序维度只是使得法院拒绝提高包括非政府组织在内的环境损害受害者享有的参与权地位的态度有所缓和。

---

① 参见《关于适用〈关于环境与发展的里约宣言〉原则 10 的宣言》，2012 年 6 月 27 日智利常驻联合国代表团给联合国可持续发展会议秘书长的普通照会附件，UN Doc. A/CONF. 216/13（25 July 2012）.

第四章　欧盟法院与环境司法

Ludwig Krämer 著　　谢咏 黄旭璇 *译

第一节　引　　言

《欧盟运行条约》（TFEU）① 第263条就环境事项诉诸欧洲法院的相关事项作出了规定：任何自然人或法人均可就针对其本人的或与其有直接和个别联系的法令，或直接关系到其本人但未包含实质措施的规制性法令提起诉讼。欧洲法院曾对此作了非常严格的解释，一度减少了个人和非政府组织就环境事项诉诸法院的机会。法院并未采纳保护一般利益的"环境"需要考虑某些特殊因素这一观点，认为任何判例的变化都需要以《欧盟运行条约》的修改为基础。

本章主要阐述1963年以来欧盟法院在诉诸司法方面判例的演变。欧盟法院重新对《欧盟运行条约》第263条作出解释后，诉诸法院的机会增加了。这表明法院的解释更多考虑了政治因素而非法律因素。

由于欧盟加入了《在环境事项上获得信息、公众参与、决策和诉诸司法的公约》（以下简称《奥胡斯公约》），这一问题变得更加尖锐。《奥胡斯公约》对包括欧盟法院在内的所有欧盟机构都具有约束力。《奥胡斯公约》遵约委员会认为，如果欧盟法院继续对《欧盟运行条约》第263条进行解释，将违反欧盟在《奥

---

　　* 谢咏，昆明理工大学环境科学与工程学院博士研究生；黄旭璇，澳大利亚悉尼大学硕士，广州应用科技学院外语学院讲师。

　　① Consolidated Version of the Treaty on the Functioning of the European Union，OJ 2008 C 115/47（hereinafter "TFEU"）.

胡斯公约》中的义务。因此，欧盟法院不得不重新考虑其对《欧盟运行条约》第 263 条的解释。

第二节　欧洲议会的常设权利

欧洲联盟起源于 1957 年成立的欧洲经济共同体，欧洲经济共同体成立时签订了《建立欧洲经济共同体条约》（以下简称《欧洲经济共同体条约》），其主要目标是确保在欧共体内部实现货物、服务、资本和劳动力的自由流通。此外，它还对欧共体机构①和成员国诉诸欧洲法院作出了规定。关于个人权利，《欧洲经济共同体条约》② 第 173 条规定：

> 除欧洲理事会和欧盟委员会的建议和意见外，欧洲法院还应审查其他行为的合法性。对欧共体成员国、欧洲理事会和欧盟委员会不称职、实体性错误、违反本条约相关法律规定或滥用权力等行为提出的上诉拥有司法管辖权。
>
> 在同等条件下，任何自然人和法人都有权就针对其本人或与其有直接和个别联系的针对他人的法令提出上诉。

1986 年，欧洲法院在决定一项欧洲议会的法令是否能在法庭上受到质疑时指出：

> 如果对《欧洲经济共同体条约》第 173 条的解释将欧洲议会制定的法令排除在可诉法令之外，将违背《欧洲经济共同体条约》第 164 条的制度精神。欧洲议会在《欧洲经济共同体条约》基础上制定的法令可能会侵犯成员国及

---

① 欧洲议会在《建立欧洲经济共同体条约》（1957 年 3 月 25 日）298 UNTS 11 中被称为 "大会"，没有向法院提出上诉的权利。

② 当《欧洲经济共同体条约》缔结时，英语并非正式语言之一。法语、德语、意大利语和荷兰语版本在该段末尾分别将 "直接和个别联系" 一词表述为："*la concernent directement et individuellement*"；"*die sie unmittelbar und individuell betreffen*"；"*la riguardano direttamente e individualmente*" 和 "*hem rechtstreeks en individueel raken*"。

其他机构的权力，甚至超出议会的权力，最终导致该法令无法诉诸法院。①

因此法院认为，根据《欧洲经济共同体条约》第 173 条对欧洲议会的法令予以规制是必要的。

在 1990 年 *European Parliament v. Council* 案中，法院允许欧洲议会提出上诉："前提是议会上诉的目的是维护其自身权力，并且仅在被指控侵权的基础上。"②法院通过对《欧洲经济共同体条约》中的制度平衡进行解释，要求欧洲议会证明这一决定的合理性："遵循制度平衡意味着每个机构都必须在行使其权力的同时适当考虑其他机构的权力。任何违反该规定的行为都应当受到处罚。"③

修订后的《欧洲经济共同体条约》将欧洲议会纳入第 173 条，即现行《欧盟运行条约》第 263 条。但上述判断仍有其价值，它体现了欧洲法院对《欧洲经济共同体条约》第 173 条相关规定的解释，认为维持制度平衡需要允许议会采取主动或被动立场是一个大胆的举措。与之相反的观点指出：《欧洲经济共同体条约》郑重地赋予欧洲议会次要地位。它被称为"大会"；在立法程序中具有咨询职能（《欧洲经济共同体条约》第 43 条第 2 款和第 100 条）；每年仅召开一次常务会议；会议成员由成员国国家议会委派（《欧洲经济共同体条约》第 137 条第 ff 款）。欧洲法院本应宣布欧洲议会制定的或针对欧洲议会的法令是不合法的，但其在《欧洲经济共同体条约》制度精神的基础上做了一项深思熟虑的政治选择，即宣布这一法令是合法的。

第三节　欧盟法院中的非政府环保组织和个人

一、*Plaumann* 判例

欧盟法院在 1963 年首次援引了《欧洲经济共同体条约》第 173 条第 2 款。④

---

① Case 294/83, *Les Verts v. European Parliament* [1986] ECR 1339, para. 25; Case 34/86, *Council v. European Parliament* [1986] ECR 2155, referring to EEC Treaty.《欧洲经济共同体条约》第 164 条规定："法院应确保在解释和适用本条约时遵守法律和正义。"

② Case C-70/88, *European Parliament v. Council* [1990] ECR I-2041, para. 27.

③ Case C-70/88, *European Parliament v. Council* [1990] ECR I-2041, para. 22.

④ Case 25/62, *Plaumann v. Commission* [1963] ECR 95.

Plaumann 公司是德国一家进口柑橘的公司，该公司要求撤销欧盟委员会拒绝授权德国中止某些进口产品关税的决定。法院指出：

> 《欧洲经济共同体条约》第 173 条第 2 款允许个人就针对其本人的或与其有直接和个别联系的针对"他人"的法令提起诉讼，但该条款既没有界定也没有限制这些术语的范围，这意味着法院可以对条款的表述和含义进行扩大解释。此外，《欧洲经济共同体条约》中关于当事人提起诉讼的权利不得作限制性解释。由于《欧洲经济共同体条约》在这一点上未做任何规定，对这方面的限制不得肆意推定。
>
> 除了法令对象外，其他人只有当该法令因其特有属性对他们产生影响，且这些因素使他们不同于其他所有人，并与法令对象的情况相同时，才能将其称为有个别联系。

法院指出，*Plaumann* 公司受到其商业活动即产品进口的影响，而产品进口是任何人在任何时候都可以从事的。因此，该公司与其他人没有区别，诉讼是不可受理的。

法院在后来的案件中维持了这一审判思路。在"*Deutz and Geldermann v. Council* 案"中，欧洲法院指出，为了增强个别联系，个人的法律主体资格"必须受到影响，因为实际情况将他们与其他所有人区分开来，并以与法令对象相同的方式将其单独区分"。[1] 确定法令对象的人数及其身份的可能性是无关紧要的，"我们只要确定这种适用的依据相关法令所界定的客观法律或事实情况"。[2]

1995 年，在"*Greenpeace and others v. Commission* 案"中，[3] 初审法院[4]首次

---

[1]　Case C-26/86, *Deutz and Geldermann v. Council* [1987] ECR I-941, para. 9.

[2]　Case C-209/94P, *Buralux and others v. Council* [1996] ECR I-615, para. 24.

[3]　Case T-583/93, *Greenpeace and others v. Commission* [1995] ECR II-2205 (General Court, GC); L. Krämer, *Casebook on EU Environmental Law* (2002), at 403.

[4]　"初审法院"一词在本书中贯穿始终，也适用于在该词实际归属于法院之前作出的判决。此外，在引用欧盟主要法律的各项规定时会附上现行编号，以避免混淆，必要时附上原有编号。

审理了一个真实的环境案件。绿色和平组织和 16 位当地居民（农民、渔民等）要求撤销欧盟委员会关于支持欧洲地区发展基金（European Regional Development Fund）向西班牙在加那利群岛建造两座发电厂提供财政援助的一项决定。欧盟委员会认为，尽管欧盟相关立法规定，由基金资助的措施"应符合《欧洲经济共同体条约》的规定，以及共同体政策中包括环境保护的相关规定"。① 欧盟法律要求发电厂必须在进行环境影响评价后才能获得授权，② 但西班牙政府在没有进行环境影响评价的情况下批准了这些发电厂项目。

申请人要求初审法院就诉讼资格问题采取较为宽松的标准，因为该案涉及环境保护问题，法院过去的立场大多出于经济利益。

初审法院认为，*Plaumann* 案和法院先前对大多数案件的判决原则上涉及经济利益，但先前的判决尤其是 *Plaumann* 案判决中的基本标准，"在申请人的经济利益或其他利益受影响的情况下仍然适用"。由于初审法院无法将这 16 名申请人与当地居民、农民、渔民、游客区分开来，因此驳回了他们的申请。

该案上诉后，欧洲法院维持了初审法院的判决。③ 根据早期判例法，反对受理申请的决定性因素是受质疑的法令可能"对大多数人产生普遍和抽象的影响，他们无法预先确定并采取与法令对象相同的方式进行区分"。

初审法院和欧洲法院没有对《环境影响评价指令》（85/337/EC）④ 第 6 条中必须了解项目的"公众"和有权参与影响评价程序并对相关项目发表意见的"相关公众"的区别进行讨论。该指令要求成员国的主管部门需先确定每个项目的"相关公众"。由于受发电厂严重影响的人无法事先确定，例如，由于他们居住在发电厂附近，无法将他们与住在加那利群岛的其他人区分开来。因此，只有具有"相关公众"身份的申请人才能获得法律资格。事实上，初审法院和欧洲法

---

① Council Regulation 2052/88（EEC）of 24 June 1988 on the tasks of the Structural Funds and their effectiveness and on coordination of their activities between themselves and with the operations of the European Investment Bank and the other existing financial instruments, OJ 1988 L 185/9, Art. 7.

② Directive 85/337 on the assessment of the effects of certain public and private projects on the environment, OJ 1985 L 175/40.

③ Case C-321/95P, *Greenpeace and others v. Commission* [1998] ECR II-1651.

④ Directive 85/337; Now replaced by Directive 2011/92 of 13 December 2011 on the assessment of the effects of certain public and private projects on the environment, OJ 2012 L 26/1.

院忽视了《环境影响评价指令》第 6 条的相关规定。①

在 "*Danielsson and others v. Commission* 案" 中，② 申请人主要来自塔希提岛，他们反对法国在太平洋穆鲁罗瓦（Mururoa）群岛进行核试验的计划。欧盟委员会根据欧盟现行法律对这些试验的危险性以及对其他成员国领土所造成的影响进行评估后认为：情况并非如此。申请人请求对其采取临时救济措施，理由是他们住在穆鲁罗瓦附近，试验会对他们的健康和安全造成威胁。

初审法院的结论是：

> 申请人是否具有塔希提岛居民的客观身份是存在有争议的，正如居住在波利尼西亚的其他任何人一样……即使申请人可能遭受核试验造成的与环境或公众健康损害相关的人身损害，但这并不足以将他们与有争议的法令对象区分开来……

因此，该申请被驳回。这意味着许多基本健康权利受到威胁的人却没有资格提起诉讼。埃伯森（Ebbesson）将这一决定称为"悲剧性解读"。③ 初审法院并未提及个人健康权。

二、"*de Pequenos* 农业联盟案" 和 "*Jégo-Quéré* 案"

"*de Pequenos* 农业联盟案" 的申请人 *de Pequenos* 农业联盟是一家贸易组织。它要求撤销欧洲理事会通过的对其成员造成影响的一项法令，并主张该法令是无效的。它指出：该法令在国家法律层面没有救济措施，因为相关法规可直接适用于各成员国，但成员国并未采取任何实施措施。初审法院认为这不足以证明其违

---

①　重要的是，初审法院的判决并未提及第 85/337 号指令。值得一提的是，鉴于第 85/337 号指令自 1998 年以来所作的修订，尽管不涉及"公众"和"相关公众"之间的区别（见 Case T-583/93 *Greenpeace*），如今将作出不同的决定。事实上，根据该指令当前版本第 11 条，相关公众有权在其参与环境影响评价程序的权利没有得到尊重或没有进行环境影响评价的情况下诉诸法院。

②　Case T-219/95R, *Danielsson and others v. Commission* [1995] ECR II-3051 (GC).

③　J. Ebbesson, "European Community", in J. Ebbesson (ed.), *Access to Justice in Environmental Matters in the EU* (2002) 49, at 83.

反了《欧洲经济共同体条约》第173条第2款的解释，并以申请人及其成员不受该法令的影响为由，驳回了申请。①

上诉后，欧洲法院决定在全体会议上审理了此案，以重新审议涉及"个别联系"问题的判例法。总检察长雅各布斯（Jacobs）极力主张改变法院对该案的观点。② 但是，欧洲法院在"*Plaumann* 案"中确认了该判例。关于个人诉诸司法的权利，欧洲法院指出：③

> 个人……有权对其从共同体的法律秩序中获得的权利享有有效的司法保护，这种保护权主要源于各成员国宪法的传统法律原则。《欧洲保护人权和基本自由公约》第6条和第13条也载明了这项权利……一方面，《欧盟条约》第173条和第184条［现为《欧盟运行条约》第263条和第277条］，以及第177条［现为《欧盟运行条约》第267条］，建立了一套完整的法律救济和程序体系，旨在确保对欧盟法院的司法审查……在这一制度下，如果自然人和法人不能通过《欧盟条约》第173条第4款［现为《欧盟运行条约》第263条第4款］规定的可受理条件对欧共体普遍适用的法令提出质疑，则可以根据实际情况，依据《欧盟条约》第184条向欧盟法院或各国法院提出宣布此类行为无效的请求，由法院对该行为的有效性作进一步审查……因为它们本身无权对此类行为宣告无效……成员国应建立一套完善的法律救济和程序体系，以尊重和确保个人的权利享有有效的司法保护。

欧洲法院的最终结论是：

> 可以构建一种不同于基础条约所确立的、从未对其原则进行修订的、必要时由成员国自行决定的对欧共体普遍适用法令的合法性进行司法审查的制度；必要时可以根据《欧盟条约》第48条［《欧洲经济共同体条约》，现为《欧盟条约》第48条（《〈欧盟条约〉和〈建立欧洲共同体条约〉的改革条

---

① Case T-173/98, *Union de Pequenos Agricultores* ［1999］ ECR II-3357（GC）.

② Advocate General（A-G）Jacobs, Opinion of 21 March 2002 in Case C-50/00P *Union de Pequenos Agricultores* ［2002］ ECR I-6677.

③ Case C-50/00P, *Union de Pequenos Agricultores*.

约》）], 对实质有效的制度进行改革。

欧洲法院的这种做法改变了《欧盟运行条约》第263条第4款将责任归于成员国的归责原则, 推动了《欧盟条约》的修订, 这在 "de Pequenos 农业联盟案" 中体现得尤为明显。① 该案之所以引人关注, 是因为欧洲法院必须就初审法院判决的上诉作出裁判, 该判决重新解释了《欧盟运行条约》第263条第4款。② 初审法院接受了雅各布斯就该解释所提出的意见, 并指出:

> 对个别联系概念的解释还不能令人信服……对一项一般法令提出异议的申请人必须以与法令对象相同的方式与其他所有受影响的人区分开来……鉴于上述规定, 且为了确保个人的有效司法保护, 如果有关法令以直接明确的方式限制当事人的权利或对其施加义务, 对其法律地位造成影响, 则欧共体普遍适用的法令应视为与自然人和法人有直接个别联系。而同样受到或可能受到该法令影响的其他人的数量和地位在这方面是无关紧要的。③

该案上诉后, 欧洲法院认为修改《欧盟运行条约》第263条第4款解释的理由尚不充分。它重申了先前对该条款的解释, 认为《欧盟运行条约》已经建立了一个完整（详尽无遗）的救济机制, 成员国应当以此为基础建立一个保证和尊重公民权利获得有效司法保护的法律救济和程序体系。

令人深思的是法院对雅各布斯所提意见的反应, 雅各布斯认为, 对于没有任何国家履行的欧盟法令, 个人将其诉诸司法的唯一方式就是违反该法令, 并在诉诸法院时以该法令无效为由为自己辩护。他总结道: "我们显然不能要求个人为了诉诸司法而触犯法律。" 欧洲法院宣布:

> 该法令……在各国当局没有干预的情况下可以直接适用, 并不意味着与该法令有直接联系的一方只能在违反该法令的情况下才能对法令的有效性提

---

① Case C-263/02P, *Commission v. Jégo-Quéré* [2004] ECR I-3425.

② Case T-177/01, *Jégo-Quéré v. Commission* [2002] ECR II-02365 (GC).

③ Case T-177/01, *Jégo-Quéré v. Commission*.

出质疑。各国法律允许与各国一般立法有直接联系的个人在无法直接向法院提出质疑的情况下，根据该立法向该国寻求一项对该立法向本国法院间接提出质疑的权利。同样，根据各国法律的相关规定，与法令有直接联系的个人……可根据该立法向该国寻求一项对该法令向本国法院间接提出质疑的权利。①

对欧洲法院而言，国内法"可能允许"通过一项受质疑的法令，或个人可以"寻求""一项措施"的含义仍有待进一步明确：由于欧盟法律直接适用于所有成员国，成员国没有理由主动或应申请人的请求而积极采取措施。欧洲法院认为，欧盟 27 个成员国应当按法令的要求采取措施，以确保有效的司法保护，尽管有时会出现这种情况，但并非所有法令都是如此。法院的解释违背了《欧盟运行条约》第 288 条的内容和精神，该条指出："《欧盟运行条约》具有普遍适用性，它在整体上具有约束力，应直接适用于所有成员国。"

此外，欧洲法院认为，有效司法保护的原则是：

> ……不具有撤销《欧盟运行条约》中相关条件［直接和个别联系的条件］的效力……不适用……超出了《欧盟运行条约》赋予欧盟法院的管辖权……这种解释［由初审法院作出的］具有撤销《欧共体条约》第 230 条第 4 款［《欧盟运行条约》第 263 条］中个别联系含义的作用。②

法院通过"*de Pequenos* 农业联盟案"和"*Jégo-Quéré* 案"的裁判，有效终止了关于个人和非政府组织在欧盟一级诉诸司法的讨论。它继续援引"*Plaumann* 案",③ 并重申其观点，即享有有效司法保护的基本权利不能对《欧盟运行条约》第 263 条第 4 款作不同的解释。此外，《欧盟运行条约》第 263 条第 4 款也适用

---

① Case C-263/02 P, *Commission v. Jégo-Quéré*.

② Case C-263/02 P, *Commission v. Jégo-Quéré*.

③ Case C-444/08P, *Azores v. Council*［2009］ECR I-200, para. 36; Case C-355/08P, *WWF-UK v. Council*［2009］ECR I-73, para. 41; Case C-362/08P, *Sahlstedt and others v. Commission*［2009］ECR I-2903, para. 26.

于申请人无法向本国法院提起诉讼的情形。①

初审法院没有维持其在 "Jégo-Quéré 案" 对《欧盟运行条约》第 263 条第 4 款的解释，但与欧洲法院的意见保持一致。② 在 "EEB and Stichting Natuur en Milieu v. Commission 案" 中，法院必须审查申请人提出的《奥胡斯公约》③ 明确了个人和环保组织诉诸司法的权利开创了一个新局面这一观点。初审法院指出，国际条约的法律位阶低于欧盟一级法律。《奥胡斯公约》在法律上不能影响《欧盟运行条约》第 263 条第 4 款的解释。④

在 "WWF-UK v. Council 案" 中，初审法院再次重申了 "Plaumann 原则"，并进一步指出，世界自然基金会具有保护环境的法定目的，其行为能力与 "在相同情况下的任何其他人" 没有本质区别。从判例法中可以看出，这种能力本身并不足以证明申请人个人与争议的法令有关。⑤

三、"直接联系" 的要求

《欧盟运行条约》第 263 条第 4 款指出，法令对象之外的自然人和法人必须与该法令有直接联系，欧洲法院和初审法院过去对此很少关注，因为在审查根据《欧盟运行条约》第 263 条第 4 款提起的诉讼的可采性时，主要强调的是个别联系。当相关法令不是欧盟机构或成员国的补充法令，损害到相关人员的法律地位

---

① Case C-444/08P, *Azores v. Council*.

② Reference to the Plaumann-doctrine：Case T-16/04, *Arcelor v. European Parliament and Council* [2010] ECR II-211（GC），para. 99；Case T-403/07, *Union nationale de l'apiculture v. Commission* [2008] ECR II-239；Case T-241/07, *Buzzi v. Commission* [2008] ECR II-234，para. 19；Case T-532/08, *Norilsk Nickel v. Commission* [2010] ECR II-3959，para. 97；Case T-18/10, *Inuit Tairiit Kanatami and others v. European Parliament and Council* [2011] ECR II-05599，para. 41；Case T-291/04, *Enviro Tech v. Commission* [2011] ECR II-08281，para. 102. Reference to the judgments in *Jégo-Quéré* and *Union de Pequenos Agricultores*；Case T-16/04, *Arcelor*, para. 103；Case T-94/04, *EEB v. Commission* [2005] ECR II-4919，para. 48；Case T-37/04, *Azores v. Council* [2008] ECR II-103，para. 92.

③ 《在环境问题事项上获得信息、公众参与决策和诉诸法律的公约》（Aarhus, 25 June 1998, entered into force 30 October 2001）2161 UNTS 447，以下简称《奥胡斯公约》。

④ Joined Cases T-236/04 and T-241/04, *EEB and Stichting Natuur en Milieu* [2005] ECR II-4945（GC），para. 71, referring to the decision in Case C-240/90, *Germany v. Commission* [1992] ECR I--5383，para. 42.

⑤ Case T-91/07, *WWF-UK v. Council* [2008] ECR II-81（GC），para. 86.

时，就存在直接相关。① 当欧盟机构的法令针对成员国时，这种情况经常发生，它不会赋予成员国任何自由裁量权，而是迫使成员国执行欧盟法令。② 如果成员国拥有这一自由裁量权，则与之"直接"相关的不是欧盟法令，而是国家法令，这在法庭上可能会受到质疑。

《里斯本条约》于2009年年底生效，对《欧盟运行条约》第263条第4款进行了修订。如下：

> 根据本条第1款和第2款规定，任何自然人和法人均可就针对其本人的或与其有直接和个别联系的法令，或直接关系到其本人但未包含执行措施的规制性法令提起诉讼。

该条款的最后一部分是一种创新，因为欧盟机构采取的法令是：

> 规制性法令；
>
> 不需要执行措施；
>
> 与个人有直接联系。

目前这一条款尚无实质性判例，这将大大改变初审法院和欧洲法院的判例。③

四、总结

欧洲法院和初审法院在环境领域诉诸司法方面的管辖权可以归纳如下：

---

① Case 113/77, *Toyo Bearing v. Council* [1979] ECR 1185; Case 132/77, *Société pour l'exportation de sucre* [1978] ECR 1061; Case C-188/92, *TWD Textilwerke Deggendorf GmbH v. Bundesrepublik Deutschland* [1994] ECR I-833.

② 例如，欧盟委员会根据1992年5月21日通过的保护野生动植物自然栖息地委员会指令（Directive 92/43, 1992 OJ L 206/7），决定将一个特定的栖息地纳入欧盟栖息地保护列表"Natura 2000"中。成员国有义务将这一地区规划为特别保护区。

③ In Cases T-338/08, *Stichting Natuur en Milieu and Others v. Commission*, CJEU, Judgment of 14 June 2012 (not yet published), and T-396/09, *Vereniging Milieudefensie and Others v. Commission*, CJEU, Judgment of 14 June 2012 (not yet published), 值得注意的是，初审法院详细讨论了规制性法令的构成要件。这些判决将被上诉，在此不赘述。

（1）只有在申请人是欧盟机构法令对象或与该法令有直接和个别联系的情况下，才可以根据《欧盟运行条约》第263条第4款将该法令诉诸欧盟法院。

（2）只有当申请人受到该法令的影响，并以与法令对象相同的方式将其与其他所有人区分开来时，才存在个别联系。这种联系影响到的已知数量的特定人群还远远不够。

（3）欧盟承认获得有效司法保护的人权。但是，《欧盟条约》建立了一套完整的法律救济和程序体系，旨在确保该权利受到欧盟法院的司法保护。这项法令损害了健康权和财产权两项基本人权，但并不会搁置现有的诉诸司法制度的方式，反而会以不同的方式重新解释该法令，以使个人必须在受到某项法令的单独影响时才能拥有法律资格。

（4）申请人虽然以保护清洁及未受损害的环境这一公共利益为目的，但这不足以使其与法令存在个别联系。

（5）欧盟法院在不超出其职权范围的前提下，无法修订《欧盟运行条约》第263条第4款的解释。如果成员国希望对《欧盟运行条约》第263条第4款作不同的理解，则应自行修订。这也符合《欧盟条约》第4条的"真诚合作"原则。

（6）《奥胡斯公约》是一项国际条约，其法律位阶高于欧盟二级立法，但低于欧盟一级法律。因此，《奥胡斯公约》不能作为修订《欧盟运行条约》第263条第4款解释的法律依据。

（7）欧盟法律中的有效司法保护原则。该原则要求各国法官必须尽一切可能使《奥胡斯公约》第9条第3款生效，并在环境事务上赋予个人法律资格。

（8）环保组织无其他任何自然人或法人的权利。

第四节　法院对《欧盟运行条约》第263条解释的审查

一、《欧盟条约》建立的司法保护"完整制度"

欧洲法院通过对一系列案件的审判，指出《欧盟条约》建立的诉诸司法制度是一个"完整制度"，内容包括：

　　根据《欧盟运行条约》第 263 条的规定向欧盟法院提起诉讼；

　　向本国法院提起诉讼；

　　各国法院能够要求欧盟法院作出初步判决（《欧盟运行条约》第 267 条第 2 款）。

　　欧洲法院指出，除《欧盟运行条约》第 263 条所规定的情况外，其无权修改该制度并且诉诸欧盟法院。

　　雅各布斯准确指出，欧洲法院对《欧盟运行条约》第 263 条第 4 款采取了"慷慨而动态的解释"，甚至与《欧盟运行条约》的立场相反。并认为：法院不能只局限于解释欧盟机构的法令、法规或决定，而是要进一步审查欧洲理事会的诉讼程序，① 以及审查违反《欧洲原子能条约》和《欧洲煤钢共同体条约》的行为。②

　　从欧洲法院允许将欧洲议会诉诸法院的判例上看，法院在这些判例中并未考虑《欧盟运行条约》第 263 条建立的制度③是否"完整"。法院认为，《欧盟运行条约》中的其他原则和考虑因素允许甚至要求它赋予欧洲议会主动和被动的地位，而在欧盟各机构之间保持平衡是决定性因素。

　　欧洲法院认为，1957 年《欧洲经济共同体条约》在不同机构之间建立的平衡机制使欧洲议会处于从属地位。根据《欧洲经济共同体条约》的立法目的，诉诸司法的权利仅赋予了与欧洲经济共同体关系最为密切的机构，而没有赋予欧洲投资银行、欧洲经济和社会委员会、欧洲共同体或欧洲议会。要改变这种平衡机制，需要各成员国共同努力，但如果欧洲法院赋予欧洲议会以法律地位，则超越其权力。其实不能认为欧洲议会法律地位的缺乏是《欧洲经济共同体条约》的"空白"。相反，这是《欧洲经济共同体条约》的起草者故意为之，《欧洲经济共同体条约》仅赋予"议会"非常有限的权力，甚至没有称其为"议会"。

　　这些观点并不代表笔者反对法院在涉及欧洲议会案件中的裁定。仅意味着法院在处理个人和环保组织案件中的审判思路是以意识形态而非合理的法律为

---

　　① Case 22/70, *Commission v. Council* [1971] ECR 263, paras. 39ff.

　　② Case C-62/88, *Greece v. Council* [1990] ECR I-1527, para. 8.

　　③ 在法院作出判决时，相关的法律依据是《欧洲经济共同体条约》。

依据。

有人认为，欧洲议会的重要性及其在欧盟法院中的地位问题远大于个人和非政府组织在环境事务上诉诸欧盟法院问题的重要性。同样值得商榷的是，这种推理是否应该被引导到一个解决方案，根据该解决方案，法院应该拒绝欧洲议会向欧盟法院提起诉讼，因为这样一个重要的问题应当由作为《欧洲经济共同体条约》起草者的欧盟而不是法院来决定。

除了欧洲法院的判例外，环境也是欧盟条约法变化的重要因素。1957 年的《欧洲经济共同体条约》没有提及"环境""环境政策""环境保护"等术语。这并不影响欧洲法院 1985 年在没有任何依据的情况下承认《欧洲经济共同体条约》作出的声明：环境保护是欧洲经济共同体的基本目标之一。①

1987 年，《欧洲经济共同体条约》添加了第 7 章，规定了欧盟在环境领域采取的"措施"需由欧洲理事会一致决定。《欧洲经济共同体条约》第 2 条阐明了欧洲共同体的目标，但没有提到环境事项。

1993 年，《欧盟条约》（《马斯特里赫特条约》）对第 130 条第 r 款（现行《欧盟运行条约》第 191 条）进行了修订，规定了欧共体的环境政策；欧盟一级环境措施的采取将由欧洲议会共同决定。《欧共体条约》第 2 条赋予欧共体的任务是"促进整个共同体在尊重环境的情况下实现和谐、平衡的发展、可持续和非通货膨胀的增长……"

1999 年《阿姆斯特丹条约》第 2 条指出，欧盟的任务是"努力实现建立在经济平衡发展、价格稳定、具有高度竞争力的社会市场经济基础之上的欧洲的可持续发展"。《欧共体条约》修订后的第 2 条将以下任务分配给欧共体：

> ……在整体社会中促进经济活动的和谐、平衡和可持续发展，高水平的就业和社会保护、男女平等、可持续和非通货膨胀式的增长，高度的竞争力和经济效益的趋同，高度保护环境并改善环境质量，提高人们生活水平和生活质量……

---

① Case C-240/83, *ADBHU* [1985] ECR 531, paras. 12 and 13：贸易自由原则不应被过于过于绝对地理解，应当受到共同体追求的普遍利益目标的限制。必须从环境保护的角度来看待该指令 [Directive 75/439 on waste oils，该指令于 2008 年被撤销]，环境保护是欧共体的重要目标之一。

此后，欧盟环境事务的多数决策成为惯例。一体化要求将《欧共体条约》第174 条（现为《欧盟运行条约》第191 条）放至第6 条（《欧盟运行条约》第11条）。

《里斯本条约》通过援引《欧盟条约》第3 条第3 款的规定：

> 欧盟……将努力实现建立在经济平衡发展、价格稳定、具有高度竞争力的社会市场经济基础之上的欧洲的可持续发展，以实现充分就业、社会进步以及高度保护环境并改善环境质量。

《欧盟条约》第21 条第2f 款规定，本联盟的宗旨是"协助成员国制定国际措施以维护和改善环境质量以及全球自然资源的可持续管理，确保可持续发展"。《欧盟运行条约》第11 条规定："环境保护要求必须纳入联盟政策及行动的确定和履行中，特别是要考虑促进可持续发展。"[1]

这些条款的内容明确：如果没有充分保护环境并在所有欧盟政策中考虑环境因素，欧盟在内部以及全球层面的可持续发展目标将无法实现。

环境保护的发展和现状表明，《欧盟条约》的起草者越来越重视环境保护。目前环境所扮演的角色与1957 年有着本质差别。尽管欧洲法院指出，自1957 年以来《欧盟运行条约》第263 条第4 款的内容没有得到实质性修订，但仍需指出的问题是：考虑到环境在欧盟实体法和政策平衡中日益重要的地位；尤其是欧洲经济共同体向欧盟的过渡，是否有必要重新解释该条款？根据辅助性原则，所有决定都应尽可能贴合公民的需求。《欧盟条约》第1 条在1957 年的《欧洲经济共同体条约》中是无法想象的，它证明了环境在欧盟实体法平衡中的重要作用。

正如欧洲法院认为在维持欧洲议会、欧洲理事会和欧盟委员会之间的机构平衡时，允许或应要求授予欧洲议会地位一样，法院可以得出以下结论：保护环境的必要性与《欧盟条约》中以经济为导向的规定（即货物的自由流通、自由运输、自由竞争、免费提供服务）允许或要求其对《欧盟运行条约》第263 条第4

---

[1]　A Very Similar Provision in the Charter of Fundamental Rights of the European Union, OJ 2007 C 303/1, Art. 37: 高水平的环境保护和环境质量的改善，必须纳入欧盟政策并符合可持续发展原则。

款进行解释，以便作出平衡这两个政策目标的决定，而不是将决定权交给欧洲理事会、欧盟委员会或欧洲议会。欧盟法律中没有任何规则或法律原则禁止法院依照自由裁量权作出裁决。法院在履行这一职权时，对其权力提出质疑是不恰当的。

二、对《欧盟运行条约》第 267 条的初步判断

如前一部分所述，欧洲法院在其判决中辩称，各国法院的程序及其要求欧洲法院作出初步裁决的可能性都将确保个人利益得到全面保护。对于在环境事项上诉诸各国法院的途径，在此不赘述。各国诉诸司法规定的不同，反映了法律文化的差异和各国法官对环境在 21 世纪的作用、功能和重要性的不同理解。[1]

关于《欧盟运行条约》第 267 条所规定的程序，许多起草者注意到以下事实，即允许直接诉诸欧盟法院的方式与要求欧盟法院作出初步裁决的方式存在较大差异。主要区别在于：各国法院和欧盟法院的审理对象不同。例如，在"Greenpeace 案"中，国内法院要解决的问题是发电厂许可证的有效性，而欧盟法院要解决的问题是欧盟委员会资助建设这一决定的有效性。国内程序的成功与否还取决于一些影响程序的结果、导致国内法院作出正式裁决或拒绝向欧盟法院提交初步裁决的程序条款（常设、代表、延误等）。例如在德国，侵犯个人权利的行为在诉诸法院前必须进行审查。[2]

各国法院无权决定欧盟机构所采取行为的有效性。因此，是否应由主张欧盟某项特定措施无效的人来解决这些问题存在很大争议。法院通常会援引"司法效率"原则，主张各国颁布的法令经常受到本国法院的质疑，欧盟颁布的法令也经常受到欧盟法院的质疑。

各国法院不愿向欧盟法院提交案件的初步裁决。在丹麦，法院应首先与政府

---

[1]　M. Cappelletti (ed.), *Access to Justice and the Welfare State* (1981); A. Epiney and K. Sollberger *et al.*, *Zugang zu Gerichten und gerichtliche Kontrolle im Umweltrecht* (2002); O. Zetterquist："Access to Justice in the EU—Knocking on Heaven's Door?", in N. Wahl and P. Cramer (eds.), *Swedish Studies in European Law* (2006) 257; N. de Sadeleer, G. Roller, and M. Dross (eds.), *Access to Justice in Environmental Matters and the Role of NGOs: Empirical Findings and Legal Appraisal* (2005).

[2]　Verwaltungsgerichtsordnung (German Code of Administrative Court Procedure), Art. 42 (2).

磋商，政府就是否提交该案向法官提出建议。在此基础上，案件才能提交。在很长一段时间内，希腊、葡萄牙、西班牙和爱尔兰国家法院的法官都没有向欧盟法院提交环境案件的初步裁决。直到 2013 年中期，西班牙和爱尔兰国家法院才分别向欧盟法院提交了一个环境案件，其他两国法院依旧未提交。2011—2012 年，英国两级法院裁定政府违反了欧盟空气质量法令的义务，但拒绝对英国政府施加任何补救措施（的责任），理由是欧盟机构应当执行相关的空气质量法令，它们不接受作出初步裁决的请求。①

各国法院可能会在是否可以或必须向欧盟法院提交案件的问题上出现失误；它们提出了问题，而申请人不会对所提出问题的内容产生任何可能的决定性影响。

出于这些原因，《奥胡斯公约》遵约委员会得出结论："（《欧盟运行条约》第267条建立的制度）不能成为普遍拒绝公众向欧盟法院提出质疑欧盟机构决定、作为和不作为的依据。"②

如前所述，欧盟法院的观点仍然不明确，其认为国内法允许申请人依据《欧盟运行条约》第267条间接对欧盟机构的法令提出质疑是一种假设。例如，当1829/2003 号指令授权一种转基因植物时，该决定将直接适用于整个欧盟，无须在国家一级采取任何措施。国内法先作出补充决定，再由各国法院处理并作出初步裁决是不必要的。类似的案例还有很多。

三、真诚合作原则

欧盟法院援引了《欧盟条约》第 4 条第 3 款规定的"真诚合作"原则，即应由成员国来改善目前的状况。该原则规定："根据真诚合作原则，联盟与成员国在履行源于两部条约的任务过程中，应在完全相互尊重的基础上相互支持。"

---

① *Case R*（*ClientEarth*）*v. Secretary of State for Environment*，*Food and Rural Affairs*［2011］All ER（D）115（Dec）（QB）；*Case R*（*ClientEarth*）*v. Secretary of State for Environment*，*Food and Rural Affairs*［2012］EWCA Civ. 897. 此案正上诉于英国最高法院。

② Aarhus Convention Compliance Committee，"Findings and Recommendations with Regard to Communication ACCC/C/2008/32（Part I）Concerning Compliance by the European Union"（adopted 14 April 2011），para. 90；P. Pagh-Rasmussen，"Kan Groenne Organisationer Handhave Miljoekrav? Om Aarhus-konventionen om Borgernes Miljoerettigheder"，10 *Tidsskrift for Miljø*（2008）496.

其次，成员国应采取任何普遍的或特定的适当措施，以保证履行源于两部条约的或由欧盟机构的法令所产生的义务。

成员国应促进欧盟任务的完成，并避免采取任何可能损害欧盟目标实现的措施。

这些条款首先提到该原则所产生的共同义务，这表明，当欧盟法院依据该原则进行审查时，有利于确定成员国的义务。出于同样的理由，人们可能会认为：根据这一原则，将欧盟机构法令诉诸司法的权利应当由欧盟而非成员国授予。

"真诚合作"是一项涉及欧盟机构与欧盟成员国之间关系的原则。《欧盟条约》的修订能否被认为是一项源于真诚合作原则所产生的义务是令人怀疑的。相反，合作应在《欧盟条约》的现有框架内进行。

就个别成员国而言，对真诚合作原则的理解是否能使大多数甚至所有成员国都修改其关于诉诸司法的规定，以便法院在必要时作出初步裁决，这同样令人怀疑。值得一提的是，相关决定是由欧盟机构作出的。27个成员国的立法及各自的法律文化导致环境事项的有效司法保护在程序和实体方面存在巨大差异。以真诚合作原则的名义建议欧盟法院对欧盟机构的法令进行审理更为合乎逻辑。

因此，欧盟法院不能从真诚合作原则中得出欧盟成员国有责任制定将欧盟法令诉诸司法的法令这一结论。

四、修订后的《欧盟运行条约》第263条第4款与环境的联系

根据修订后的《欧盟运行条约》第263条第4款，向法院提出申请时只需证明申请人与欧盟法令有直接联系，前提是欧盟的法令是一项规制性法令，不受欧盟机构或欧盟成员国执行措施的约束。欧盟法院裁判的案件中具有重要意义的个别联系这一要素将不必存在；修订后的《欧盟运行条约》第263条第4款这一新规定主要是为了支持雅各布斯，其意见表明欧盟判例的有效性存在不足。毫无疑问，新规定将在很大程度上使环境事项在欧盟法院中更容易获得上诉。

然而，根本问题是，欧盟机构作出的具有破坏环境效果的决定如何能在欧盟法院中受到个人以及环保组织的质疑？正如欧盟法院指出的那样①，环境是人们

---

①　Case 240/83, *ADBHU*.

普遍关注的问题，损害环境的决定是一个影响当代人和子孙后代享有清洁和环境健康权利的决定。

欧盟一般立法的执行和实施，例如对环境极其危险的农药、化学物质或生物杀灭剂产品的授权，是通过欧盟委员会的法令授予的。此类法令有时针对的是特定申请人，有时则具有普遍性，没有特定的客体。问题是个人和环保组织能否主张他们的需求与环境有直接联系。

这涉及一个基本而重要的原则问题。保护环境符合欧盟的普遍利益。但是，欧盟机构通常会作出影响深远的重要环境决定。其中包括授权或限制将物质或产品排入环境、为实现基础设施项目提供资金以监督欧盟环境法规的履行、规定设立或修改行政组织等事项，以及确定物质的排放标准。在过去的 50 年里，欧盟在所有领域中作出的法令数量都急剧增加。这在气候变化、能源、跨欧洲网络、渔业政策、自然保护问题、水和废物管理、产品许可证、运输和区域政策等方面都有所体现。毫无疑问，欧盟机构所作的努力实现了经济利益（广义）和环境事项之间的平衡。

法院应决定《欧盟条约》中的制度平衡是否得以正确实现。设立欧盟法院的目的是"确保在解释和适用两部条约时遵守法律"（《欧盟条约》第 19 条）。这涉及以下问题：欧盟政策是否真正旨在所有部门提供高水平的环境保护，环境保护是否应纳入其他欧盟政策的制定和履行，以及无论是在作为一个整体的欧盟，还是在其运输、农业或渔业等部门政策范围内，是否都以实现可持续发展为目标。

从这个角度看，确实有充分的理由对《欧盟运行条约》第 263 条第 4 款作出解释，即允许"环境"这一普遍利益类别更频繁地成为欧盟法院的上诉对象。法院没有接受此类因素的原因是担心这会导致提交法院的案件数量大大增加，加重法官的负担。有人会质疑，为什么只有环境才应该是《欧盟运行条约》第 263 条第 4 款解释的受益者。实际上，其他的普遍利益类别同样需要欧盟法院提供更好的保护。例如寻求庇护者、移民、人权受损者、某些类别的弱势工人以及其他社会弱势群体的利益。

所有这些论点都是合理的。但就公民权利而言，根据《欧盟公约》第 6 条第 2 款，欧盟已经决定加入《欧洲保护人权和基本自由公约》，个人权利可以在欧盟法律中找到救济措施。相比之下，环境保护的状况仍然不尽如人意。

五、《奥胡斯公约》与欧盟法院的困境

下一个问题是，《奥胡斯公约》是否有助于寻求在环境事项上诉诸欧盟司法的适当解决办法。①

欧盟27个成员国均加入了《奥胡斯公约》，欧盟也于2005年加入。② 根据《欧盟运行条约》第216条第2款，《奥胡斯公约》对欧盟成员国和欧盟机构具有约束力。《奥胡斯公约》第9条规定了诉诸司法的权利。本章特别关注的是第9条第3款和第4款的内容：

第3款规定：除此之外，并且在不影响以上第1款和第2款所指复审程序的前提下，每个缔约方应确保，只要符合国家法律规定的标准，公众即可诉诸行政程序或司法程序，以便就违反与环境有关的国家法律规定的个人和主管部门的作为和不作为提出质疑。

第4款规定：除此之外，并且在不影响以上第1款的前提下，以上第1款、第2款和第3款所指程序应提供充分和有效的补救办法，酌情包括指令性的救济办法，这种程序应公正、公平、及时，且费用不致过于昂贵。本条之下的裁决应以书面作出或记录。法院的裁决以及可能情况下其他机构的裁决应予公布。

欧盟法院多次对《奥胡斯公约》作出裁决，认为《奥胡斯公约》是"欧盟法律体系的组成部分"。③ 并指出《奥胡斯公约》第9条第3款是欧盟法律的一

① T. *Crossen and v. Niessen*, "NGO Standing in the European Court of Justice—Does the Aarhus Regulation Open the Door?", 16 *Review of European Community and International Environmental Law* (2007) 332; M. Pallemaerts, *Compliance by the European Community with its Obligations on Access to Justice as a Party to the Aarhus Convention* (2009); M. Pallemaerts (ed.), *Aarhus at Ten: Interactions and Tensions between International Law and EU Environmental Law* (2011); E. Rehbinder, "Die Aarhus-Rechtsprechung des Europäischen Gerichtshofs und die Verbandsklage gegen Rechtsakte der Europäischen Union", 10 *Zeitschrift für Europäisches Umwelt- und Planungsrecht* (2012) 23.

② 理事会于2005年2月17日关于代表欧洲共同体缔结《关于在环境事项上获得信息、公众参与决策和诉诸法律的公约》的第2005/370号决定，OJ 2005 L 124/1.

③ Case C-240/09, *Lesoochranárske zoskupenie* [2011] ECR I-1255, para. 30.

部分，但不具有直接效力。① 此外：

> 这些条款（《奥胡斯公约》第9条第3款）虽然措辞笼统，但旨在确保环境的有效保护……如果不想损害欧盟环境法的有效保护，将《奥胡斯公约》第9条第3款解释为在实践中不可能或难以行使欧盟法律赋予的权利是难以想象的。为了确保欧盟环境法所涉领域的有效司法保护，各国法院应以尽可能符合《奥胡斯公约》第9条第3款目标的方式解释其国内法。根据《奥胡斯公约》第9条第3款的目标，法院的解释应当尽可能符合相关的程序规则，以便行政诉讼或司法诉讼的提起以及对欧盟法律赋予的权利进行有效的司法保护，使环保组织能够在法庭上质疑那些违反欧盟环境程序法的决定。②

欧盟法院在一些案件中宣布，《奥胡斯公约》第9条要求成员国的立法行为也应当成为司法规制的对象，即使各国法律一般情况下不应当允许就立法行为提出上诉；否则，欧盟法院指出："《奥胡斯公约》第9条……将失去所有效力。"③

根据这些判例，欧盟法院在审查各国法院对《奥胡斯公约》第9条的解释和适用时，非常重视诉诸司法的效力。各国法律必须尽可能以允许诉诸司法的方式充分解释其规则，当国内法律没有规定司法补救措施时，如针对立法行为提出的司法上诉，国内法律必须予以搁置。

在诉诸法院方面，欧盟法院没有相应的管辖权。在此适用初审法院的声明，根据该声明，欧盟批准的国际条约法律位阶低于欧盟一级法律，不能作为修改《欧盟运行条约》第263条第4款解释的依据。④

---

① 与法院相反，《奥胡斯公约》第9条第3款是足够精确且无条件的。该规定中"只要"一词赋予缔约方一定的自由裁量权，可以对诉诸法律的行为加以限制；但缔约方没有义务这样做。法院认为缔约方有义务对此进行限制。

② Case C-240/09, *Lesoochranárske zoskupenie*.

③ Joined Cases C-128/09 to C-131/09, C-134/09, and C-135/09, *Boxus and Others* [2011] ECR I-09711, para. 53; Joined Cases C-177/09-179/09, *Le Poumon vert de La Hulpe and Others* [2011] ECR I-00173; Case C-182/10, *Solvay and Others*, CJEU, Judgment of 16 February 2012 (not yet published). 关于确保《奥胡斯公约》有效性的必要性，另见：Case C-416/10, *Krizan and Others*, CJEU, Judgment of 15 January 2013 (not yet published), para. 87.

④ Text accompanying note 36.

这导致了一个进退两难的局面：根据《欧盟运行条约》第216条第2款，《奥胡斯公约》对欧盟机构具有约束力；欧盟法院和初审法院属于欧盟机构，受《奥胡斯公约》第9条的约束。这意味着在实践中，它们与各国法院一样，有义务尽可能对《欧盟运行条约》第263条第4款作出充分解释，该解释允许在环境事项上诉诸欧盟法院。否则，《奥胡斯条约》第9条将失去所有效力。与各国法院一样，在不违反欧盟法律的情况下，欧盟法院作为欧盟法律一部分的《奥胡斯公约》第9条所赋予的权利在实践中难以行使或行使过于困难。

欧盟法院和初审法院有义务重新考虑对《欧盟运行条约》第263条第4款的解释，这是《奥胡斯公约》遵约委员会在声明如果欧盟不重新解释《欧盟运行条约》第263条第4款，将违反《奥胡斯公约》规定的义务时指出的。①

据此，各国法院的义务源于《欧盟条约》第4条规定的真诚合作原则。该原则不仅包含欧盟成员国的义务，还包含欧盟机构的义务。由于欧盟及其成员国都是《奥胡斯公约》的缔约方，它们对《奥胡斯公约》所负的义务是相同的。

无论是为了履行《奥胡斯公约》，还是为了避免《奥胡斯公约》遵约委员会再次主张欧盟违反《奥胡斯公约》规定的义务，欧盟法院打算如何重新解释《欧盟运行条约》第263条第4款，是其自身的问题。可以理解的是，法院希望避免出现每个人都可以声称自己受到欧盟环境法令直接（和个别）的影响这种情况，这可能是因为《奥胡斯公约》没有考虑的公众行为。

六、前进之路：非政府环保组织的法律地位

前进的方式之一是效仿众多欧盟成员国的法律，《奥胡斯公约》本身也部分采用了这种方式。这涉及将环保组织视为与欧盟环境法令有直接（和个别）联系的组织，从而赋予它们诉诸欧盟法院的权利。法院可以通过制定法令的形式赋予符合特定标准的环保组织以资格。第1367/2006号指令第11条（概括）规定了一套标准：②

---

① Aarhus Convention Compliance Committee.

② Regulation 1367/2006 of 6 September 2006 on the application of the provisions of the Aarhus Convention on access to information, public participation in decision-making and access to justice in environmental matters to Community institutions and bodies, OJ 2006 L 264/13.

独立的非营利性法人；

主要目的是在环境法的范围内促进环境保护；

存续时间两年以上，并且正在积极追求环境保护的目标；

提交法院的案件在其目标和活动范围内。

另一个较为简单的规定可以从荷兰的法律中获得，该法律认为环保组织等机构所保护的利益"被视为包括它们根据其目标并由其实际活动所特定代表的普遍利益和集体利益"。①

这种解决方案的优势在于，欧盟法院可以对更多需要在环境和其他利益之间寻求平衡的案件作出裁决。但可能导致法院审理的环境案件数量激增，虽然这一风险尚未得到实证研究的证实。② 即使在环境事项上存在诉讼的成员国（如葡萄牙，在某种程度上还包括西班牙、英国和荷兰），过去也没有特别提到法院大量的环境案件。可以肯定地说，通货膨胀式的威胁在法院案件数量上是一个神话，这也许是由既得利益集团引起或支持的。

对于环境事项诉诸欧盟法院的问题，可能存在其他适当的解决方案。关键问题不是如何起草相应的条款，而是起草这一条款事实本身。欧盟法院 50 年来的判例实践表明，"*Plaumann* 案"和对《欧盟运行条约》第 263 条第 4 款中"直接和个别联系"的一般解释，导致环保组织的任何一项行动都不被认为是可接受的。欧盟的这一判例使环境事项不可能或难以诉诸欧盟法院。法院裁定，根据《奥胡斯公约》，各国法律不允许这种结果出现。这同样适用于欧盟法律。欧盟法院在解释《奥胡斯公约》第 9 条第 3 款时，赋予各国法院的义务不同于自身的义务，这在法律上是不被接受的。

七、欧盟法院与享有清洁环境的权利

欧盟法院根据《欧盟条约》第 19 条，有义务确保法律得到遵守。"法律"一词包括欧盟的一级法律和二级法律，包括《欧盟基本权利宪章》（《欧盟条

---

① Dutch General Administrative Law Act, Art. 1: 2/3.

② In particular, de Sadeleer et al.

约》第6条第1款）和国际公法。《欧盟基本权利宪章》在第37条中提及了环境法，但并未规定享有公平、体面或健康环境的权利。① 对于国际环境法，欧盟法院通常持保留态度；只有当它通过缔结协议成为欧盟法律秩序的一部分时，才会将其考虑在内，② 除此之外，它并未遵循国际法的一般原则。目前为止，欧盟法院尚未出现一例涉及欧盟法或国际法中是否存在清洁环境权问题的案件判决。

欧盟法院制定了许多适用于个人具体情况的环境规定。首先，对欧盟法律中的程序性环境权进行解释，使环境法的规定在实践中更具可操作性。其次，推动了直接效力原则的发展，指出只有当欧盟（环境）法律的规定足够精确且无条件时，个人和非政府环境组织才能在法院或行政程序中援引该规定。最后，从有利于环境意义上解释欧盟法律的规定，扩大了环境管理部门的责任以及个人和非政府组织的权利。

以下示例将体现欧盟法院的实践：

欧盟法院认为，获得立法程序的相关文件信息至关重要，符合社会的整体利益。这同样适用于环境立法程序。③ 相关立法程序的文件必须向公众公开。行政程序的顺利进行不能成为拒绝提供立法程序信息的理由。欧盟委员会为了使成员国遵守欧盟环境法而进行的研究必须公开，成员国的敏感性同样也不是拒绝提供这些信息的正当理由。④ 在正常和现实的环境条件下，即使可能对商业利益造成损害，也必须发布"环境排放"的相关信息。⑤

关于参与权，欧盟法律授予公民参与符合法律要求的影响环境计划或程序的诉讼的权利。欧盟法院还将参与权扩大到非必要计划，但在立法中规定了程序性

---

① Charter of Fundamental Rights of the European Union, OJ 2012 C 326, p. 391, Art. 37："高标准的环境保护及环境质量的改善，必须纳入欧盟的政策并符合可持续发展原则。"

② 《欧盟运行条约》第216条第2款规定："本联盟缔结的协定对本联盟各机构及其成员国都具有约束力。"

③ Case C-57/16P, *ClientEarth v. Commission*, ECLI：EU：C：2018：660, para 84.

④ Case C-612/13P, *ClientEarth v. Commission*, ECLI：EU：C：2015：486.

⑤ Case C-673/13P, *Commission v. Stichting Greenpeace Nederland and PAN Europe*, ECLI：EU：C：2016：889.

和实体性细节的计划。① 在许可建造与环境相关的基础设施的情况下，欧盟法律将参与权扩大到相关设施的拆除和销毁。欧盟环境法规定，在适当的情况下应允许公众就自然保护区内履行的计划或项目发表意见时，欧盟法院应当将其转变为非政府组织参与授权程序的权利。②

在诉诸司法方面，欧盟法院积极地在成员国的立法和实践中促进环境权利。当欧盟关于空气质量的规定没有得到遵守，或公民的饮用水中硝酸盐含量过多③以及其捕鱼权受到水污染或取水过多影响时，④ 公民可以向法院起诉。⑤

欧盟法院决定，受影响的公民有权知悉现行欧盟空气或水方面的法律法规是否得到有效遵守。但是，欧盟法院并未规定公民享有在个人不受影响的情况下援引清洁空气或清洁水的权利。非政府组织虽然在其法规范围内受到影响，但不能要求空气或水的清洁标准高于欧盟的法律规定。欧盟法院没有赋予非政府组织享有清洁用水和卫生用水的权利，并在此基础上指出欧盟法律现行立法规定划定的界限：公民和非政府组织在要求尊重现有的环境保护规定方面拥有相当广泛的权利，他们无权要求制定满足其生活在清洁和体面环境中愿望的规定。因此，要求欧盟加强气候变化措施的申请被驳回，理由是申请人并未受到实质性影响。⑥

第五节　结　语

《欧盟运行条约》第 263 条第 4 款允许个人和环保组织将一项与它们无直接联系的法令诉诸欧盟法院。自 2009 年年底以来，直接关系到其本人但未包含执行措施的规制性法令也适用该条款。从本质上讲，这些规定自 1957 年以来一直

---

① Case C-567/10, *Inter-Environnement Bruxelles*, ECLI：EU：C：2012：159.

② Case C-243/15, *Lesoochranárske Zoskupenie*, ECLI：EU：C：2016：838.

③ Case C-197/18, *Burgenland and Prandl*, ECLI：EU：C：2019：824.

④ Case C-213/03, *Pêcheurs de l´étang de Berre*, ECLI：EU：C：2014：464；case C-529/15, Folk, ECLI：EU：C：2017：417.

⑤ Case C-237/07, *Janecek*, ECLI：EU：C：2008：447.

⑥ Gneral Court, caseT-330/18, *Carvalho a. o. v. EP and Council*, ECLI：EU：T：2019：364. 此案正在上诉中。

未变，尽管在此期间，环境状况和人们认为保护环境的必要性发生了很大变化，但这些并没有反映在随后起草的《欧盟条约》中。

欧盟法院对"直接和个别联系"作了严格解释，结果是近50年来没有一个环保组织向法院提起诉讼，仅有一个质疑欧盟某机构决定的案件被受理。法院认为，个人的健康权和财产权不能在欧盟关于诉诸司法的条款中被修改，并援引了一系列与其他案件判决不一致的更具政治性而非法律性质的但缺乏说服力的限制性解释。

《奥胡斯公约》开创了一个新局面，在此基础上欧盟批准并加入了该公约。根据《欧盟运行条约》第216条第2款的规定，《奥胡斯公约》对欧盟法院和初审法院具有约束力。欧盟法院认为，在涉及各国法律和法院的案件中，法官必须尽一切可能让个人或环保组织能够就环境事项诉诸法院。认为诉诸法院过于困难的法院惯例不符合《奥胡斯公约》和欧盟的效力原则。但目前为止，欧盟法院依旧拒绝对诉诸法院的问题适用相同条款。这意味着，除非欧盟法院放弃限制性司法管辖权，否则欧盟将违反《奥胡斯公约》的相关义务。欧盟法院摆脱困境的途径之一是按照第四节第六部分规定的标准赋予环保组织法律地位。

第五章 亚太地区的环境法与人权

Ben Boer 著　马亮 章坤*译

第一节 引 言

本章①从法律的角度探讨了亚洲及太平洋地区人权与环境之间关系是如何发展的②。本章讨论了环境实体性权利的发展现状，并探讨了各种在区域和国家一级法确认这项权利的途径。本章还讨论人权和环境的程序问题，即公民获得信息的权利、参与对他们造成影响的环境决策的权利以及通过法院和其他机制获得司法保护的问题。对此，本章也思考这样的问题：是否应该在区域范围内适用联合国欧洲经济委员会（UNECE）颁布的《在环境问题上获得信息公众参与决策和诉诸法律的公约》（《奥胡斯公约》）的相关规定。

尽管亚洲地区大多数国家是全球人权公约的成员，但人权立法和政策框架的实际执行情况普遍不理想。③ 尽管有相当完善的环境立法，但环境保护制度的落

---

* 马亮，法学博士，中央司法警官学院讲师；章坤，法学硕士，中央司法警官学院讲师。

① 本章引用了 B. W. Boer 和 A. E. Boyle 所著的文章："Human Rights and the Environment"，这是为第 13 届亚欧非正式会议（ASEM）人权研讨会准备的背景性文件。我非常感谢我的研究助理，悉尼法学院的博士生 Eka Sarjana 先生所做的工作，available at http：//www.asef.org/images/docs/Background%20Paper%20-%20FINAL.pdf（last visited 26 September 2014）.

② 就本章而言，亚太地区包括南亚、东南亚、东北亚和太平洋岛屿地区的国家。由于本章的重点主要是亚洲和太平洋地区的发展中国家，因此没有专门讨论澳大利亚和新西兰。

③ 例如，对于南亚地区合作联盟国家而言，最近有人表示："当今的南亚是严重侵犯人权和公民自由的一个黑点。" G. Basnet，"New Identity for SAARC：Establishing a Regional Human Rights Mechanism"（2013），available at < http：//www.nepaln ews.com/archive/2013/others/guestcolumn/ay/guest_columns_04.php>（last visited 26 September 2014）. 中国政府致力于尊重"人权原则"，并坚持"为促进人权做出了不懈努力"。对中国人民的人权和基本自由的保护：参见外交部副部长王光亚在第 58 届联合国人权委员会（日内瓦）上的发言，available at <http：//www.china-un.org/eng/zghlhg/jjhshsw/rqwt/t29329.htm>（last visited 26 September 2014）.

实情况也是如此，一些国家的环境保护制度的执行水平仍然很低。

然而，对于一些南亚和东南亚国家来说，即便存在着不完善的环境法律框架和政府不重视执行等因素，但这些国家的法院却可以通过运用基本人权，特别是生命权的国家宪法条款来取得重大的环境保护成果。这一章主要审视包括各种环境权利的宪法条款，并简要探讨几个司法管辖区关于人权和环境的法理，以说明这一现象。

在太平洋岛屿地区，各国已承诺建立一个相当令人满意的区域人权框架，但就目前来看，进一步制定具体的区域人权文件只能是一种愿望。① 在环境领域，太平洋地区有几项关于泛区域环境的文件已经颁布，许多国家有相当完善的环境保护和自然资源立法，尽管在某些司法管辖区内执行仍然不到位。②

一、区域合作组织

在亚太地区，各国所属的区域合作机制为讨论和对比环境管理和人权制度的发展提供了充实的基础。这里涉及的每一个亚洲次区域都颁布了某种区域环境计划，但发挥的效果各不相同。

南亚地区合作联盟（南盟）由南亚的 8 个国家组成③，它覆盖阿富汗、不丹、印度、斯里兰卡、尼泊尔、孟加拉国、巴基斯坦和马尔代夫，总部设在加德满都。南盟制定了南亚合作环境计划（SACEP），该计划旨在"促进和支持该地区环境的保护、管理和改善"。④ 环境部长定期举行会议，重点讨论环境、自然

---

① "我们看到太平洋地区因其治理质量而受到尊重……充分遵守民主价值观念并捍卫和促进人权。""Human Rights", available at <http: // www. forumsec. org/pages. cfm/political-governance-security/human-rights/> (last visited 26 September 2014).

② 关于太平洋地区的国家环境法资源，见太平洋地区环境计划秘书处，"National", available at <http: //www. sprep. org/national/legal-national> (last visited 26 September 2014)。5 个司法管辖区的环境法概要，参见 B. Boer (ed.), *Environmental Law in the South Pacific*, IUCN Environmental Policy and Law Paper No. 28 (1996). 参见 B. W. Boer, R. Ramsay, and D. R. Rothwell, *International Environmental Law in the Asia-Pacific* (1998), ch. 13。

③ South Asian Association for Regional Cooperation Website, available at http: //www. saarc-sec. org (last visited 26 September 2014).

④ SACEP, "About Us: An Overview", available at <http: //www. sacep. org/html/about_overview. htm> (last visited 21 November 2014).

灾害和气候变化方面的合作。① 但在南盟区域没有关于环境的区域条约，也没有处理环境事项的专门机构。2012 年，巴基斯坦的帕尔韦兹·哈桑（Parvez Hassan）特别呼吁：建立南亚地区合作联盟（SAARC）关于环境与发展的条约，为成员国设立有约束力性质的责任；建立一个环境委员会或法院，并监督成员履行其责任；以及建立南盟环境秘书处，开展国家间合作。②

东南亚包括东南亚国家联盟（ASEAN）的十个国家：文莱、缅甸、柬埔寨、印度尼西亚、老挝、马来西亚、泰国、菲律宾、新加坡、越南，以及尚未加入东盟的东帝汶。③ 东南亚国家联盟承担着处理范围较广的区域纠纷的责任。同时东南亚国家联盟特别注重环境事项，并拥有完善的环境合作体制框架。东盟环境事项高级官员定期举行会议。④ 目前，该联盟拥有亚洲唯一的环境条约，该份条文名为《保护自然和自然资源的东盟协定》（*Agreement on the Conservation of Nature and Natural Resources*）。不幸的是，虽然这份协定于 1985 年缔结，但尚未能吸引足够数量的国家批准使其生效。⑤ 尽管如此，东盟依然发表了大量的有关环境问题的宣言、宪章和声明。⑥ 东南亚也是亚洲地区唯一拥有人权文书的次级区域，即 2012 年《东盟人权宣言》。⑦

---

① SAARC, Areas of Cooperation, available at <http：//www. saarcsec. org/areaofcooperation/catdetail. php? catid＝50> (last visited 26 September 2014) and South Asia Co-operative Environment Programme website, available at <http：//www. sacep. org/> (last visited 26 September 2014).

② Asian Development Bank, *South Asia Conference on Environmental Justice* (2012) at 11, available at http：//www. adb. org/publications/south-asia-conference-environmental-justice (last visited 26 September 2014).

③ N. L. Aung and T. McLaughlin, "Timor Leste on the ASEAN Waiting List", *Myanmar Times* (7 November 2013), available at <http：//www. mmtimes. com/index. php/national-news/8716-timor-leste-on-t he-asean-Waiting-list. html> (last visited 26 September 2014).

④ The ASEAN Secretariat is based in Jakarta, available at <http：//www. aseansec. org/> (last visited 26 September 2014).

⑤ 为了讨论协议未能生效的原因，参见 K. L. Koh, "Asian Environmental Protection in Natural Resources and Sustainable Development：Convergence versus Divergence?", 4 *Macquarie Journal of International and Compara-tive Environmental Law* (2007) 43。

⑥ 对于各种、声明和文书的收集，参见 K. L. Koh, *ASEAN Environmental Law, Policy and Governance：Selected Documents*, Vols. 2 (2013).

⑦ ASEAN Human Rights Declaration (19 November 2012), available at <http：//www. asean. org/news/asean-statement-communiques/item/asean-human-rights-declaration (last visited 26 September 2014).

东北亚包括中国、日本、蒙古、朝鲜、韩国和俄罗斯。与其他次级区域相比，该地区不存在统一的区域政治组织。然而，东北亚次区域环境合作计划（NEASPEC）是在联合国亚洲及太平洋经济社会委员会东亚和东北亚次区域办事处的主持下设立的，该办事处是该次区域环境合作计划的秘书处。东北亚次区域环境合作计划的高级官员小组每年开会一次，被视为东北亚次区域环境合作计划的管理机构。与其他次区域方的合作计划相比，东北亚次区域环境合作计划的经济合作计划的强度较低，但最近在整个区域却显示出较大的合作活动迹象。①

太平洋岛屿地区由几个区域组织提供服务。太平洋共同体秘书处（SPC）②成立于1947年，由22个太平洋岛国或附属国以及澳大利亚、法国、新西兰和美国4个创始国组成。各岛屿的司法管辖区包括：美属萨摩亚、库克群岛、密克罗尼西亚联邦、斐济、法属波利尼西亚、关岛、基里巴斯、马绍尔群岛、瑙鲁、新喀里多尼亚、纽埃、北马里亚纳群岛、帕劳、巴布亚新几内亚、皮特·凯恩群岛、萨摩亚、所罗门群岛、托克劳、汤加、图瓦卢、瓦努阿图、瓦利斯群岛和富图纳群岛。③太平洋共同体秘书处主要处理广泛的区域问题，包括人权、公共卫生、地球科学、农业、林业、水资源、灾害管理、渔业、教育统计数据、交通、能源、性别、青年和文化，以协助太平洋岛屿人民实现可持续发展。④该地区积极参与关于人权的讨论，特别是关于小岛屿发展中国家气候变化的讨论。⑤

太平洋区域环境规划署秘书处（SPREP）⑥是太平洋共同体的伙伴机构之

① North-East Asian Subregional Programme for Environmental Cooperation（NEASPEC），Senior Officials Meeting（SOM），available at ＜http：//www. neaspec. org/institutional-framework-and-financial-mechanism-0＞（last visited 26 September 2014），and generally NEASPEC website，at＜http：//www. neaspec. org/＞（last visited 26 September 2014）.

② 它在1997年从南太平洋委员会改名，以象征该组织的全体成员。

③ Secretariat of the Pacific Community，"Members of the Pacific Community"，available at ＜http：//www. spc. int/en/about-spc/members. html＞（last visited 26 September 2014）.

④ Secretariat of the South Pacific Community，available at http：//www. spc. int/（last visited 20 January 2015）.

⑤ Pacific Islands Forum Secretariat and the Secretariat of the Pacific Communities，"Human Rights and Goverance：Role of Human Rights and Governance in Addressing SIDS Vulnerabilities Including Climate Change"（19 April 2013），available at ＜http：//www. forumsec. org/r sources/uploads/attachments/documents/19-% 20Huma% 20Righ s% 20and% 20Governance% 20Brief% 20SDWG%2019April%202013%20FINAL. docx＞（last visited 26 September 2014）.

⑥ 它最初被称为"南太平洋地区环境计划"，在2004年根据太平洋共同体秘书处的决定更改了名称，以认可整个太平洋地区的会员资格。

一，享有同等的成员资格。太平洋地区环境规划关注的重点是"区域环境的保护和可持续发展"。① 在亚洲-太平洋的所有区域环境计划中，太平洋区域环境规划署是最积极的，保护范围最广、包含海洋和气候变化计划的机制并颁布若干有约束力的环境条约。使南太平洋环境规划署具有法律地位的协定于 1982 年开始启动，于 1993 年完成，并于 1995 年生效。②

二、可持续发展和人权

和其他区域一样，在可持续发展作为基本原则和理念的大背景下，亚太地区区域人权和环境相互融合的做法应该作出如下解读，即在保护环境和发展经济之间取得平衡。不幸的是，可持续发展的实际落实仍存在着问题。1972 年《斯德哥尔摩人类环境宣言》(*The Stockholm Declaration on the Human Environment*) 在序言中说："人类环境的两个方面，即天然的和人为的两个方面，对于人类的福祉和对于享受基本人权，甚至生存权本身，都是必不可少的。"③ 该文件确立的第 1 条原则规定，"人类享有自由、平等和适当生活条件的基本权利，在一种允许有尊严和福祉的生活的质量环境中……"此外，《里约宣言》(*Rio Declaration*) 的第一条原则指出，"人类处于可持续发展关注的中心"，并且"……享有与大自然协调一致从事健康的、创造财富的生活"。④ 但是，在亚太地区，如同在其他地方一样，仍然存在着巨大的贫富差距。⑤ 因此，在考虑履行可持续发展时，要在经济发展、社会文化发展和环境保护这三大支柱之间实现任何一种平衡都越来

---

① SPREP, "About Us", available at <http：//www. sprep. org/about-us> (last visited 26 September 2014).

② SPREP, "Legal Agreement Establishing SPREP" (1993), available at <http：//www. sprep. or g/attachments/Legal/AgreementEstablishingSPREP _ 000. pdf> (last visited 26 September 2014).

③ Declaration of the United Nations Conference on the Human Environment (Stockholm, 16 June 1972), (1972) 11 ILM 4116 (hereinafter "Stockholm Declaration").

④ Rio Declaration on Environment and Development (13 June 1992), 31 *ILM* 874.

⑤ 尽管联合国开发计划署 (UNDP) 表示，已经实现了 1990 年至 2010 年将极端贫困人口减半的千年发展目标，但它指出，仍有 12 亿人生活在极端贫困中。UNDP, "Eradicate Extreme Poverty and Hunger：Where do We Stand?", available at <http：//www. undp. org/content/undp/en/home/mdgoverview/mdggoals/mdg1/> (last visited 26 September 2014).

越困难。①

不过，自1992年里约热内卢环境与发展大会召开之后，几乎所有的亚洲和太平洋岛国都参加了有关可持续发展的主要会议，并在一定程度上继续参与关于实现千年发展目标（MDGs）的辩论，这些与保障因防止环境退化而产生的人权之间存在着明显的联系。在当前背景下，这些目标中最重要的是第七项目标，即"确保环境的可持续性"。②

三、千年发展目标和人权

2007年《东盟宪章》在序言中明确将促进可持续发展作为东盟的宗旨之一，"以确保该地区环境的保护、自然资源的可持续性、保护文化遗产和人民高质量的生活"③。此外，2007年，东盟发表了一项关于环境可持续性的宣言，④ 承诺东盟共同体实现"联合国千年发展目标（MDGs），特别是在可持续发展的背景下确保环境可持续性"。

在亚太地区，千年发展目标的一些重要内容尚未得到实现；这些因素包括气候变化的影响和环境压力。⑤ 尽管如此，2012年《东盟环境合作曼谷决议》重

---

① 在评论可持续发展的概念及其三个"支撑点"时，Robinson认为：经济议程支配决策，是一个重要的支撑点……与经济发展支柱相比，社会部门发挥较少的作用。第三个支撑点发挥作用最少；生态方面被简化为"环境保护"的功利性目标。用于环境保护的资源不足……这些不平等的支柱无法支撑起水平屋顶。N. A. Robinson, "Reflecting on Rio: Environmental Law in the Coming Decades", in J. Benidickson, B. W. Boer, A. H Benjamin, and K. Morrow (eds.), *Environmental Law and Sustainability after Rio* (2011) 9, at 14-15.

② United Nations, Millennium Development Goals, available at < http: //www. un. org/ millenniumgoals/> (last visited 26 September 2014).

③ Section 2. B (2).

④ ASEAN Declaration on Environmental Sustainability, available at <http: //www. asean. org/ news/item/as e an-declaration-on-environmental-sustainability> (last visited 26 September 2014).

⑤ 亚太地区在实现千年发展目标方面，特别是在减少收入贫困方面取得了相当大的成就。然而，该地区在饥饿、保健和卫生等重要领域偏离了轨道，甚至在取得了惊人成就的收入贫困等领域，仍存在巨大差距。世界上近2/3的穷人仍然生活在这个地区。因此，即使在2015年之后，也会有一个重要的"未完成的议程"。该地区还面临许多持续不断的新威胁，包括日益加剧的不平等、性别歧视和暴力、人口结构变化和无计划的城市化，以及气候变化和环境压力，如污染和水资源短缺。UN Economic and Social Commission for Asia and the Pacific (ESCAP), *Asia-Pacific Aspirations: Perspectives for a Post-*2015 *Development Agenda* (2013), available at < http: //www. adb. org/sites/default/files/pub/2013/asia-pacific-regional-mdgs-report. pdf> (last visited 26 September 2014).

申了东盟成员国对千年发展目标的承诺。① 为在 2015 年后取代千年发展目标而制定的可持续发展目标继续是亚太地区讨论的主题。②

在太平洋区域，对人权对可持续发展的中心地位的认识体现在以下发言中：

> 所有的权利都是人类的基础——健康权和言论自由权一样至关重要，而生计权与行动自由有着不可分割的联系。这些是发展权利的基础。如果不支持所有的人权，那么社区和成员国实现可持续发展目标的前景仍将是渺茫的。
>
> 所有人权之间的相互依存是无可争辩的。政治权利和公民权利如果不尊重经济、社会及文化权利，就不能得到发展，反之亦然。经济和社会正义最好能在独立司法机构支持的政治稳定气氛中实现。此外，一个尊重法治的环境将吸引更多的经济投资。③

四、可持续发展目标和人权

里约+20 可持续发展会议的一个重要方面是确立了制定全球可持续发展目标（SDGs）的进程。它旨在成为一个"向所有利益相关方开放的包容和透明的政府间进程，以制定大会同意的全球可持续发展目标"。④ 可持续发展目标旨在通过消除贫困和加强环保反思的总体框架，解决可持续发展的经济、社会和环境方面

---

① 《曼谷决议》要求各方"继续努力建立平衡的经济增长，加强东盟对实现千年发展目标（MDGs）的承诺，加快落实联合国可持续发展大会的成果。Bangkok Resolution on ASEAN Environmental Cooperation (26 September 2012), available at <http://environment. asean. org/wp-con tent/uploads/2012/12/ADOPTED-Bangkok _ Resolution _ 12AMME-26Sep. pdf > (last visited 26 September 2014).

② 例如，亚太经委员会正在支持一系列对话。United Nations Sustainable Development Knowledge Platform, "Sustainable Development Goals", available at <http://sustainabledevelopment. un. org/index. php? menu = 130 0> (last visited 26 September 2014). 另见国际可持续发展报告服务研究所，Asia-Pacific Coverage, "Pacific SIDS Recommend Oceans SDG" (4 February 2014), available at <http://asiapacificsd. iisd. org/news/pacific-sids-recommend-oceans-sdg/> (last visited 26 September 2014); International Institute for Sustainable Development Reporting Services, Asia-Pacific Coverage, "Human Rights & Indigenous Peoples" (2014), available at < http://asiapacificsd. iisd. org/category/issues/human-rights-indigenous-peoples/> (last visited 26 September 2014).

③ Pacific Islands Forum Secretariat.

④ United Nations Sustainable Development Knowledge Platform.

的问题。原则上，它们应对联合国千年发展目标的挑战，并在此经验的基础上为"绿色经济"奠定基础。①

重要的是，联合国人权和环境专家的任务是"安全、清洁、健康和可持续的环境"。② 就东盟而言，2012 年的《东盟人权宣言》在第 36 条中包含了"环境的保护和可持续性"的条款，在第 28 条第（f）款中包含了"享有安全、清洁和可持续环境的权利"的条款，如 3A 节所述。可持续发展目标的具体内容尚不明确，③ 且可持续发展原则④仍在讨论中。⑤ 然而，人们强烈要求以人权的方式来实现可持续发展目标。⑥

---

① Rio+20 Outcome Document，"The Future We Want"，UN Doc. A/CONF. 216/L. 1（19 June2012），available at <http：//www. uncsd2012. org/content/documents/774futurewewant_english. pdf>（last visited 23 November 2014）.

② United Nations Human Rights（UN HR）Council，"Human Rights and the Environment"，UN Doc. A/HRC/19/L. 8/Rev. 1（20 March 2012）（emphasis added）.

③ 可持续发展目标开放工作组提案提出了 17 个目标；关于人权，参照里约热内卢成果文件，建议……重申自由、和平与安全、尊重所有人权，包括发展权和适足生活水平权，包括获得食物和水的权利、法治、善政、性别平等的重要性，赋予妇女权力以及对促进发展的公正和民主社会的全面承诺。会议还重申《世界人权宣言》以及其他有关人权和国际法的国际文书的重要性。Sustainable Development，"Open Working Group Proposal for Sustainable Development Goals"，at Introduction，para. 7，available at <http：//sustainabledevel opment. un. org /sdgsproposal. html>（last visited 23 November 2014）.

④ 虽然有些人坚持认为这是一个概念，但 Weeramantry 反对本案中大多数法官的意见，并令人信服地提出，可持续发展是国际法的一项原则。参见 *Case Concerning the Gabčíkovo-Nagymaros Project*（*Hungary/Slovakia*），（1997）ICJ Rep 7，at 92（sep. op. Vice-President Weeramantry）.

⑤ Bosselmann uses the more desirable term "sustainability" rather than "sustainable development"，参见 K. Bosselmann，*The Principle of Sustainability：Transforming Law and Governance*（2008）.

⑥ 其中规定，新的框架必须促进健康的环境"作为国际保障人权的基本决定因素"。在东盟区域，东盟政府间人权委员会（AICHR）已经就"2015 年后千年发展目标与人权"这一主题举办了几次大型研讨会。High Commissioner for Human Rights，"Human Rights and the Post-2015 Agenda"，Letter to all Permanent Missions of the United Nations（6 June 2013），available at <http：//www. awid. org/content/dow nloa d/180256/1958758/file/HC_open_letter_on_HRs_and_post-2015. pdf>（last visited 26 September 2014）；AICHR，"The AICHR Follow-Up Workshop on Post Millennium Development Goals 2015 and Human Rights"（22 October 2014），available at <http：//aichr. org/press-release/press-release-the-aichr-follow-up-workshop-on-post-millennium-development-goals-2015-and-human-rights/>（last visited 23 November 2014）.

第二节 亚太地区的人权组织

世界每个区域都产生了各种各样的人权组织。这些机构分为政府间、政府和非政府机构。其他地区的著名政府间机构包括欧洲人权法院、非洲人权和人民权利委员会以及美洲人权委员会。本节讨论了在亚太地区专注于人权的各种组织和行动者，并探讨他们对环境问题的关注程度。

一、巴黎原则（The Paris Principles）

在评估各国人权文书和机构的效力时，应注意所谓的"巴黎原则"。[①] 这些准则是 1991 年在巴黎举行的联合国会议上产生的，"它汇集了来自世界各地的国家人权机构的代表来定义所有新的或现有机构应该拥有的核心属性"。[②]

这些原则包括六项主要标准：（1）以普遍人权为基础的明确定义并广泛地运用；（2）自治；（3）法律和宪法保障的独立性；（4）多元化，组成成员必须包括能够反映社会各界意见的成员；（5）充足的资源；（6）充分的调查权力。

巴黎原则的意义重大，因为它规定了在获得国家人权机构（NHRIs）的认可之前所有国家人权机构必须达到的标准。[③] 虽然承认各国有权根据自身的结构和需要建立本国的国家人权机构，但该原则要求，尽管国家人权机构主要在国家一级开展工作，他们还必须"与联合国和系统内的任何其他组织、区域机构和其他国家在保护和促进人权领域有能力的国家机构合作"[④]。在做如此规定时，它们鼓励在国内实践中适用国际人权标准。随着亚太地区各类国家人权机构的增多，巴黎原则的重要性将日益增强。

---

① UN GA Res. 48/134, "National Institutions for the Promotion and Protection of Human Rights, Annex, Principles Relating to the Status of National Institutions" (20 December 1993), available at <http://www.un.org/d ocuments/ga/res/48/a48r134. htm> (last visited 26 September 2014) (hereinafter "Paris Principles").

② Asia Pacific Forum, "Paris Principles", available at <http://www.asiapacificforum. net/mem bers/international-standards> (last visited 26 September 2014).

③ Office of the High Commissioner for Human Rights, "OHCHR and NHRIs", available at <http://www.ohchr. org/en/countries/nhri/pages/nhrimain. aspx> (last visited 26 September 2014).

④ The Paris Principles, Principle 3 (e).

二、政府间机构

1. 亚太国家人权机构论坛

亚太国家人权机构论坛是一个政府间机构，迄今有 15 个正式成员和 6 个准成员。① 论坛是一个支持在亚太地区建立和加强国际协调委员会的区域组织。② 建立亚太论坛的主要目的是支持所有成员国遵守巴黎原则中关于国家人权机构地位的相关规定。这些成员国是由遵守巴黎原则的国家组成的。

2007 年亚太论坛的一份题为"人权与环境"（Human Rights and the Environment）的报告提出了一个重要建议，即国家人权机构"倡导通过并履行一项特定权利，以获得有利于实现基本人权的环境"。③ 委员会指出，这项权利应包括以下内容：一是确立国家以及个人、社区和"非国家行为者"为责任主体，例如跨国企业就有责任保护环境并弥补对环境的损害；二是包括一系列程序性权利，例如获得信息的权利、参与决策的权利以及在环境退化造成损害时寻求补救的权利；三是为因环境而流离失所或受影响的人提供保护④。

这些问题将在本章后面的章节中以不同的方式加以讨论。

2. 东盟政府间人权委员会

---

① Current full members are Afghanistan, Australia, India, Indonesia, Jordan, Korea, Malaysia, Mongolia, Nepal, New Zealand, Palestine, The Philippines, Thailand, Timor Leste, and Qatar. Associate members are Bangladesh, Maldives, Maldives, Oman, Samoa, and Sri Lanka. 参见 Asia Pacific Forum, "Members", available at <http://www.asiapacificforum.net/members> (last visited 26 September 2014); *Asia Pacific Forum*, *Annual Report* 1 *July* 2011-30 *June* 2012, available at <www.ausaid.gov.au/aidissues/humanrights/docume nts/asia-pacific-forum-annualreport-2011-12.pdf> (last visited 26 September 2014).

② C. M. Evans, "Human Rights Commissions and Religious Conflict in the Asia-Pacific Region", 53 *ICLQ* (2004) 713.

③ Asia Pacific Forum, Human Rights and the Environment: Final Report and Recommendations (2007), available at <http://www.asiapacificforum.net/support/issues/acj/references/right-to-environment> (last visited 26 September 2014).

④ 这种环境权利的确切定义将在联合国人权理事会中进一步讨论。"Report of the Independent Expert on the Issue of Human Rights Obligations Relating to the Enjoyment of a Safe, Clean, Healthy and Sustainable Environment, John H. Knox", UN Doc. A/HRC/22/43 (24 December 2012), available at <http://www.ohchr.org/Documents/HRBodies/HRCouncil/Regular Session/Session22/A-HRC-22-43_en.pdf> (last visited 26 September 2014) (hereinafter "UN HR Council Report").

设立东盟政府间人权委员会（Intergovernmental Commission on Human Rights）是处理亚太地区一般人权问题的重要一步。成立该委员会的基本背景是对 2007 年《东盟宪章》的理解，该宪章于 2008 年生效。① 在此之前，没有一个章程性文件为东盟提供法律基础。《东盟宪章》包括明确接受该地区的法治，并提到人权概念的作用。然而，下文将会指出《东盟宪章》存在重大缺陷的问题，可能会削弱政府间人权委员会的效力，特别是削弱了 2012 年《东盟人权宣言》的执行效果，这恰恰是委员会迄今的主要任务。不过重要的是在《东盟宪章》第 1 条和第 2 条载有关于人权、法治和可持续发展的重要声明，它们以各种方式将人权与环境联系起来。

《东盟宪章》第一条规定，东盟的宗旨是：

> 7. 加强民主，加强善治和法治，促进和保护人权和基本自由，并适当顾及东盟成员国的权利和责任……
>
> 9. 促进可持续发展，以确保该地区的环境得到保护，自然资源得到可持续发展，文化遗产得到保护，人民过上高质量的生活。

更广泛地说，《东盟宪章》可以被视为该地区法律变迁背景下的游戏规则改变者。它不仅支持东盟拥有永久的法律人格，从而为东盟的决策提供坚实的法律和制度基础，同时它对东盟成员国作出保障民主原则、法治、善治、尊重、保护人权和基本自由的承诺。它还决心确保造福今世后代的可持续发展，并将东盟人民的福祉、生计和福利置于东盟共同体建设进程的核心位置。它规定成员国应采取一切必要措施，包括颁布适当的国内法律，以有效执行《东盟宪章》的规定，并遵守成员国的一切义务。但是，在审议《东盟宪章》条款的执行问题时，可以看到它同东盟以前的一些宣言和声明一样具有同样的缺陷，② 即缺乏执行的法律

① Charter of the Association of Southeast Nations（January 2008），available at <http：//www. asean. org/archive/publications/ASEAN-Charter. pdf >（last visited 26 September 2014）（hereinafter "ASEAN Charter"）；B. Boer，"Environmental Law in Southeast Asia"，in P. Hirsch（ed.），*Routledge Handbook on the Southeast Asian Environment*（forthcoming 2015）.

② E. g.，the ASEAN Declaration on Sustainability（20 November 2007），available at <http：//www. asean. org/news/item/asean-declaration-on-environmental-sustainability >（last visited 26 September 2014）.

和政治机制。这一点在《东盟宪章》第 20 条中得到了体现，该条规定"作为一项基本原则，决策应以协商和共识为基础"，如果无法实现这一点，"东盟首脑会议可决定如何作出具体决定"。

关于环境事项，《东盟宪章》列出了由"社会文化共同体"（Socio-Cultural Community）主办的东盟环境部长会议（AMME）和东盟环境高级官员会议（ASOEN）。目前已经成立了一系列有关环境事务的工作小组，包括自然保育、生物多样性、海洋及沿海环境、多边环境协定、环境可持续发展的城市、水资源管理、灾害管理和雾霾技术专责小组。

《东盟宪章》代表了该地区跨界和国家环境管理方面的一些有力措施。但是，由于缺乏强制性的措辞以及在执行方面比较薄弱的规定等因素，这意味着《东盟宪章》作为区域一级制定更强有力和更一致的环境法律规章以及国家一级制定更健全的环境法律制度的基础的潜力仍然难以实现。由于这些弱点，短期内不可能指望整个东盟区域都大力支持承认人权的环境方面。[1]

现在具体谈谈东盟政府间委员会。2007 年《东盟宪章》第 14 条规定："根据《东盟宪章》关于促进和保护人权和基本自由的宗旨和原则，东盟将成立一个东盟人权机构。"该委员会于 2009 年正式成立，2009 年东盟外长会议通过了详细的职权范围，任命了 10 个成员国，每个东盟国家都各有一个职位。

委员会职权范围内所载的宗旨和原则一般符合国际上普遍认同的人权内涵。但是，某些因素可能会限制这些权利得到充分地执行。特别是东盟人权委员会授权中的第 1.4 条的目的包括"考虑到国家和区域的特殊性，相互尊重不同的历史、文化和宗教，并考虑到权利和责任之间的平衡的背景下，在区域范围内促进人权"。同时，其宗旨还包括："维护《世界人权宣言》《维也纳宣言和行动纲领》以及东盟成员国作为缔约方的国际人权文书所规定的国际人权标准。"因此，该宣言对人权的促进是否符合第 1.4 条的规定，是否会削弱这些国际标准的问题仍有待观察。

---

[1]　在《东盟宪章》成立五年之后对其进行简短的评论的文献可见 R. A. Brata, "Reviewing the ASEAN Charter", The Jakarta Post（7 March 2013），available at < http: // m. thejakartapost. com/ news/2013/03/07/reviewing-asean-charter. html > （last visited 26 September 2014）.

委员会的任务（概括地说）：

制定促进和保护人权和基本自由的战略；

制定一项东盟人权宣言，以期通过东盟各项公约和其他有关人权的文书建立一个人权合作框架；

提高东盟各国人民的人权意识；

促进能力建设，以有效履行东盟成员国承担的国际人权条约义务；

鼓励东盟成员国考虑加入和批准国际人权文书；

促进全面执行东盟有关人权的文书。

但是，应当指出的是，委员会没有获得任何具体的执行职权或强制执行权力。第 3 条规定委员会的职权范围："东盟政府间人权委员会（AICHR）是一个政府间机构，也是东盟组织结构的组成部分。它是一个协商机构。"① 因此，关于职权范围的第 6 条规定，决策应"根据《东盟宪章》第 20 条"，决策应基于协商和共识，这是一项基本原则。在人权维度，东盟在人权领域采取谨慎循序渐进的做法与其处理其他许多被视为区域敏感问题的方式是一致的，但需要注意的是，根据规定委员会职权范围第 6 条的表述，该宣言将在五年后进行审查，"以进一步加强东盟内部对人权的促进和保护"。②

虽然东盟政府间人权委员会的任务和职能包括"全面执行东盟有关人权的文

---

① ASEAN Intergovernmental Commission on Human Rights，"Terms of Reference"（October 2009）， available at ＜ http：//www. asean. org/images/archive/publications/TOR-of-AICHR. pdf ＞（lastvisited 26 September 2014）（hereinafter "Terms of Reference"）.

② 委员会的行为受到了一些批评。Asian Forum for Human Rights and Development，"Still Window-Dressing：A Performance Report on the Third Year of the ASEAN Intergovernmental Commission on Human Rights（AICHR）2011-2012"， available at ＜http：//www. forum-asia. org/？p＝16296＞（last visited 26 September 2014）. "Civil Society Organisations Demand Meaningful Engagement with ASEAN Human Rights Bodies"，Statement issued by the 6th Regional Consultation on ASEAN and Human Rights，Jakarta（1-2October 2013）， available at ＜http：//www. forum-asia. org/？p＝16425＞（last visited 26 September 2014）. 2014 年委员会职权范围审查也将在五年审查中受到具体审查。Asian Forum for Human Rights and Development，Four Years On and Still Treading Water：A Report on the Performance of the ASEAN Human Rights Mechanism in 2013（November 2014）， available at ＜http：//www. forum-asia. org/uploads/publications/2014/November/@ s-Isi%20Forum%20Asia%20Revisi. pdf＞（last visited 23 November 2014）.

书"，但该委员会的做法目前仍停留在提供咨询、鼓励进行谈判、进行协商、举办培训讲习班，并根据其职权范围的"协商"宗旨，就促进和保护该地区的人权制定共同的方法。

3. 太平洋人权委员会

关于太平洋岛屿地区，太平洋共同体秘书处已开始讨论建立一个常设区域人权委员会。2010 年，秘书处指出这一机构：

> ……将是确保持续支持促进该地区人权和发展标准的可持续方式，并将支持实现《太平洋计划》的所有 15 项战略目标以及千年发展目标。人权公约为发展目标制定了标准，确保妇女、儿童和残疾人等特殊利益群体被纳入发展规划。鉴于该地区缺乏财政和人力资源，在国家人权机制缺失的情况下，区域人权机制将补充服务，并为该地区正在出现的服务提供支持。[1]

秘书处还注意到，该地区是世界上九项核心国际人权条约批准率最低的区域。它认为，建立人权机制将有助于太平洋岛屿国家和区域批准公约并就公约的执行情况提出建议并提供培训，促进和支持国家人权机制的发展。该声明设想了一个类似于建立东盟政府间人权委员会的进程，在职权范围的指导下，与东盟机构类似，负责起草太平洋岛屿地区具有区域约束力的法律宪章。[2] 该声明最后说：

> 拟议的太平洋地区人权委员会的模式是基于对该地区现有财政和人力能力的现实评估。它考虑该地区现有的专门知识以及该地区继续为其他人权方案争取资金支助的能力。该模式也承认小国在建立独立的国家人权机构方面

---

[1] Secretariat of the Pacific Community, "Towards a Regional Human Rights Mechanism" (2010), available at < http：// www. spc. int/ en/ publications/ doc _ download/ 377-crga-40-paper-36-towards-a-regional-human-rights-mechanism. html > . The Pacific Plan for Strengthening Regional Cooperation and Integration was developed by the Pacific Islands Forum Secretariat in 2007, <http：// www. forumsec. org/ resources/ uploads/ attachments/ documents/ Pacific _ Plan _ Nov _ 2007-version1. pdf> (last visited 26 September 2014).

[2] Towards a Regional Human Rights Mechanism.

的局限性。区域人权委员会是协助太平洋岛屿国家和区域履行其人权义务，包括《太平洋计划》和千年发展目标所载的人权发展目标。①

三、非政府机构

非政府机构在促进执行国际人权机制和制度方面也发挥着重要作用。正如布赖恩·伯德金（Brian Burdekin）所指出的："任何区域或次区域人权机制要想有效和可信，还必须制定与国家机构和民间社会合作的工作机制。"②

国际非政府机构一直与联合国下属的国际人权机构和其他机构密切合作，以鼓励、监督和引导世界各地的人权保护进程。例如，人权观察组织于 1978 年成立欧洲和中亚分部。③ 其《2013 年世界报告》（2013 World Report）列举了一系列影响世界各国的环境和人权问题。它认为：

> 不幸的是，在实践中各国政府和国际机构往往不充分地从人权角度来分析环境事项，或在法律或制度中共同解决这些问题。但它们应该这样做，而且它们理应如此，而不必担心这样做会损害实现可持续性和环境保护的努力。事实上，人权观点不但没有破坏这些重要目标，反而突出了一项重要的补充原则，即各国政府必须对其行动负责。它还为那些受环境恶化影响的人提供了发声的路径，以便他们能有空间表达自己的意见，有意义地参与公众对环境事项的辩论，并在必要时利用独立的法庭来行使问责权和得到补偿。④

---

①　*Towards a Regional Human Rights Mechanism.*

②　B. Burdekin, "Keynote Speech", in *National and Regional Human Rights Mechanisms*, Proceedings of the 11th Informal ASEM Seminar on Human Rights（2011）18, at 22, available at <http：//www. asef. org/images/stories/publications/documents/Proceedings% 20-11-Human _ Rights. pdf>（last visited 26 September 2014）.

③　Human Rights Watch Website, available at < http：//www. hrw. org >（last visited 26 September 2014）.

④　J. Kippenberg and J. Cohen, "Lives in the Balance：The Human Cost of Environmental Neglect", in Human Rights Watch, *World Report*（2013）41, available at <https：//www. hrw. org/sites/default/files/wr2013_web. pdf>（last visited 26 September 2014）.

还有许多非政府机构，它们主要关注环境事项，也认识到人权问题与它们的许多担忧具有紧密联系。例如，国际自然保护联盟（IUCN）定期在其四年一次的世界保护大会决议和建议中纳入人权问题，特别是关于水权的可持续发展问题，以及土著居民和地方社区的权利等涉及与自然保护有关的广泛问题。①

亚洲人权与发展论坛（Asian Forum for Human Rights and Development，AFHRD）是一个重要的非政府人权机构。这个机构由几个亚洲国家独立的国家人权组织组成。它设立的宗旨是为了就亚洲保护人权方面的发展和进展信息和情况进行交流②。虽然它没有一个明确的人权和环境简介，但它涉及范围广泛的发展事项，这其中涉及环境利用的项目同样会引起人权纠纷。③

此外，1986年成立的亚洲人权委员会（Asian Human Rights Commission）是一个独立的非政府机构，其关注重点是公民权利、政治权利、经济权利、社会权利和文化权利。该委员会处理一系列将环境和人权事业联系起来的问题。④ 委员会认识到：

> 许多亚洲国家的宪法都保障人权，并且许多亚洲国家还批准了有关人权的国际文书。然而，在这些文件所载的权利和剥夺人民权利的悲惨现实之间仍然存在着巨大的差距。亚洲国家必须采取紧急行动，落实其公民和居民的

---

① E. g. the three resolutions adopted by the World Conservation Congress at its session in Jeju, Republic of Korea, 6-15 September 2012: "The Human Right to Water and Sanitation" (WCC-2012-Res-098-EN), "IUCN Policy on Conservation and Human Rights for Sustainable Development" (WCC-2012-Res-099-EN), and "Implementation of the United Nations Declaration on the Rights of Indigenous Peoples" (WCC-2012-Res-097-EN), available at <http: //www. iucn. org/about/work/programmes/global_policy/gpu_resources/gpu_res_recs/> (last visited 26 September 2014). T. Greiber *et al.*, "Conservation with Justice: A Rights-based Approach", IUCN Environmental Policy and Law Paper No. 71 (2009), available at <https: //portals. iucn. org/library/efiles/documents/eplp-071. pdf> (last visited 26 September 2014).

② Asia Forum for Human Rights and Development website, available at <http: //www. forum-asia. org> (last visited 26 September 2014).

③ Asian Centre for Human Rights website, available at < http: //www. achrweb. org/index. htm> (last visited 26 September 2014).

④ Asian Human Rights Commission website, available at <http: //www. humanrights. asia/about> (last visited 26 September 2014).

人权。①

第六节将会讨论亚洲法院通过利用宪法的人权保障机制实现环境成果的诉讼。

第三节 区域人权文书

一、《东盟人权宣言》

2012 年，东盟 10 国元首通过了《东盟人权宣言》，② 它被视为这些国家公民人权保护发展的里程碑。虽然没有法律约束力，但它肯定了所有国际公认的人权，③ 并声称保证在国家一级法律层面执行可强制执行的补救措施。它列出了 1948 年《世界人权宣言》和 1966 年的《经济、社会及文化权利国际公约》和《公民权利和政治权利国际公约》的相关权利内容。④

特别是在环境方面，第 28 条提到了欧洲、非洲和拉丁美洲等其他地区承认的许多权利，认为这些权利是利用人权实现更广泛的环境成果的基础。它写道：

人人有权享受为维持本人及家属的健康和福利所需的生活水准，其中包括：a. 享有充足和负担得起的食物、免于饥饿以及获得安全和有营养的粮食；b. 衣着权利；c. 享有适当和负担得起的住房的权利；d. 获得医疗和必要社会服务的权利；e. 安全饮水和卫生设施的权利；f. 享有安全、清洁和可持续环境的权利。

---

① Asian Centre for Human Rights website, available at < http://www.achrweb.org/index. htm> (last visited 26 September 2014).

② ASEAN Human Rights Declaration.

③ 序言部分（同上）指出：重申……我们对《世界人权宣言》《联合国宪章》《维也纳宣言和行动纲领》以及东盟成员国为缔约方的其他国际人权文书的承诺。

④ UNGA Res. 217A (III), Universal Declaration of Human Rights (10 December 1948); UNGA Res. 2200A (XXI), International Covenant on Economic, Social and Cultural Rights (16 December 1966); UNGA Res. 2200A (XXI), International Covenant on Civil and Political Rights (16 December 1966).

第28条a、c、d和e款直接涉及环境条件；第28条第（f）款记录的具体环境权利可以与联合国人权和环境事项独立专家约翰·诺克斯（John Knox）在其关于"享有安全、清洁、健康和可持续环境"的权利的报告中的提法相比较。①第28条第（f）款还应结合《东盟人权宣言》第35、36和37条来阅读，这些条款着重于发展权利，并纳入《千年发展目标宣言》的部分内容：

　　35. 发展权是一项不可剥夺的人权，根据这项权利，每个人以及东盟各国人民都有权平等和持续地参与、促进、享受和受益于经济、社会、文化和政治发展。应实现发展权利，以便公平地满足今世后代在发展和环境方面的需要。虽然发展促进了所有的人权的享有并为其所需，但不能以缺乏发展为由为侵犯国际公认的人权进行辩护。

　　36. 东盟成员国应采取有意义的以人为本的且促进性别平等的发展方案，旨在减轻贫困，创造条件，包括实现对环境的保护和可持续性发展，以使东盟各国人民能够公平地享受本宣言所承认的所有人权，并逐步缩小东盟内部的发展差距。

　　37. 东盟成员国认识到，落实发展权需要在国家层面制定有效的发展政策以及公平的经济关系、国际合作和有利的国际经济环境。东盟成员国应将发展权的多维方面纳入东盟共同体建设的相关领域及其他相关领域的主流，并与国际社会展开合作，促进公平和可持续的发展、公平贸易做法以及有效的国际合作。（重点补充）

可以预期，这些条款的有力语言将给人们带来一些希望，即具体的权利，包括与环境有关的权利，不仅可能得到承认，而且可能得到实施和执行。但是由于该宣言无法律约束力的特性，也就没有任何具体的执行规定。第39条仅指出，"促进和保护人权及基本自由"将"根据《东盟宪章》相互之间以及与有关国家、区域和国际机构/组织合作来实现"。

东盟的国家法院有可能根据该宣言第5条的规定受理诉讼，该条规定："对于违反宪法或法律赋予的权利行为，人人有权获得由法院或其他主管当局确定的

---

① UN HR Council Report.

有效和可执行的补救措施。"① 第 35 条最后一句中的 "不发展不能作为侵犯国际公认人权的理由" 这句话也可能被用来保护公民的环境权利，但是还有待检验。南亚② 及欧洲法院③ 的人权判例的发展当然可以被视为先例。在这些法院中，各种基本人权已被用作采取法律行动以实现环境成果的基础。但是，不太可能在该宣言履行的发展阶段提起诉讼。

尽管有人对该宣言中所载条款的有效性存在批评，但它的通过显然是东南亚国家开始处理公民的政治、社会、经济和文化权利以及在该地区民主的深度发展方面迈出了积极一步。尽管该宣言没有法律约束力，正如戈伯（Gerber）所指出的，它确实具有道德上的分量，就像 1948 年联合国《世界人权宣言》一样。④

其他几位分析人士也对该宣言发表了评论。例如：

> 《东盟人权宣言》并不是公民社会组织所希望的对普遍人权的明确认可。然而，它既不是对文化相对主义的肯定，也不是对国家主权至上的肯定，也不是对不干涉原则的肯定。在大多数方面，起草者实现了他们的目标，即确保该宣言符合《世界人权宣言》的标准，并在东南亚传播了 "更多的价值观"⑤。

同时还进一步指出：

> 《东盟人权宣言》是建立东南亚人权机制的第一步。就像 1967 年的

---

① Compare with American Convention on Human Rights (opened for signature 22 November 1969) 1144 UNTS 123, Art. 25 (hereinafter "ACHR").

② Infra Section 5. B.

③ Further Chapters 3, 4, and 7 in this volume.

④ P. Gerber, "ASEAN Human Rights Declaration: A Step Forward or a Slide Backwards?", The Conversation (21 November 2012), available at <http://theconversation.com/asean-human-rights-declaration-a-step-forward-or-a-slide-backwards-10895> (last visited 26 September 2014).

⑤ C. S. Renshaw, "The ASEAN Human Rights Declaration—Cause for Celebration?", Regarding Rights (25 January 2013), available at <http://asiapacific.anu.edu.au/regarding-rights/2013/01/25/the-asean-human-rights-declaration-cause-for-celebration> (last visited 26 September 2014).

《曼谷宣言》（*Bangkok Declaration*）建立了东盟一样，直到 2007 年《东盟宪章》通过，东盟才确立了国际法人格并享有国际法上的权利和义务。①

最后，应当指出的是，委员会的职权范围将在其生效五年后进行审查，"以期进一步加强东盟内的促进和保护人权"。②

与其他地区人权文书的变迁相比，将《人权宣言》列入东盟制定的各种法律和政策文书的时间点是较晚。在欧洲，《欧洲人权和基本自由公约》（*European Convention on Human Rights and Fundamental Freedoms*）于 1950 年生效；③《美国人权公约》（*American Convention on Human Rights*）于 1978 年生效；④《非洲人权与民族权宪章》（*African Charter on Human and Peoples' Rights*）于 1986 年生效。⑤这一延迟有各种各样的原因；一些成员国不愿意制定明确的人权标准将其纳入该宣言，包括在出现违反情况时采取的补救措施。此外，该地区适用的不干涉原则，有时被称为"东盟方式"（ASEAN Way），可能也起到了一定作用。⑥ 此外，正如前面所暗示的，很可能只有在《东盟宪章》本身获得同意之后才有可能进行谈判，因为该宪章使东盟有了更牢固的法律和政治基础。因此，该宣言是东盟国家政治和经济发展的关键阶段出现的，与亚洲其他次级区域和太平洋地区相比，该宣言显然向前迈出了明确的一步。

①　R. Eberhard, "The ASEAN Approach to Human Rights", The Jakarta Post (6 December 2012), available at <http: //www. thejakartapost. com/news/2012/12/06/the-asean-approach-human-rights. html> (last visited 26 September 2014).

②　Terms of Reference.

③　European Convention for the Protection of Human Rights and Fundamental Freedoms (Rome, 4 November 1950, entered into force 3 November 1953) 213 UNTS 222.

④　ACHR.

⑤　African Charter on Human and Peoples' Rights (Nairobi, 27 June 1981, entered into force 21 October 1986) 1520 UNTS 128; 21 ILM 58.

⑥　K. L. Koh and N. A. Robinson, "Regional Environmental Governance: Examining the Association of Southeast Asian Nations (ASEAN) Model", in D. C. Esty and M. H. Ivanova (eds.), Global Environmental Governance: Options & Opportunities (2002), available at <http: // environment. research. yale. edu/publication-series/law_and_policy/782> (last visited 26 September 2014); A. F Øllesdal, "The Human Rights Declaration of the Association of Southeast Asian Nations: A Principle of Subsidiarity to the Rescue?", PluriCourts Research Paper 13-07 (2013), available at <http: //www. ssrn. com/abstract=2359973> (last visited 26 September 2014).

二、太平洋人权文书

自 20 世纪 80 年代以来，太平洋地区的人权文书一直在讨论之中。最近，太平洋共同体秘书处推动了进一步的讨论。在 2010 年的一份声明中，它指出，尽管太平洋岛屿论坛秘书处是根据一项在序言中包含人权的协议建立的，但"太平洋地区目前没有其他具有法律约束力的人权协议"。① 它设想起草一项具有区域约束力的法律宪章的过程将从在"合理的时间范围内"任命若干独立专员开始。②

第四节　区域环境文书

为了更好地了解有关人权与环境之间联系的问题，有必要简要对亚洲及太平洋的各种区域环境文书进行简要的概述。

一、亚洲地区

如前所述，每个亚洲次区域都有自己的环境计划。然而，只有东南亚拥有几个区域性范围的环境文书，其中最重要的是《保护自然和自然资源的东盟协定》。尽管该协定还尚未生效，但它仍然是促进该地区环境法和管理的一个影响因素。虽然它没有具体提到人权，但序言部分一段指出环境保护和社会经济发展之间的联系：我们还意识到保护和社会经济发展之间的相互关系意味着保护是确保可持续发展的必要条件，而社会经济发展也是在持久的基础上实现保护的必要条件。

1995 年缔结并于 1997 年生效的《东南亚无核区条约》(*Southeast Asia Nuclear-Weapon Free Zone Treaty*)③ 规定，各方不得发展、制造或以其他方式取得、拥有或控制核武器；试验或使用核武器；或参与相关活动。

---

① Towards a Regional Human Rights Mechanism.

② Towards a Regional Human Rights Mechanism.

③ Southeast Asia Nuclear-Weapon Free Zone Treaty (Bangkok, 15 December 1995, entered into force 11 April 1996) 35 *ILM* 635.

2002 年《东盟跨境雾霾污染协定》（*Agreement on Transboundary Haze Pollution*）① 对生命权、人类健康权和生计权有着明确的影响，尽管在东盟的背景下，它更多地被视为一个环境事项，而不是一个人权问题。②

二、太平洋地区

太平洋地区存在着不少区域性环境文件。同许多多边环境协定一样，这些协定也有人权方面的内容。其中最重要的是 1986 年《保护南太平洋自然资源和环境公约》，即《努美阿公约》（*Noumea Convention*）③ 和 1985 年《南太平洋无核区公约》（*South Pacific Nuclear Free Zone Treaty*）。④

在《努美阿公约》中，对污染的定义侧重于体现对环境和人类的影响，第 2 条第（f）款内容为：

"污染"指的就是由人类生产，直接或间接的物质或能量进入海洋环境（包括河口）导致或可能导致损害等有害影响生活资源和海洋生物、危害人类健康、妨碍海洋活动，包括海洋渔业和其他合法使用，损害海水使用质量和减少人类享受的愉悦感。

《东南亚无核区条约》于 1985 年开放签署，并于 1986 年生效。它主要关注的是防止核扩散和安全问题，同时也"确保该地区不受放射性废物和其他放射性

---

① ASEAN Agreement on Transboundary Haze Pollution（2002），available at < http：// haze. asean. org/？ wpfb_dl = 32>（last visited 26 September 2014）；dealt with further infra in Section 5B. 84；See further A. K. J. Tan，"The ASEAN Agreement on Transboundary Haze Pollution：Prospects for Compliance and Effectiveness in Post-Suharto Indonesia"，13 *New York University Environmental Law Journal* 647（2005）.

② A. K. J. Tan，"The ASEAN Agreement on Transboundary Haze Pollution：Prospects for Compliance and Effectiveness in Post-Suharto Indonesia"，13 *New York University Environmental Law Journal* 647（2005）.

③ Convention for the Protection of the Natural Resources and Environment of the South Pacific Region（Noumea，24 November 1986，entered in force 22 August 1990）（1987）26 *ILM* 41，available at < http：//www. ecolex. org/server2. php/libcat/docs/TRE/Full/En/TRE-000892. txt >（last visited 26 September 2014）（hereinafter "Noumea Convention"）.

④ South Pacific Nuclear Free Zone Treaty（Rarotonga，6 Aug. 1985，entered into force 11 Dec. 1986）1445 UNTS 177，（1985）24 ILM 1442.

物质的污染"。由于该地区各个岛屿都曾有过核试验的历史，使得其中一些岛屿无法居住，因此该条约在太平洋地区具有特殊意义，因为核试验在"二战"期间从美国开始，① 直到 20 世纪 60 年代在法属波利尼西亚与法国继续进行，一直持续至后来的 20 世纪 70 年代和 80 年代。②

第五节　亚太地区的环境问题与人权

尽管在许多亚太地区的许多司法管辖区，环境立法正不断变迁，人权领域也得到了更多的关注，但由于采取了不可持续发展的做法而造成的环境退化和相关的侵犯基本人权的情况仍时有发生。许多国家的消费者需求的显著增加，给本地区的土地、水、生物多样性和其他自然资源带来了更大的压力，加剧了上述问题。

本节介绍了四个选定的关键领域——土地退化、雾霾污染、水坝建设和气候变化——这些都有助于阐明人权与环境规制之间密切的实际联系。

一、土地退化与人权

土地退化③及其荒漠化带来的问题影响了世界许多区域，并引发了许多人权问题。它与不规范使用农业杀虫剂和化肥有关，与因土壤肥力的丧失而导致的农业用地生产能力下降等因素有关，④ 对人类健康将会产生严重影响。同样重要的是，不适当的农业实践会导致水和风的广泛侵蚀。总之，这些都对人类的食品安全构成了威胁。

---

① S. M. Freese, *Nuclear Weapons* (2012).

② *Nuclear Tests Case* (*Australia v. France*) (1974) ICJ Rep. 253 and *Nuclear Tests* (*New Zealand v France*) (1974) ICJ Rep. 457.

③ 土地退化的定义是：由于各种土地利用行为，（包括人为过程）导致旱作农田、灌溉农田或山脉、牧场、森林和林地的生物或经济生产力和复杂性的降低或丧失，例如：（1）风和/或水造成的土壤侵蚀；（2）土壤的物理、化学和生物学或经济特性恶化；（3）长期丧失自然植被。United Nations Convention to Combat Desertification in those Countries Experiencing Serious Drought and/or Desertification, Particularly in Africa (Paris, 14 October 1994, in force 26 December 1996), 1954 UNTS 3, Art. 1 (hereinafter "UNCCD").

④ Ian Hannam and Ben Boer, *Drafting Legislation for Sustainable Soils：A Guide*, *IUCN Environmental Law and Policy Paper* No. 52 (2004), at 3.

世界上约有 20% 的土地被认为已经退化。分析人员发现了多个重点区域，包括赤道以南的非洲、东南亚和中国。① 干旱地区的土地退化和荒漠化被认为比非干旱地区的威胁要大得多。②

一份关于全球干旱地区的报告在对比欧洲和亚洲的情况指出，欧洲有许多干旱地区，特别是在地中海和中亚地区，③ 但亚洲干旱地区的退化最为集中。④

联合国关于食物的权利问题特别报告员指出，全世界范围内遭受饥饿折磨的人数估计已增加到 8.54 亿人。据估计，这些人中有一半生活在边缘化、干燥和退化的土地上。他们的生活依赖于本来就贫瘠，由于反复干旱、气候变化导致的不可持续的土地利用，这些土地变得越来越贫瘠。⑤ 这个问题影响着到许多亚洲国家，尤其是中国。⑥

造成土地退化和荒漠化的做法显然是不可持续的，可以引用许多实例表明其违反基本人权。⑦《联合国防治荒漠化公约》（*United Nations Convention to Combat Desertification*）秘书处提请各国：

---

① UNCCD Secretariat, "Zero Net Land Degradation: A Sustainable Development Goal for Rio+20", Policy Brief (May 2012), available at <http://www.unccd.int/Lists/SiteDocumentLibrary/Rio+20/UNCCD_PolicyBrief_ZeroNetLandDegradation.pdf> (last visited 26 September 2014).

② Ian Hannam and Ben Boer, *Drafting Legislation for Sustainable Soils: A Guide*, IUCN *Environmental Law and Policy Paper* No. 52 (2004), at 16.

③ United Nations Environment Management Group, *Global Drylands: A UN System-wide Response*, (October 2011), at 22, available at <http://www.unccd.int/Lists/SiteDocumentLibrary/Publications/Global_Drylands_Full_Report.pdf> (last visited 26 September 2014).

④ Ian Hannam and Ben Boer, *Drafting Legislation for Sustainable Soils: A Guide*, IUCN *Environmental Law and Policy Paper* No. 52 (2004), at 33.

⑤ J. Ziegler, "Message from United Nations Special Rapporteur on the Right to Food", in UNCCD Secretariat (ed.), *Human Rights and Desertification: Exploring the Complementarity of International Human Rights Law and the United Nations Convention to Combat Desertification* (2008) 7, available at <http://www.unccd.int/Lists/SiteDocumentLibrary/Publications/HumanRightsandDesertification.pdf> (last visited 26 September 2014).

⑥ UNEP Environment Management Group, *Global Drylands: A UN System-wide Response* (20 October 2011), available at <http://www.unemg.org/index.php/global-drylands-a-united-nations-system-wide-response> (last visited 26 September 2014).

⑦ R. Jha, "Alleviating Environmental Degradation in the Asia-Pacific Region: International Co-operation and the Role of Issue-Linkage" (February 2005), available at <http://ssrn.com/abstract=677881> (last visited 26 September 2014).

根据其国内法律和政策框架，在其国内法中纳入规定，包括宪法或立法审查，在促进防治沙漠化、土地退化与干旱的背景下，逐步实现诸如生命、食物和水的权利。①

《联合国防治荒漠化公约》的序言特别提到了荒漠化、可持续发展以及贫困、粮食安全和人口动态问题等社会问题。该公约附件二侧重于规范亚洲地区的执行情况，规定各缔约方在履行其义务时考虑特殊条件，包括"世界经济条件和社会问题的重大影响，如贫困、健康和营养不良、缺乏粮食安全、移徙、流离失所者和人口动态变化"。②

里约+20会议成果文件《我们想要的未来》（*The Future We Want*）认识到必须采取紧急行动来扭转土地退化的趋势，并致力于"在可持续发展的背景下实现一个消除土地退化的世界"。正如其名称所表明的那样，《联合国防治荒漠化公约》的政策简报敦促消除土地退化是新的可持续发展目标之一，预期实现时间是2030年。③ 对亚太地区来说，这一结果将是利好的。

二、跨界空气污染

影响到东南亚地区许大量人口的一个特别问题是，造成严重的跨界空气污染和涉及侵犯人权的森林火灾。印度尼西亚20多年来一直在进行土地清理活动，特别是大型企业将土地改为棕榈油种植园的活动。很明显，这些活动造成了严重的问题，跨境"雾霾"污染事件不断发生。关于对人权的直接影响，弗朗西丝·西摩（Frances Seymour）指出：

与气候变化对弱势群体的生活和生计的直接影响一样，对传统人权框架构成了挑战。"责任承担者"在时间和空间上广泛分布，从单个排放源到对

---

① UNCCD Secretariat, Human Rights and Desertification.

② UNCCD, Annex 2, Art. 2 （d）.

③ UNCCD Secretariat, "Zero Net Land Degradation"; combating desertification andhalting and reversing land degradation was included as part of Goal 15 in the Open Working Group Proposal for Sustainable Development Goals available at <http: // sustainable-development. un. org/content/documents/1579SDGs%20Proposal. pdf> （last visited November 5 2014）.

特定个人的影响，追溯气候变化的责任实际上是不可能的。然而，这些影响是真实的，而且在原则上是可以减缓的。因此，由于气候变化而失去以森林为基础的收入来源和生态系统服务可被视为对经济、社会及文化权利的侵犯。此外，由于森林管理不善（通过放弃适应方案）而加剧的这些损失同样可以得到理解。①

跨界空气污染是 1985 年《东盟协定》要解决的问题之一，该协定第 20 条明确规定要求明确以下责任，即在其管辖或控制范围内的活动不会损害其他东盟成员国管辖范围内的环境或自然资源。为履行这一责任，"各缔约国应尽可能避免并尽可能减少其管辖或控制下的活动对环境的不利影响包括对其国家管辖范围以外的自然资源的影响"，相关规定要求进行跨界影响评估，提前通知可能对其他缔约方产生重大影响的计划，以及通知可能产生超出国家管辖范围影响的紧急情况或突发性事件。

为了解决跨界污染问题，东盟成员国作出了一项异乎寻常的大胆尝试，在 2002 年签订了《东盟跨界雾霾污染协定》。该协定的目标是：②

> ……为了预防和监测由于土地和/或森林火灾而造成的跨界雾霾污染，应当通过国家不断努力和加强区域和国际合作来减轻这种污染。这应在可持续发展的总体背景下并按照本协定的规定进行。（第 2 条）

尽管该协定未直接提及森林火灾对人权的影响，但确实提到了森林火灾对人类健康的影响。"霾污染"的定义是"由于土地和/或森林火灾产生的烟雾，造成如下有害影响：危害人类健康、损害生物资源、生态系统、物质财产以及损害或干扰人类享受环境和其他合法使用环境行为"（第 1 条第 6 款）。9 个东盟国家签署并批准了该协定（马来西亚、新加坡、文莱、缅甸、越南、泰国、老挝、柬

---

① F. Seymour, "Forests, Climate Change, and Human Rights: Managing Risk and Trade-offs" (October 2008), at 10, available at < http://www.forestday.org/fileadmin/downloads/seymour_humanrights.pdf> (last visited 26 September 2014) (footnote omitted), republished in S. Humphreys (ed.), *Human Rights and Climate Change* (2010) 207.

② ASEAN Agreement on Transboundary Haze Pollution.

埔寨和菲律宾），该协定于 2003 年生效。经过漫长的拖延，印度尼西亚议会终于在 2014 年 9 月投票批准了该协定。①

尽管印度尼西亚的国内法律禁止点燃森林大火，并且规定相关涉案企业有可能被没收利润、关闭业务并被起诉以赔偿损失，但焚烧森林的行为仍在继续发生，特别是在苏门答腊岛，严重影响了马来西亚、泰国和新加坡等邻国，在经济、道德和健康方面造成了重大损失。这种情况可被视为违反了《东盟人权宣言》，其中包括第 28 条所述的健康权以及享有安全、清洁和环境可持续发展的权利。

一个困境是，是否可以根据国际环境法或人权法的规定解决这些权利的侵犯？就东南亚的森林火灾而言，国际环境法路径似乎更为直接，特别是考虑到 2012 年《东盟人权宣言》及其第 28 条第（f）款的实施工作尚处于起步阶段。随着印度尼西亚批准了该雾霾协定，问题是，如果存在未解决的违规行为，是否可以向国际法院（International Court of Justice）提起诉讼。② 然而，随着东盟区域继续坚持不干涉原则，现实可能最终只能通过谈判和基于区域的合作活动来解决这种情况，以减少森林火灾的发生率及其影响。③

---

① W. Soeriaatmadja, "Indonesia's Parliament Agrees to Ratify Asean Haze Pact", *Straits Times* (16 September 2014), available at <http: //www. straitstimes. com/news/asia/south-east-asia/story/indonesias-parliament-agrees-ratify-asean-haze-pact-20140916> (last visited 23 November 2014).

② 2013 年，新加坡官员考虑了对位于新加坡的两家印尼林业企业采取行动的可能性。"Singapore Officials Consider Legal Action Against Forest Fire Companies over the Heaviest Smog to ever Cover the City", *The Independent* (15 September 2013), available at <http: //www. independent. co. uk/news/world/asia/singapore-officials-consider-legal-action-against-forest-fire-companies-over-the-heaviest-smog-to-ever-cover-the-city-8669486. html> (last visited 26 September 2014). 马来西亚律师协会也建议采取这种行动。G. Giam, "Haze Problem: Bilateral Pressure on Indonesia Works Best" (2006), available at. http: //geraldgiam. sg/2006/10/haze-problem-bilateral-pressure-on-indonesia-works-best/ (last visited 22 November 2014); R. N. Hong, "ASEAN: In a Daze Over the Haze?", *The Singapore Law Review* (25 December 2013), available at <http: //www. singaporelawreview. org/2013/12/asean-in-a-daze-over-the-haze/> (last visited 26 September 2014). 还建议可以在 Trail Smelter 仲裁的基础上采取这样的行动（该案件涉及加拿大因从不列颠哥伦比亚省向华盛顿州跨界排放二氧化硫烟雾而对美国农民造成的损失承担赔偿责任）。Reprinted in 33 *AJIL* (1939) 182 and 35 *AJIL* (1941) 684; T. Koh and M. Ewing-Chow, "Insight: The Transboundary Haze and the International Law", *The Jakarta Post* (27 June 2013), available at <http: //www. thejakartapost. com/news/2013/06/27/insight-the-transboundary-haze-and-international-law. html> (last visited 26 September 2014).

③ On liability Issues, 见 A. K. J. Tan, "Forest Fires of Indonesia: State Responsibility and International Liability", 48 *ICLQ* (1999) 826.

三、水坝建设

第二次世界大战后水坝建设的增加，引发了一系列重大的人权和环境问题。世界上大型水坝多数位于亚洲，一些国家和地区的大坝规划和建设正在快速进行。这些问题的例证出现在非半岛的马来西亚如巴昆水坝的建设①、中国湖北省的长江三峡大坝项目②、中国云南省湄公河上游（澜沧江）的水坝梯级③、支流和湄公河下游干流上的水坝；④ 以及印度纳尔默达河上的萨尔达尔萨罗瓦尔坝（Sardar Sarovar）项目。⑤

这些环境问题包括生物多样性减少、用于农业和其他人类用途的土地减少以及文化遗产的丧失。人权问题包括传统生计的丧失、可用农业用地的减少造成的粮食安全问题和鱼类生产的损失。在一些亚洲国家，为发电、灌溉以及在某些情况下为防洪和便利航行而在主要河流上修建水坝的情况导致数十万甚至数百万人离开他们传统的地区。在一些国家，发生这种情况时并未向受影响的人们提供充分的补偿，这对农民和渔民的生计造成了毁灭性影响。⑥ 关于这些

---

① M. Raman, "The 1996 Malaysian High Court Decision Concerning the Bakun Hydro-electric Dam Project", 2 *Asia Pacific Journal of Environmental Law* (1997) 93.

② International Centre for Environmental Management, *Strategic Environmental Assessment of Hydropower on the Mekong Mainstream*, Final Report (October 2010), available at <http://www.icem.com.au/documents/envassessment/mrc_sea_hp/SEA_Final_Report_Oct_2010.pdf> (last visited 26 September 2014) (hereinafter 'ICEM Report').

③ C. Lewis, "China's Great Dam Boom: A Major Assault on Its Rivers", *Yale Environment* 360 (4 November 2013), available at <http://e360.yale.edu/feature/chinas_great_dam_boom_an_assault_on_its_river_systems/2706/> (last visited 26 September 2014).

④ ICEM Report and F. E. Johns et al., "Law and the Mekong River Basin: A Social-Legal Research Agenda on the Role of Hard and Soft Law in Regulating Transboundary Water Resources", 11 *Melbourne Journal of International Law* (2010) 154.

⑤ J. Razzaque, "Linking Human Rights, Development, and Environment: Experiences from Litigation in South Asia", 18 *Fordham Environmental Law Review* (2007) 587, at 595-598.

⑥ 关于大坝建设对东南亚粮食安全的影响，参见 L. D. Paulson, "Proposed Southeast Asian Dams Endanger Food Security", *RWL Water Blog* (7 September 2012), available at <http://www.rwlwater.com/proposed-southeast-asian-dams-endanger-food-security/> (last visited 26 September 2014).

影响，人们进行了各种各样的研究，但具体研究人权问题的并不多。① 一些环境评估报告中认识到了土地征用、人们流离失所和重新安置的问题，即依赖河流的社区丧失了自然资源的生计基础。② 然而，有关政府和私营部门的利益通常并未充分考虑大坝建设的人权问题。反而是一些非政府组织认识到这些联系，并积极倡导。③

四、气候变化

在考察气候变化对人类基本人权的影响时，人权与环境事项之间的各种联系较为清晰，这些基本人权包括生命权、生计权、家庭权、隐私权以及食物和水安全权。在亚洲地区，2007 年《全球气候变化人权维度宣言》（*Malé Declaration on the Human Dimension of Global Climate Change*）明确承认人权与气候变化影响之间的联系，其序言部分指出："关切气候变化对充分享有人权有明确和直接的影响"和"注意到享有能够支持人类社会和充分享有人权的环境的基本权利，已在一百多个国家的宪法中以不同的形式直接或间接地在若干国际文书中得到承认。"④ 它呼吁联合国将此作为一个紧急问题来处理。近年来，联合国人权理事会在几项决议中指出了气候变化对个人和社区的威胁及其对享有人权的影响。⑤ 联合国人权事务高级专员办事处 2009 年的一份报告发现，气候变化威胁

---

① A. Nordling, *Environment and Human Rights in the Mekong Region* (2005), and International Rivers, "The Human Impact of Dams", available at <http://www. internationalrivers. org/human-impacts-of-dams> (last visited 26 September 2014).

② 参见 ICEM Report.

③ 包括人权和环保非政府组织在内的当地和国际组织一直在共同努力，试图用各种手段确保这些巨型大坝项目不会持续侵犯人权，除非他们考虑并妥善处理大坝的社会和环境成本. R. Kincaid, "Environmental Rights as Human Rights in the Lower Mekong Basin", *Earth Rights International Guest Blog* (2 August 2013), available at <http://www. earthrights. org/blog/environ mental-rights-human-rights-lower-mekong-basin> (last visited 26 September 2014).

④ Malé Declaration on the Human Dimension of Global Climate Change (14 November 2007), available at <http://www. ciel. org/Publications/Male_Declaration_Nov07. pdf> (last visited 26 September 2014) (*emphasis in original*).

⑤ UN HR Council, "Human Rights and Climate Change", UN Doc. A/HRC/RES/7/23 (28 March 2008), and UN HR Council, "Human Rights and Climate Change", UN Doc. A/HRC/RES/ 10/4 (25 March 2009).

着广泛的人权，人权法赋予各国在应对气候变化方面负有责任，包括规定国际合作的义务。① 2012 年里约可持续发展大会（里约+20 会议）代表了一项最新的认识，即气候变化是一个贯穿各领域的问题，尽管成果文件与人权没有直接联系。②

亚太国家的许多人非常容易受到气候变化的影响。由于海平面上升，地势低洼的沿海国家和环礁国家面临最直接的风险。其中直接的是太平洋岛屿地区。③ 东盟也为处理这一问题作出了重大努力。④ 气候移民以及因气候影响而导致人们流离失所的这一特殊问题已经引起了许多作家的注意。⑤

第六节　亚太地区健康和可持续环境的权利

界定什么是健康和可持续的环境是一件困难的事情。尽管艾伦·博伊尔（Alan Boyle）在本书中讨论了其他地区的各种版本的定义，但亚太地区唯一尝试定义这一概念是在 2012 年《东盟人权宣言》（在上文第三节的第一个部分中有提及），其表述类似于联合国人权与环境独立专家的提法。⑥ 本节重点介绍亚太地区各国宪法、法律以及法院解释的实质性环境权的发展情况。本书还简要分析了根据《奥胡斯公约》实现程序性权利的情况，以及对该地区绿色法庭和环境权

---

① UN HR Council, "Report of the Office of the United Nations High Commissioner for Human Rights on the Relationship Between Climate Change and Human Rights", UN Doc. A/HRC/10/61 (15 January 2009).

② 我们承认气候变化是一个贯穿始终的危机，气候变化负面影响的规模和严重性影响着所有国家，特别是发展中国家实现可持续发展和千年发展目标的能力，并削弱了其生存能力。UNGA Res. 66/288, "The Future We Want", 11 September 2012, Annex, 25, available at <http://www. un. org/en/sustainablefuture> (last visited 26 September 2014).

③ SPREP Climate Change Overview, available at <http://www. sprep. org/Climate-Change/climate-change-overview> (last visited 26 September 2014): "气候变化战略优先下的目标是到2015 年，所有成员将通过完善政策、实施切实可行的适应措施、提高生态系统抵御气候变化影响的能力，增强应对气候变化的能力，并实施旨在实现低碳发展的举措。"

④ ASEAN Cooperation on Climate Change, available at <http://environment. asean. org/asean-working-group-on-climate-change/> (last visited 26 September 2014).

⑤ Further Chapter 6 in this volume.

⑥ UN HR Council Report.

利进行了简要的讨论。

一、宪法条款和环境权

多项研究表明，近年来许多国家以某形式在其国家宪法中承认了环境权。[1]其中包括明确规定享有清洁和健康环境的权利（或类似的措辞），以及将"生命权"条款作为实现同样环境成果的基础。表5.1摘录了亚太地区各国家宪法中的某些规定，其中包括某种形式上对环境权的承认。[2] 提及环境权的方式有很大的差异，所使用的语言从强有力的方法到较弱的方法不等。最具有强制力的方法的特征是直接承认某项权利，有时还规定公民有承担相应的保护环境的义务。

表5.1中采用较为健全的环境权表述的国家包括菲律宾、韩国、印度尼西亚、尼泊尔、马尔代夫、蒙古、东帝汶和斐济。虽然这些表述使用了清晰的词汇，但有些表述具有模糊性或在某种情况下具有限制性。此外，此类规定仍然需要贯彻和执行，因此，在许多司法管辖区中法院的作用仍然是至关重要的，例如"Oposa 诉 Factoran 案"（下文将进行重点分析）和南亚与"生命权案"（right to life cases）。详情请参见第六节第二部分。

---

① E. g., D. R. Boyd, *The Environmental Rights Revolution: A Global Study of Constitutions, Human Rights, and the Environment* (2012); J. May and E. Daly, "New Directions in Earth Rights, Environmental Rights and Human Rights: Six Facets of Constitutionally Embedded Environmental Rights Worldwide", 1 *IUCN Academy of Environmental Law e-Journal* (2011), available at < http: //www. iucnael. org/en/e-journal/previous-issues/157-issue-20111. html > (last visited 26 September 2014); J. May and E. Daly, *Global Environmental Constitutionalism* (2014); C. Jeffords, "Constitutional Environmental Human Rights: A Descriptive Analysis of 142 National Constitutions", Human Rights Institute, University of Connecticut, Economic Rights Working Paper No. 16 (August 2011), available at <http: //ideas. repec. org/p/uct/ecriwp/16. html> (last visited 26 September 2014).

② 这一清单并非详尽无遗，而只是作为解决执行各项规定时遇到一些问题的基础。Global studies such as that of Boyd; May and Daly, "New Directions in Earth Rights", and May and Daly, *Global Environmental Constitutionalism*, canvass a broader range of formulations in the context of recording the phenomenon of global environmental constitutionalism. 然而，正如下文所承认的，不明确的权利仍然可以成为实现环境结果的诉讼的基础。

表 5.1 国家宪法中的环境权利

宪法名称（按下文讨论的顺序列出）	宪 法 规 定
菲律宾共和国宪法	第 16 条： 国家应根据自然的节奏与和谐共处，保护和促进人民享有平衡和健康的生态的权利。
1987 年韩国宪法	第 35 条： （1）所有公民都有权享有健康、舒适的环境。国家和全体公民应努力保护环境。 （2）环境权的实质内容由法律确定。
1945 年印度尼西亚共和国宪法	第 28 条 H（1）款： 每个人都有权享受身心健康的生活、有居住的地方、享有良好和健康的环境以及接受医疗保健。 第 28 条 F 款： 人人有权为了自身和社会环境的发展的需要而沟通和获取信息，并有权通过各种渠道寻求、获取、占有、存储、处理和传递信息。
斐济共和国宪法	环境权 第 40 条： （1）人人有权享有清洁和健康的环境，其中包括通过立法和其他措施为今世后代的利益保护自然界的权利。 （2）在必要的情况下，法律或根据采取的行政行动可限制或授权限制本条所规定的权利。
2005 年不丹王国宪法	第 5 条： 2. 王国政府应：（a）保护、养护和改善原始环境，保护国家的生物多样性；（b）防止污染和生态退化；（c）在促进合理的经济和社会发展的同时，确保生态平衡的可持续发展；（d）确保安全和健康的环境。
2007 年尼泊尔临时宪法（2015 年修订版）	第 7-2-1 条： 双方应当尊重和保护人的基本生存权。 第 16 条： 与环境和健康有关的权利： （1）人人有权在健康的环境中生活。……

续表

宪法名称（按下文讨论的顺序列出）	宪 法 规 定
2008 年马尔代夫宪法	第 23 条： 根据本《宪法》，任何公民享有下列权利，国家承诺在其能力和资源范围内采取合理措施逐步实现这些权利：（a）充足和有营养的食物和清洁饮水；（b）衣食住行；（c）良好的医疗、身心标准；（d）健康和生态平衡的环境……
1992 年蒙古人民共和国宪法	第 16 条　公民权利： 蒙古公民享有下列权利和自由：…… 享有健康和安全环境以及免受环境污染和生态失衡之害的权利。
2002 年东帝汶宪法	第 61 条： 人人有权享有人道、健康和生态平衡的环境，并有义务保护和改善环境，以造福子孙后代。
1972 年孟加拉国宪法	保护与改善环境与生物多样性 第 18A 条：国家致力于为现在和将来的公民保护、保存和维护自然资源、生物多样性、湿地、森林和野生动物（2011 年开始加入）。 第 32 条： 第三节　保护生命和人身自由 除非依法规定外，不得剥夺任何人的生命和人身自由。
1949 年印度宪法	第 2 条： 第三节　保护生命和人身自由 除依照法律规定的程序外，不剥夺任何人的生命和人身自由。 第 48A 条： 国家应致力于保护和改善环境，保护国家的森林和野生动物。
巴基斯坦伊斯兰共和国宪法	第 9 条　人身安全： 除依照法律规定外，不得剥夺任何人的生命和自由。

　　《菲律宾宪法》第 2 条第 16 款①规定："国家应根据自然的节奏与和谐，保

---

　　①　Constitution of the Republic of the Philippines 1987, available at <http：//www. gov. ph/constitutions/1987-constitution/> (last visited 22 November 2014).

护和促进人民享有平衡和健康的生态的权利。"在"Minors Oposa 诉 Factoran 案"① 这一开创性案件中，这一规定被作为依据，该案涉及在超过可采伐土地的范围内发放木材许可证；这其中仅有4%的相关土地被森林覆盖，如果按照当时的砍伐速度，菲律宾将没有更多的森林资源。原告声称，他们"享有对平衡和健康的生态享有明确的宪法权利，并有权得到国家在其能力范围的保护"。②

这个案件的代际问题在人权方面特别重要。作为原告的43名未成年人由其父母代表。法院指出：

> 此案具有特殊和新颖之处。代表未成年人的起诉者断言，他们代表了他们这一代人以及尚未出生的世代。我们不难认定，他们可以为他们自己、为他们这一代的其他人以及后代提起集体诉讼。③

法院承认：

> ……每一代人都有责任维护下一代人保持这种节奏与和谐，以便充分享受平衡而健康的生态。换句话说，未成年人主张其享有健全环境的权利，同时构成履行其确保为子孙后代保护这项权利的义务。④

有必要指出的是，在"Oposa 案"和随后的环境诉讼的推动下，菲律宾最高法院于2010年发布了新的有关环境事项的程序规则，其目标概括了享有平衡和健康生态的宪法权利；为执行宪法、现行法律、法规、规章和国际协议所承认的环境权利和义务提供了一个简化、快捷且低成本的程序；引入并采用创新和最佳

---

① *Oposa v. Factoran*, Supreme Court of the Philippines, G. R. No. 101083, 30 July 1993, available at <http: //www1. umn. edu/humanrts/research/Philippines/Oposa v. Factoran, GR No. 101083, July 30, 1993, on the State's Responsibility to Protect the Right To Live in a Healthy Environment. pdf > (last visited 22 November 2014).

② Cause of action as stated in case, at 15.

③ Cause of action as stated in case, at 7.

④ Cause of action as stated in case, at 8。对该案的评论，参见 A. G. M. La Viña, "The Right to a Sound Environment in the Philippines: The Significance of the Minors Oposa Case", 3 *Review of European Comparative & International Environmental Law* (1994) 246, at 248.

做法，以确保有效执行针对违反环境法律的补救措施；① 并使法院能够监督和明确环境案件中命令和判决得到遵守。这些规则中引入的各种创新方法，例如"kalikasan 令状"（字面意思为"自然令状"），对于菲律宾、亚洲其他地区甚至可能是全球的环境权法理具有潜在的重大意义。

《韩国宪法》第 35 条第 1 款明确规定了环境权，公民承担相应的义务"努力"保护环境。然而，第 35 条第 2 款对这一规定作出了限定，该条规定"环境权的实质内容应由法律决定"。《1999 年环境政策框架法》（*Framework Act on Environmental Policy* 1999）中与此相关的第 6 条第 1 款规定："所有人都有权生活在在健康和适宜的环境中。"但是，这仅是重复了宪法的规定，在该法本身中找不到任何实体性的权利。因此，大概应该由法院在个案的基础上定义这项权利，因此宪法层面的保障仍然有些空洞。

《印度尼西亚宪法》第 28H（1）条采用了强硬的表述，而《环境保护和管理法》（*Law on Environmental Protection and Management*）② 第 65 条则在健康的环境与人权以及相关程序权利之间建立了明确的联系。它指出：

（1）人人有权享有适当健康的环境，这是人权的一部分。

（2）在实现适当和健康的环境权时，每个人都有权接受环境教育、获得信息、获得参与和诉诸司法的权利。

（3）人人都有权对预计会影响环境的企业和/或活动提出建议和/或反对意见。

值得注意的是，该法明确规定，这些权利是"人权的一部分"。亚太地区没有任何其他司法管辖区对此作出明确的声明。但是，法院似乎还受理根据这些规定提起的案件，因此它们仍停留在理论价值的范围内。

《斐济宪法》规定享有清洁和健康环境的广泛权利，提到为今世后代保护自然世界，从而引入了代际平等的概念。它还特别提到了实现立法和"其他措施"

---

① Supreme Court, Republic of the Philippines, Rules of Procedure for Environmental Cases (13 April 2010), A. M. No. 09-6-8-SC, available at <http://www.lawphil.net/courts/supreme/am/am_09-6-8-sc_2010.html> (last visited 26 September 2014).

② Law No. 32 of 2009 on Environmental Protection and Management (in force 3 October 2009), available at <http://faolex.fao.org/docs/pdf/ins97643.pdf> (last visited 26 September 2014).

的权利。但是，奇怪的是，它规定可以"在必要的范围内"限制这些权利。这种限制很可能导致难以在法律层面上来实现这些所谓的宪法权利，因为只需在政治上方便的时候通过另一项法律对其加以限制即可。

较弱式的宪法途径则不是那么直接。它们通常不包括与环境本身有关的"权利"。例如，不丹政府承诺保护、保育和改善原始环境，并保护该国的生物多样性；预防污染和生态退化；确保生态平衡的可持续发展，同时促进合理的经济和社会发展；最后，确保环境的安全和健康。然而，正如在下一节中所述，由于法院的诉讼，若干司法管辖区的"生命权"规定已被视为具有上述类似的效果。

二、法院对宪法生命权规定的适用

在一些司法管辖区，如果宪法中没有具体的环境权，而其他宪法条款虽与环境没有特别关联但与人权有关的宪法规定，例如生命权，它们已成为法律诉讼和取得环境结果的依据。在南亚已发现非常出名的例证。孟加拉国、印度和巴基斯坦的法院对生命权的规定都有所适用。正如拉扎克（Razzaque）所指出的那样：

在这三个国家中，环境权不是宪法权利，但司法机构解释说，宪法中的生命权包括环境健康权。法院的这种解释允许社会通过公益诉讼进入高级法院。

拉扎克列出了在印度、巴基斯坦和孟加拉国采用诉讼方式的必要性的原因：

第一，缺乏成熟的行政和准司法（例如替代性争端解决办法）机构来处理公众关注的问题。第二，现有环境立法缺乏有效的补救措施。第三，由于资金不足、人员不足和缺乏专业知识，公职人员和机构无法对环境系统进行监管。第四，负责保护环境的机构可能由于政治压力而不愿对违反者采取行动。环境公益诉讼的发展也受到越来越多致力于改善人权或环境退化的非政府组织的影响。无力应对环境迅速恶化的立法，以及这三个国家司法机构出台的各种创新性补救措施等行动，都加快了将公益诉讼在环境保护方面的应用。

在印度，虽然宪法中没有明确保障环境权的规定，但第 48A 条规定国家"应努力保护和改善环境，并保护该国的森林和野生动植物"，而第 51A 条则侧重于公民在保护和改善自然环境方面的义务。然而，第 21 条的"生命权"条款才是最重要的，最高法院在"M. C. Mehta and Anr. 诉 Union of India & Ors 案"中认为，生命权包括享有健康和无污染环境的权利。① 这是一项与影响到大量人口的污染有关的赔偿诉讼。由 M. C. 梅塔（M. C. Mehta）律师和其他人提起的这起诉讼和其他重要案件确立了印度宪法规定的生命权可以延伸到与清洁和健康环境有关的权利。②

巴基斯坦也出现了一些重要的环境公益案件。其中最重要的是在"Shehla Zia 诉 WAPDA 案"，③ 该案涉及拟在居民区附近建造一个电网站的计划。巴基斯坦最高法院对该案的论证如下：

> 在本案中，公民对在居民区建设电网站心存忧虑，向最高法院致函，要求将其作为人权案件审查，并提出两个问题；即政府机构是否有权在未经公民同意的情况下采取危及公民生命的行动；其次，区划法是否赋予公民权利，未经公民同意不得撤回或更改。考虑到可能涉及和影响普通公民生命和健康的问题的严重性，法院已向当局发出警告。

最高法院着重于对《巴基斯坦宪法》第 9 条的解释，该条规定"除法律另有规定外，不得剥夺任何人的生命或自由"。法院解释说：

> 生命包括出生在自由国家的人在法律上和宪法上有权有尊严地享受的一切便利和设施。任何人有权受到法律保护，免受因安装和建造电网、工厂、发电站等设施而可能造成的电磁场或任何其他这类危害。

法院还根据《里约宣言》（Rio Declaration）第 15 条原则，首次将风险预防原则应用于此案。原告的主要辩护人帕韦兹·哈桑（Parvez Hassan）随后评论道：

> 在"Shehla Zia 诉 WAPDA 案"中发生的事，并不是我们在一个有很多环境立法的国家里通常可以得到的结果。最高法院取得了非常积极的结果，

① 参见 e. g. , *M. C. Mehta and Anr. v. Union of India & Ors.* , (1987) AIR 1086, Supreme Court of India, 20 December 1986.

② C. Mehta Environmental Foundation, "Environment Jurisprudence", available at <http: // mcmef. org/environment_jurisprudence. html> (last visited 26 September 2014).

③ *Shehla Zia v. WAPDA*, PLD 1994 SC 693, Supreme Court of Pakistan, 12 February 1994.

它扫除了起诉权的障碍，受理了申请，接受了请愿，从而作出了一个具有里程碑意义的判决。这个国家的立法者和行政领导在过去几十年里都做不到的事情，司法部门却能够从一个简单的判决开始①。

在马来西亚，虽然没有关于环境或环境权的明确规定，但它可以从马来西亚联邦宪法第 5 条中得到暗示，正如马来西亚法院在若干案件中发现的那样。第 5 条规定："除非法律另有规定，不能剥夺任何人的生命或人身自由。"在"Tan Teck Seng 诉 Suruhanjaya、Perk hidmatan、Pendidikan 案"中②，戈帕·尔斯里·拉姆·JCA（Gopal Sri Ram JCA）是如此评论：

> 第 5 条中出现的"生命"一词的出现不仅仅指存在。它包含了生命本身的所有组成部分，以及构成生命质量的所有因素。其中包括寻求和从事合法的、有报酬的工作的权利，以及接受我们的社会必须向其成员提供给的福利的权利。它包括在健康和无污染环境中生活的权利。③

三、程序性权利和《奥胡斯公约》在亚太地区的情况

在国际和国内环境法的发展过程中，人们日益接受有必要让公众参与各级环境决策。公众参与的哲学基础是，受政府和/或私营企业的活动影响的人应该有权影响这些决策。这一思想在许多司法管辖区已被转化为立法要求。这些要求包

---

① P. Hassan, "Environmental Rights as Part of Fundamental Human Rights: The Leadership of the Judiciary in Pakistan", in A. H. Benjamin (ed.), Law, Water and the Web of Life: A Tribute to Parvez Hassan (2003) 199, available at <https://www.elaw.org/node/6443> (last visited 26 September 2014); P. Hassan and J. Hassan, "Pakistan", in L. J. Kotzé and A. R. Paterson (eds.), The Role of the Judiciary in Environmental Governance: Comparative Perspectives (2009) 39, and P. Hassan, "Human Rights and the Environment: A South Asian Perspective", 13th Informal ASEM Seminar on Human Rights (21-23 October 2013), available at <http://www.asef.org/images/docs/Keynote% 20speech-Parvez% 20Hassan _ Human% 20Rights% 20and% 20Enviroment% 20A%20South%20Asian%20Perspective. pdf> (last visited 26 September 2014).

② Tan Teck Seng v. Suruhanjaya Perkhidmatan Pendidikan, Court of Appeal of Malaysia, [1996] 1 MLJ 261.

③ H. A. Rahman, "Human Rights to Environment in Malaysia", 1 Health and the Environment Journal (2010) 59, at 61-63.

括获得有关潜在开发行为的信息、参与空间规划的权利、根据环境影响评价程序提交意见的权利、对允许开发行为的决定提出上诉的权利以及要求对政府行政决定的合法性进行司法审查的权利。一些国家还建立了正式的公共环境调查程序，以便征求个人和社区对重要发展规划提出书面或口头意见。在某些司法管辖区，已经建立了法律援助体系，以支持个人、非政府组织和社区团体应对法院对环境决策的挑战。

这些制度促进了环境公益诉讼的发展。这类诉讼与提起诉讼的私人利益无关，但正如其名称所暗示的那样，是为了更广泛的公众利益而提起的。"公众"可以被定义为一个社区、一个阶层的群体或在一些重要的发展活动中代表更广泛的居民选区，甚至是环境本身。① 环境公共利益可以被看作为今世后代公平地实现经济、生态、社会和文化可持续性的概念基础。

在过去的30年里，建立了各种各样通过公益诉讼的方式代表社区和群体的环境公益组织。② 这些方法符合1998年《奥胡斯公约》所采纳的广泛接受的原则。该公约被认为是为制定公众参与环境事务标准的最前沿的国际协定。它的序言反映了过去30年来建立起来的国际准则，明确地将人权和环境联系起

---

① 在厄瓜多尔和玻利维亚，宪法上的修改引入了通过合法承认的称之为"Pachamama"的地球神，赋予人类与大自然平等权利的想法。参见 e. g., J. Vidal, "BoliviaEnshrines Natural World's Rights with Equal Status for Mother Earth", *The Guardian*, 10 April 2011, available at <http: // www. theguardian. com/environment/2011/apr/10/bolivia-enshrines-natural-worlds-rights > (last visited 26 September 2014). 具有讽刺意味的是，在推动这些变革方面发挥了重要作用的厄瓜多尔 Pachamama 基金会于2013年12月被厄瓜多尔政府关闭；"Ecuador: Rights Group Shut Down", available at <http: //www. hrw. org/news/2013/12/06/ecuador-rights-group-shut-down> (last visited 23 November 2014).

② In the Asian region, these include the Consumers Association of Penang, Malaysia, available at <http: //consumer. org. my/> (last visited 26 September 2014); The Indonesian Center for Environmental Law, available at <http: //www. icel. or. id/> (last visited 26 September 2014); Wahana Lingkungan Hidup Indonesia (WALHI), available at < http: //www. walhi. or. id/> (last visited 26 September 2014); The Bangladesh Environmental Law Association (BELA), available at <http://www. belabangla. org > (last visited 26 September 2014). In Australia, Environmental Defenders Offices have been established in every state and territory over the past thirty years, but in recent times have had government support withdrawn, resulting in a diminution of their public interest legal services: see P. Lloyd, "Govt Cuts Funds to Environmental Defenders Office", *ABC News* (19 December 2013), available at < http: //www. abc. net. au/am/content/2013/s3914416. htm > (last visited 26 September 2014).

来。它承认"充分保护环境对人类福祉和享受基本人权，包括生命权本身至关重要"。公约进一步确认，"人人都有权生活在适合其健康和福祉的环境中，并有义务单独或与其他人一道为今世后代的利益保护和改善环境"。它明确承认个人的环境权利以及保护和改善环境的义务：还认识到人人有权生活在适合其健康和福祉的环境中，并有义务单独或与其他人一道为今世后代的利益保护和改善环境。

为了保障这一权利，序言规定"公民必须有权获得信息，有权参与决策，有权在环境问题上诉状司法，并承认在行使权利方面公民可能需要帮助"。公约规定公众必须在决策的早期阶段得到告知公众，并详细规定了在不同的参与程序中可获得信息的最低标准。① 公约要求各缔约方确保在环境问题上诉诸司法。

如上所述，公约侧重于获取环境信息、公众参与环境决策以及在环境问题上诉诸司法的程序方面。这些内容是基于《里约宣言》(*Rio Declaration on Environment and Development*) 的第 10 条原则。虽然欧洲人权法院的判例已将这些程序性权利纳入欧洲地区的人权法律制度，但亚太地区的司法管辖区在纳入这些权利方面的进展却缓慢。

虽然该公约被视为一项在欧洲文书，但它对全球其他国家是开放的，② 目前正在积极鼓励这一进程。③ 正如联合国前秘书长科菲·安南（Kofi Annan）所说："虽然《奥胡斯公约》的范围是区域性的，但它的意义却是全球性的……"这是"环境民主"领域中最雄心勃勃的尝试，到目前为止是在联合国的主持下进行的。在他看来，该公约"有潜力成为加强公民环境权利的全球框架"。④ 尽管有这种

---

① UN Economic Commission for Europe（UNECE）Convention on Access to Information, Public Participation in Decision-Making and Access to Justice in Environmental Matters（Aarhus, 25 June 1998, entered in force 30 October 2001）2161 UNTS 447.

② 其他任何州……经缔约方会议批准，联合国会员国可加入本公约。*Ibid.*, Art. 19（2）. United Nations, *The Aarhus Convention: An Implementation Guide*（2nd ed. 2013）, at viii.

③ UNECE, "Landmark Meeting of Aarhus Convention Welcomes Global Accession"（5 July 2011）, available at < http://www.unece.org/press/pr2011/11env _ p32e.html >（lastvisited 26 September 2014）.

④ UNECE, "Environmental Rights not a Luxury—Aarhus Convention Enters into Force"（29 October 2001）, available at <http://www.unece.org/press/pr2001/01env15e.html >（last visited 26 September 2014）.

看法，在将《奥胡斯公约》推广到亚太国家的可能性目前还相当遥远。虽然有一个亚洲国家正在考虑加入该公约，① 但在短期内其他国家不太可能这样做。例如，以东盟为例，莱尔（Lye）评论道："尽管在不久的将来东南亚国家不太可能通过《奥胡斯公约》，但很明显它将成为全球各地的环保主义人士的指南和抱负，并为未来指明道路。"②

亚洲各个次级区域采用这份公约的障碍包括文化和政治考虑。但是，在东盟，鉴于到种环境方面取得的进展，以及《东盟宪章》和《东盟人权宣言》的制定，现在可以考虑制定一项反映《奥胡斯公约》内容的区域性文书。当然，《东盟人权宣言》对公民权利和政治权利条款已经包括，对于违反宪法或法律赋予的权利（第5条）的行为，有权获得法院或其他主管当局确定的有效和可执行的补救措施，以及寻求、接收和传递信息的权利（第23条）。尽管这些规定与第28条第（f）款没有具体联系，该条的重点是享有安全、清洁和可持续环境的权利，但它们可能构成将来落实《奥胡斯公约》各项规定的法律行动的基础。

四、亚太地区的绿色法庭和人权

建立专门的环境法庭，或在一般法庭内设立由法官组成的"绿色席位"（green benches）来审理环境案件，这是人们日益意识到公众参与环境决策和实现环境正义的一个标志。③ 世界各地已经在国家一级，特别是在国家一下一级建立了大约400个这样的机构。在亚太地区，最早建立的是昆士兰的规划与环境法院、南澳大利亚的环境资源与开发法院、新南威尔士州的土地与环境法院、新西兰环境法院。近年来，在菲律宾、泰国、马来西亚、巴基斯坦、印度和中国建立

---

① Mongolia has enquired about membership: UNECE, "Landmark Meeting of Aarhus Convention Welcomes Global Accession".

② Lye L. H., "Public Participation in the Environment: A South-East Asian Perspective", in D. M. Zillman, A. Lucas, and G. Pring (eds.), *Human Rights in Natural Resource Development: Public Participation in the Sustainable Development of Mining and Energy Resources* (2002) 629, at 677.

③ G. Pring and C. Pring, *Greening Justice: Creating and Improving Environmental Courts and Tribunals* (2009), at 1; N. A. Robinson, "Ensuring Access to Justice through Environmental Courts", 29 *Pace Environmental Law Review* (2012) 363, at 381.

了各种形式的法院和法庭，① 而且它们继续成为大量分析的对象。② 亚洲地区最发达的专门机构也许是印度的国家绿色法庭（National Green Tribunal）。③

这些专业机构似乎都对环境问题所引起的人权问题没有具体的管辖权。④ 然而，这些机构都正在努力将《奥胡斯公约》规定的知情权、公众参与环境决策权和诉诸环境的司法权纳入程序性权利，通过这些机构的建立和运作付诸实践。此外，可以预期的是，在宪法没有明文规定公民环境权的司法管辖区，专门机构将延续孟加拉国、印度、巴基斯坦、马来西亚以及尼泊尔等国的高等法院已经确立的趋势，解释诸如生命权等宪法条款，以实现环境成果。

第七节 结 语

毫无疑问，亚太地区人权与环境之间更密切的联系方面已经取得了进展。然而，与世界其他地区特别是欧洲、拉丁美洲和非洲地区相比，亚太地区的总体形

---

① M. Zhang and B. Zhang, "*Specialized Environmental Courts in China: Status Quo, Challenges and Responses*", *30 Journal of Energy & Natural Resources Law* (2012) 361.

② E. g., "The Amritsar Dialogue Statement on Green Courts and Tribunals" (2013), available at <http: //www. jnu. ac. in/SIS/AmritsarDialogueStatement. pdf> (last visited 26 September 2014); B. J. Preston, "Characteristics of Successful Environmental Courts and Tribunals", 26 (3) *Journal of Environmental Law* (2014) 365.

③ National Green Tribunal Act, Parliament of India, Act No. 19 (5 May 2010, entered in force 2 June 2010); M. Chernaik, "India's New National Green Tribunal", *E-Law Spotlight* (28 December 2011), available at < http: //elawspotlight. wordpress. com/2011/12/28/indias-new-national-green-tribunal/> (last visited 26 September 2014). The Asian Development Bank has established an Asian Judges Network on the Environment, and continues to encourage dialogue and promote capacity building among environmental judges in Asia: "Environmental Governance and the Courts in Asia, An Asian Judges Network on the Environment", Law and Policy Reform Brief No. 1 (June 2012), available at < http: //www. adb. org/publications/environmental-governance-and-courts-asia-asian-judges-network-environment> (last visited 26 September 2014).

④ 显然，这些机构在处理环境与人权方面确实发挥了作用；从本章前面的内容以及本书其他各章中得出的论点可以明显看出这一点。G. Pring and C. Pring, "Specialized Environmental Courts and Tribunals at the Confluence of Human Rights and the Environment", 11 *Oregon Review of International Law* (2009) 301, at 307: "Specialized ECTs [Environmental Courts and Tribunals] provide one vehicle for fairly and transparently balancing the conflicts between the human rights of environment and development."

势仍然参差不齐。虽然在全球范围内①实现实体性环境权的讨论正变得越来越复杂和广泛，但亚太地区的讨论才刚刚开始。

尽管《东盟人权宣言》明确规定了享有安全、清洁和可持续环境的权利，许多国家也在其宪法中明确规定了环境权利，但在东盟国的区域和国家层面，违反环境的行为仍然没有得到解决。然而，整个亚太地区的法院发展的宪法判例对于进一步发展环境保护的人权方法来说将是一个宝贵的资源，而这一经验对于落实 2012 年《东盟人权宣言》特别有价值。此外，由于亚洲设立和采用更多的专门环境法庭，可能会看到更多的宪法人权条款的运用以及更有效地执行环境立法。

如本书引言所指出的，人权法和环境法的融合显然是一个正在出现的新现象，因为人权机构和文书以及法院继续在"绿色化"。然而，如果区域组织、各国政府及其人权机构和环境部门没有作出更多协调和有意识的努力，那么更紧密的融合将继续依赖于勇敢的诉讼当事人的主动作为、法院对案件的更多接受、倡导者的创新论点以及非政府组织实现重大而有意义变革的决心。

---

① S. Turner, "Factors in the Development of a Global Substantive Environmental Right", 3 *Onati Socio-Legal Series* (2013) 893.

第六章　亚太地区的人类迁移和气候变化

Stefan Gruber 著　张琪静*译

第一节　引　　言

在人类历史上，由于种种原因，数代人被迫离开家园。这些原因包括入侵、种族灭绝、政治动荡和饥荒等事件。许多大规模迁移的一个共同特征是它们是由人类活动引起的。这也反映在 1951 年《关于难民地位的公约》 （*Convention relating to the Status of Refugees of* 1951）① 第 1 条 "难民" 一词的定义中，（以下简称《难民公约》），该公约已由 1967 年《关于难民地位的议定书》 （*Protocol relating to the Status of Refugees of* 1967） 修订②。这是解决被迫迁徙问题的主要国际法律文书，专门保护有充分理由害怕被迫害的移民③。

然而，源于第二次世界大战经历的这一定义反映出其对被迫迁移问题的狭隘看法。它不包括由自然灾害、环境变化及一些由人为气候变化引起的最持久和最严重的影响造成的移民④。据了解，由于气候变化的影响而迁移的人因此不被承

---

* 张琪静，法学博士，中国共产主义青年团湖北省团校教师。

① Convention Relating to the Status of Refugees （adopted 28 July 1951，entered into force 22 April 2954） 189 UNTS 137 （hereinafter "Refugee Convention"）.

② Protocol Relating to the Status of Refugees （adopted 31 January 1967，entered into force 4 October 1967） 606 UNTS 267.

③ 《难民公约》第 1 条将难民定义为："因有正当理由畏惧由于种族、宗教、国籍、属于某一社会团体或具有某种政治见解的原因留在本国之外，并且由于此项畏惧而不能或不愿受该国保护的人。"

④ 关于文中提到的定义重要性的讨论，可见 M. M. Naser，"Climate Change-induced Displacement：Definitional Issues and Concerns"，2 （1） *Chicago-Kent Journal of Environmental and Energy Law* （2011） 1.

认难民地位，不受《难民公约》保护。同时，他们的境况也没有被其他国际公约特别认可①。在未来几十年里，这可能是灾难性的，因为气候变化导致的人类迁移已经不仅是世界某些地区的人们面临的情况，而且很快将发生在更大规模的区域。本章的写作目的即是分析这样一个现状，即气候变化可能会造成包括亚洲和太平洋地区在内的世界许多地区的大量人口迁移，以强调此类事件对受影响者的人权（如公认的生命权、食物权、水权、健康权和适当住房权）的破坏性影响。例如，1948 年的《世界人权宣言》（*Universal Declaration of Human Rights of 1948*）② 和 1966 年的《经济、社会及文化权利国际公约》（*International Covenant on Economic, Social and Cultural Rights of* 1966）（ICESCR）③，强调必须在国际层面对这些迁移者给予法律承认和援助。

第二节 气候变化对亚太地区社区的影响

《联合国气候变化框架公约》（*United Nations Framework Convention on Climate Change*）（UNFCCC）④ 第 1 条将气候变化定义为"除在类似时期内所观测的气候的自然变异之外，由于直接或间接的人类活动改变了地球大气的组成而造成的气候变化"。气候变化对人类和环境的影响是多种多样的。根据政府间气候变化专门委员会（Intergovernmental Panel on Climate Change）（IPCC）2013 年的报告⑤，已经观察到的，或至少可能发生的影响包括积雪、永久冻土和海冰的减少，冰川融化土壤温度升高，全球平均空气和海洋温度升高，海平面上升。IPCC 在其报告中指出的一些后果是生态系统的变化，许多地区的降水变化，以及极端天气事件的

---

① International Organization for Migration（IOM），*International Dialogue on Migration No.* 18: *Climate Change, Environmental Degradation and Migration*（2012），at 29.

② UNGA Res. 217A（III），Universal Declaration of Human Rights（10 December 1948）.

③ International Covenant on Economic, Social and Cultural Rights（16 December 1966, entered into force 3 January 1976）993 UNTS 3（hereinafter "ICESCR"）.

④ United Nations Framework Convention on Climate Change（opened for signature 9 May 1992, entered into force 21 March 1994）1771 UNTS 107.

⑤ Intergovernmental Panel on Climate Change 2013: The Physical Science Basis, Working Group I Contribution to the Fifth Assessment Report of the Intergovernmental Panel on Climate Change（2013）.

增加。早在 1990 年，IPCC 在其第一份评估报告中就断言："正如过去发生过的类似事件一样，这些变化可能会引发大规模的人口迁移，在数年内导致一些地区的定居模式遭到严重破坏和社会不稳定。"① 它进一步指出："最脆弱的人类住区是那些特别容易受到自然灾害影响的，例如沿海或河流洪水、严重干旱、山体滑坡、严重的暴风雨和热带气旋住区。"② IPCC 第五次评估报告第二工作组报告的标题为"2014 年气候变化：影响、适应和脆弱性"，其预测"如果不采取气候适应的措施，到 2100 年将有数亿人受到沿海洪灾的影响，并会由于土地流失而迁移；大多数受影响的人来自东亚、东南亚和南亚"。③

在人类历史上，气候变化引发大规模迁移以及整个定居点的丧失和废弃的例证不胜枚举。例如，公元 1000 年到 1500 年，当维京人（Vikings）在格陵兰（Greenland）定居时，当时的气候使得农业和畜牧业的规模得以养活全部人口。随着小冰河期（Little Ice Age）（大约从 1550 年持续到 1850 年）的到来，气候环境发生了迅速的变化。气温急剧下降，耕作变得更加困难。最后，那些没有逃离家园的人都死于饥荒。聚集人群完全陨灭。具有讽刺意味的是，目前快速的气候变化正导致该地区永久冻土大规模退化，并再次将其变成可耕地。

由于气候变化，亚太地区已经遭受了巨大的影响，该地区的许多居民很可能因此而失去他们的家园。这可能是由于海平面上升——这不仅淹没沿海土地，还会导致通常由大风和暴风浪潮造成的临时淹没区域的盐碱化，或可能是由于沙漠化或其他土地退化的加剧导致生态系统退化，以至于无法继续维持当地人口的生存。本章以太平洋岛屿社区、南亚和东南亚河流三角洲以及中国北方干旱地区为例，探讨这些现象对人权的影响以及保护人权的潜在法律发展。

一、太平洋岛屿社区的洪水

太平洋岛屿地区是最易受全球变暖影响的区域之一。近年来，该地区的海平面上升幅度一直高于全球平均水平，因此造成的影响也更大，沿海社区经常受到

---

① Intergovernmental Panel on Climate Change, Working Group II, Climate Change: The IPCC Impacts Assessment（1990），at 3.

② Intergovernmental Panel on Climate Change, Working Group II, Climate Change: The IPCC Impacts Assessment（1990），at 3.

③ Intergovernmental Panel on Climate Change, Climate Change 2014: Impacts, Adaptation and Vulnerability（2014），at 364.

热带气旋的袭击①。除了占该地区大部分陆地的澳大利亚、新西兰和巴布亚新几内亚之外，该地区的许多国家主要由海拔只有几米的低洼岛屿和环礁组成。这些岛屿主要是土著人民和地方社区的居住地，其中，许多人像他们的祖辈一样非常依赖其土地和环境健康②。

正在重新安置的一个社区是卡特里特群岛（Carteret Islands）。马蹄形卡特里特环礁位于布干维尔岛东北 86 公里处，属于巴布亚新几内亚。它包括几个海拔最高只有 1.5 米的低洼岛屿，这使得它们极易受到洪水的影响。其人口约 2500 人，是一个文化上独特的哈利亚语社区。

不断上升的海平面决定了卡特里特岛作为一个岛屿社区的命运。潮汐和风暴潮的增加对海岸线造成了进一步的压力，它们毁坏了花园和庄稼，破坏了房屋，污染了淡水地下水的供给水源。卡特里特群岛的居民为了他们的家园奋斗了许多年，他们修筑水坝、种植红树林，但他们在这场斗争中最终没有取得胜利。这些岛屿很快就完全不能居住了。布干维尔天主教堂在廷普茨（Tinputz）给卡特里特岛民 41 公顷土地重新安置，社区新家园的建设工作即将完成。第一批卡特里特岛民在 2009 年搬到这里，在一片丛林空地上建造房屋和种植作物，为其他社区居民的到来做好准备③。这可能是该地区因气候变化而进行的首次有组织的疏散工作，但它可能是类似的或者规模更大的事件的预兆。

然而，尽管卡特里特岛居民的生命和生计得到了挽救，一旦他们不再以岛屿社区的形式存在，他们的社区将不得不面临进一步的严峻挑战。卡特里特岛居民认为，保护和延续他们的文化特性是他们主要关心的问题④，但是，他们生活条

---

① 自 1991 年以来，南太平洋海平面和气候监测项目（SPSLCMP）一直在监测南太平洋的海平面上升情况。SPSLCMP 是"澳大利亚政府对南太平洋论坛成员国提出的关于人为导致的全球变暖对太平洋地区气候和海平面的潜在影响的担忧的回应"。其报告、记录和观察结果可见 <www. bom. gov. au/pacificsealevel/index. shtml> 和 <www. bom. gov. au/oceanography/projects/spslcmp/spslcmp_ reports. shtml>。

② E. L. Kwa, "Climate Change and Indigenous People in the South Pacific: The Need for Regional and Local Strategies", in B. Richardson *et al.* (eds.), *Climate Law and Developing Countries: Legal and Policy Challenges for the World Economy* (2009) 102.

③ "Carteret Islanders—First Climate Refugees", *Solomon Times Online* (6 May 2009), available at <http: //solomontimes. com/news. aspx? nwID = 3964>.

④ T. Havini, "An Uncertain Future", 30 *Explore* (Australian Museum) (2008) 14；关于气候变化对文化遗址的影响，见 S. Gruber, "The Impact of Climate Change on Cultural Heritage Sites: Environmental Law and Adaptation", 2 *Carbon and Climate Law Review* (2011) 209.

件的改变和传统家园的丧失所带来的影响通常是毁灭性的。太平洋地区的居民的日常生活很大程度上依赖于他们的土地和海洋。在许多太平洋岛屿国家，土著人民拥有90%以上的土地。土地是人们身份和生活方式的一部分。没有它，他们就没有立足之地，也没有文化身份。Kwa指出，太平洋上最重要的格言之一就是"土地就是生命，没有土地就没有生命"。

过去几十年，气候变化加剧了整个太平洋地区岛屿上陆地和沿海生态系统的退化和脆弱性[1]。极端天气事件、海平面上升、淹没土地、土壤盐碱化以及海水侵入淡水水库造成的供水减少，很可能对生态系统和农业造成不利影响[2]。许多小岛屿社区，如澳大利亚和巴布亚新几内亚管辖下的托雷斯海峡，由于现有的社会和经济不利条件以及基础设施不足，应对气候变化影响的能力更差[3]。

太平洋岛屿国家和社区十分清楚气候变化对其领土完整构成的威胁[4]。在某些情况下，它们的存在本身就可能处于危险之中[5]，这就是为什么他们将不断上升的海洋和更频繁、更强烈的气旋不仅视为环境事项，更视为安全问题[6]。鉴于

---

[1]　有关更多背景信息，参见 Intergovernmental Panel on Climate Change, *IPCC Special Report on the Ocean and Cryosphere in a Changing Climate* (2019), at ch 4, available at < https: // www. ipcc. ch/ srocc/ >.

[2]　P. Clarke and I. Miller, "Climate Change and the Law in the Pacific Islands", in W. Gumley and T. Daya-Winterbottom (eds.), *Climate Change Law: Comparative, Contractual & Regulatory Considerations* (2009) 101.

[3]　D. Green, *How Might Climate Change Affect Island Culture in the Torres Strait?* (2006).

[4]　另请参见 J. Barnett and J. Campbell, *Climate Change and Small Island States: Power, Knowledge and the South Pacific* (2010); W. Burns, "The Impact of Climate Change on Pacific Island Developing Countries in the 21st Century", in A. Gillespie and W. Burns (eds.), *Climate Change in the South Pacific: Impacts and Responses in Australia, New Zealand, and Small Island States* (2000) 233; D. Wong, "Sovereignty Sunk? The Position of 'Sinking States' at International Law", 14 *Melbourne Journal of International Law* (2013) 346.

[5]　相关讨论请参见 R. Rayfuse and E. Crawford, "Climate Change and Statehood", in R. Rayfuse and S. Scott (eds.), *International Law in the Era of Climate Change* (2012) 243; S. Park, *Climate Change and the Risk of Statelessness: The Situation of Low-lying Island States* (2011), available at <http: //www. unhcr. org/4df9cb0c9. html> .

[6]　E. Shibuya, "Climate Change and Small Island States: Environmental Security as National Security", in E. Shibuya and J. Rolfe (eds.), *Security in Oceania in the 21st Century* (2003) 137, at 138.

大多数岛屿国家国土面积小、海拔低，任何适应和缓解措施只能产生有限的影响。如果没有大量的国际援助与合作，它们的存在就会受到挑战。2000 年，图瓦卢（Tuvalu）加入联合国，其唯一目标是提高人们对气候变化的认识，并说服其他国家加入《京都议定书》（*Kyoto Protocol*）①。遗憾的是，迄今为止，这些活动的成果十分有限。基里巴斯（Kiribati）总统艾诺特·汤（Anote Tong）在 2008 年第 63 届联合国大会上的讲话中指出："尽管国际社会继续就此问题的责任和追求相互指责，但我们的人民继续遭受气候变化和海平面上升的影响。实际可行的解决方案仍在回避我们的问题。"②

二、气候变化与亚洲河流三角洲

亚太地区的另一个受气候变化威胁最大的区域是河流三角洲③。这些三角洲经常人口稠密，因为它们不仅提供了便利的运输路线，而且土壤肥沃。这片土地海拔通常不会很高，因此极易受到降水增加和冰川融化的影响。此外，海平面上升使内陆的高水位洪水更难排入大海，而风暴潮数量的增加会将海水进一步推向上游，导致更严重的洪水④。另外，如果被海水淹没，肥沃的土地更有可能因盐碱化而变得毫无用处。例如，这适用于越南湄公河三角洲的低洼区域，预期的海平面上升和洪水增加将严重损害作物生产力，并使相当一部分土地每年被淹没一段时间，使其遭受严重的盐碱化⑤。这对三角洲地区居民的影响将是毁灭性的。

---

① S. S. Patel, "Climate Science: A Sinking Feeling", 440 *Nature* (2006) 734, at 736.

② Anote Tong, President of the Republic of Kiribati, Statement at the General Debate of the 63rd Session of the United Nations General Assembly (25 September 2008), available at <www. un. org/en/ga/63/generaldebate/pdf/kiribati_en. pdf>.

③ 有关气候变化对亚洲河流影响的科学背景信息，参见 X. Lu and T. Jiang, "Larger Asian Rivers: Climate Change, River Flow and Sediment Flux", 208 *Quaternary International* (2009) 1.

④ S. Agrawala *et al.*, *Development and Climate Change in Bangladesh: Focus on Coastal Flooding and the Sundarbans* (2003), at 17.

⑤ United Nations Development Programme (UNDP), *Human Development Report 2007/2008, Fighting Climate Change: Human Solidarity in a Divided World* (2008), at 100; International Centre for Environmental Management, *Climate Change Adaptation and Mitigation Methodology*, available at <www. icem. com. au/documents/climatechange/cam/CAM%20brief. pdf>.

目前，该地区大约有 400 万人已经生活在贫困之中，部分原因是由于没有土地①。

孟加拉国的南部是已经可以观察到这种发展的地方之一②。该国的沿海区域地势低洼，被 13 条河流分隔，形成了一个巨大的三角洲。低洼的地势助长了强烈的回水效应，当季风转为旱季时，海水与淡水之间发生了动态相互作用，反之亦然。沿海地区约有 3500 万人居住，约有 1000 万人居住在海拔低于一米的地区。

当地许多农民住在离水很近的高架房屋里，等待一年一度的雨季结束③。洪水留下了肥沃的土壤，这是下茬作物的基础。农民通常在雨季种植水稻，并等待数周，直到周围地区被洪水淹没。当水退去时，他们收获并种植不同的农作物。这种循环每年都在重复，并与该地区的极端天气条件相平衡。然而，在过去几年中，洪水不断地夺走了更多肥沃的土地，并缩短了收获周期。许多地区很快将无人居住，并将被永久淹没。

孟加拉国海岸线低洼地带的另一压力来源是越来越多的强热带气旋。孟加拉湾的形状加剧了这种情况，它就像一个漏斗，可以产生风暴潮。这些地区因其丰产而人口稠密，因而热带气旋的受害者人数往往很高。1970 年的"波拉飓风"（Bhola Cyclone）造成约 50 万人死亡，1991 年的"孟加拉飓风"（Bangladesh Cyclone）造成约 14 万人死亡，约 1000 万人无家可归④。1998 年，一场洪水使

---

① United Nations Development Programme（UNDP），*Human Development Report* 2007/2008, *Fighting Climate Change: Human Solidarity in a Divided World*（2008），at 100；International Centre for Environmental Management，*Climate Change Adaptation and Mitigation Methodology*，available at <www. icem. com. au/documents/climatechange/cam/CAM%20brief. pdf>.

② 关于气候变化对南亚民众的影响，参见 S. Byravan and S. C. Rajan，"The Social Impacts of Climate Change in South Asia"，5 Journal of Migration and Refugee Issues（2009）134.

③ M. Gebauer，"Bangladesch: In der Todeszone des Klimawandels"，Spiegel（23 April 2007），available at <http://www. spiegel. de/wissenschaft/natur/bangladesch-in-der-todeszone-des-klimawandels-a-477669. html>.

④ Government of the People's Republic of Bangladesh（ed.），*Bangladesh Climate Change Strategy and Action Plan* 2008（2008）.

3000 多万孟加拉人流离失所，淹没了大约 10 万平方千米的土地①。这次洪水是由印度和尼泊尔的强降雨和融雪造成的，孟加拉国主要河流周围的降雨增加了 20%，而孟加拉湾季风季节的潮汐升高阻塞了河流的流出。2009 年，飓风"艾拉"使孟加拉国 50 万人无家可归②。正如科学研究结果强烈表明的那样，气候变化对观察到的强风暴（尤其是热带气旋）的数量和严重程度的增加起了重要作用，而且此类事件很可能会更频繁地发生③。此外，海平面上升和海平面温度升高导致的气旋强度更大的结合，预计将产生更严重的风暴潮，淹没的土地比上述 1970 年、1991 年、1998 年和 2009 年的气旋淹没的土地要多得多。

孟加拉国南部的淹没将增加全球被迫迁移人口数量④，这不仅会给孟加拉国的经济和政治体系带来巨大压力，而且由于流离失所的人数众多，还会影响到邻国⑤。大多数农民来自偏远区域，周边水源缺乏，也没有足够的基础设施。学校数量不足，而且通常只在旱季才开放。如果没有良好的教育，农民及其家人将很难在大城市中竞争工作机会，也很难在远离家乡的地方建设自己的未来。但是，要找到足够的耕地来安置如此庞大的人口将更加困难。如果气候变化减缓和适应措施失败⑥，将有数千万人流向无法充分维持生计的其他地区，从而可能在该地区造成大规模的安全问题。如果他们在未获得法律认可的情况下进行迁移，这将增加他们的脆弱性。

---

① Government of the People's Republic of Bangladesh（ed.），*Bangladesh Climate Change Strategy and Action Plan* 2008（2008）.

② 更多信息请参见联合国儿童基金会网站 United Nations Children's Fund（UNICEF），available at <www. unicef. org/bangladesh/4926_6202. htm>.

③ UNDP, *Human Development Report* 2007/2008；K. Emanuel，"Increasing Destructiveness of Tropical Cyclones over the Past 30 Years"，436 *Nature*（2005）686；J. P. Donnelly and J. D. Woodruff，"Intense Hurricane Activity over the Past 5, 000 Years Controlled by El Ninõ and the West African Monsoon"，447 *Nature*（2007）465；J. Nyberg *et al.*，"Low Atlantic Hurricane Activity in the 1970s and 1980s Compared to the Past 270 Years"，447 *Nature*（2007）698.

④ 参见，例如，A. Bhattacharyya and M. Werz，*Climate Change*，*Migration*，*and Conflict in South Asia：Rising Tensions and Policy Options across the Subcontinent*（2012），at 23-30.

⑤ 例如 J. McAdam and B. Saul，"Displacement with Dignity：Climate Change，Migration and Security in Bangladesh"，53 *German Yearbook of International Law*（2010）1.

⑥ 有关孟加拉国政府采取的减缓和适应策略，参见 Government of the People's Republic of Bangladesh.

三、荒漠化和其他土壤退化引发的迁移

造成被迫迁移的第三个例证是亚洲某些地区持续的沙漠化①和其他类型的土地退化，气候变化加剧了这种情况。② 这些影响可以在蒙古国南部③和中国北部④戈壁沙漠的持续扩张中得到体现。研究表明，在过去的 50 年里，这些地区的沙漠化一直在加速⑤。这可能还会对该地区的粮食安全产生影响，因为中国拥有全球逾 20% 的人口，但其可耕地仅占全球的 10%⑥。

土地退化是由多种因素引起的，例如灌溉不当、治理不善、森林滥伐、污染以及资源和土地的不可持续利用。不当的灌溉往往导致土地的次生盐碱化⑦，因为水蒸发后，盐仍然留在地里。蒙古国南部的情况因过度放牧，特别是大量的山羊而变得更糟。当这些因素与气候变化的影响放在一起时，结果可能是毁灭性的，因为土地退化会极大地降低该地区对气候变化影响的适应力⑧。此外，一旦

---

① United Nations Convention to Combat Desertification in those Countries Experiencing Serious Drought and/or Desertification, particularly in Africa (adopted on 17 June 1994) 1954 UNTS 3, Art. 1 (a). 将荒漠化定义为 "干旱、半干旱和半湿润干旱地区由于各种因素造成的土地退化，包括气候变化和人类活动"。

② 更多背景信息参见 Intergovernmental Panel on Climate Change, *Climate Change and Land: an IPCC special report on climate change, desertification, land degradation, sustainable land management, food security, and greenhouse gas fluxes in terrestrial ecosystems* (2019), at ch 4, available at <https://www.ipcc.ch/srccl/>.

③ 关于蒙古南部正在进行的沙漠化的全面研究，特别是构成戈壁三美国家公园一部分的布尔甘地区，见 S. Begzsuren, *Integrated Desertification Assessment in Southern Mongolia* (2007).

④ R. Royston, "China's Dust Storms Raise Fears of Impending Catastrophe", *National Geographic News* (1 June 2001), available at <http://news.nationalgeographic.com/news/2001/06/0601_chinadust.html>.

⑤ W. Tao and W. Wei, "Sandy Desertification in Northern China", in K. Day (ed.), *China's Environment and the Challenge of Sustainable Development* (2005) 233; Q. Du and I. Hannam (eds.), *Law, Policy and Dryland Ecosystems in the People's Republic of China* (2011).

⑥ S. Pater and D. Pater, "Combating the Expansion of the Gobi Desert—A Case Study of the Shaanxi Province, China", in World Forum of Mayors on Cities and Desertification, Bonn, 11-12 June 1999, *Six Case Studies from Asia, Africa, and Latin America* (2000) 99.

⑦ S. Begzsuren, *Integrated Desertification Assessment in Southern Mongolia* (2000), at 100.

⑧ Asian Development Bank, *Making Grasslands Sustainable in Mongolia: Assessment of Key Elements of Nationally Appropriate Mitigation Actions for Grassland and Livestock Management* (2014), at vi.

半干旱或干旱地区的薄层植被消失，沙丘就会移动并开始蔓延，因为当植被或其他障碍物无法阻止时，风就更容易吹起沙子。

当原来的可耕地变成沙漠，再也无法维持生计时，当地居民便被迫迁移。这种被迫迁移会对邻近旱地区域产生毁灭性影响。当农民和牧民离开原来的土地并随着不断扩大的沙丘移动到距离最近的仍可用的土地时，他们给那些通常非常脆弱的区域增加了负担，并降低了原始人口以可持续的方式使用稀缺自然资源的能力。根据"千年生态系统评估"，这可能会加速这些地区的荒漠化进程，或者通过争夺资源而导致"内部和跨国界的社会，种族和政治冲突"，并对"本地，区域甚至全球政治和经济稳定"产生潜在影响①。

荒漠化也影响城市；例如，沙尘暴频繁袭击北京以及蒙古国沙漠的扩张急需被制止；这些沙丘现在距离中国首都不到100公里。作为该地区防治荒漠化的措施之一，中国发起了一个名为"绿色长城"（Green Great Wall）的庞大工程，试图"迫使"自然恢复原状。该项目于1978年启动，目的是到2050年在中国北方开辟一块面积约9000万英亩、绵延2800英里的缓冲区，以防止沙漠占用更多土地，并进一步损害中国的农业经济②。

政府决定将"长城"一词用于旨在阻止沙丘的项目，与之前依靠石头和黏土挡住蒙古人的"长城"有很大不同，这也是一个有趣的例证，说明了这种对"安全性"的概念的理解随着时间的推移而发生了变化。传统上，安全概念集中在军事威胁、犯罪活动、恐怖组织和其他对公共秩序的威胁上，而现代安全概念已扩展到如下问题：流行病和其他大规模健康威胁、环境恶化和自然灾害、非法移民、资源和粮食短缺以及经济危机③。

然而，"绿色长城"计划有几个缺点，因为旱地通常无法支撑大树，后者会消耗大量水。如果地下水以不可持续的方式枯竭，不仅新种植的树木（主要是单

---

① Millennium Ecosystem Assessment, *Ecosystems and Human Well-Being*：*Desertification Synthesis* (2005), at 8.

② J. R. Luoma, "China's Reforestation Programs：Big Success or Just an Illusion？", *Yale Environment* 360 (17 January 2012), available at < http：//e360. yale. edu/feature/chinas _ reforestation_programs_big_success_or_just_an_illusion/2484/>.

③ 关于这场争论的概述，请参见 J. Romm, *Defining National Security*：*The Nonmilitary Aspects* (1993)；M. A. Levy, "Is the Environment a National Security Issue？", 20 *International Security* (1995) 35；R. A. Matthew *et al.* (eds.), *Global Environmental Change and Human Security* (2010).

一种植的树木）最终会死亡，荒漠化进程甚至可能会加速，而不是停止或至少减缓①。尽管该项目的结果依据当地资源的可获得性、质量和治理而表现不同，来自内蒙古库布齐沙漠的环保人士估计，该地区每年有30%的新植树木死亡，必须重新种植②；其他研究人员的总体估计接近85%③。尽管如此，一些有望成功的案例至少为该项目的部分成功带来了希望④。

除了这个庞大的项目，中国政府还开始履行一些有发展前景的计划和政策，旨在改变人们的行为或给予过度开发的土地以恢复时间。在许多直接受到荒漠化威胁的地区，牲畜和农作物的数量急剧减少，资源的保护和循环利用得到鼓励。在某些情况下，当地居民至少暂时被重新安置⑤。用栅栏隔开滥用和过度放牧的土地通常是让一个地区恢复的最有效的方法。如上所述，许多沙漠化的事件被认为主要是由人类活动造成的。然而，正是气候变化放大了这些因素，才使得它们更具破坏性。一旦气候变化发生，即使以前从未发生过不良后果的人类活动水平也可能导致严重后果。中国政府应该严格执行土地可持续利用政策，因为荒漠化一旦严重到一定程度就几乎不可能逆转。

---

① 关于中国植树造林计划问题的概述，参见 J. Watts, "China's Loggers Down Chainsaws in Attempt to Regrow Forests", *The Guardian* (11 March 2009), available at <http://www.guardian.co.uk/environment/2009/mar/11/china-forests-deforestation>；在关于土地退化的辩论中也直接采用了安全术语：H. G. Brauch and U'. O. Spring, *Securitizing the Ground, Grounding Security: Desertification, Land Degradation and Drought* UNCCD Issue Paper No. 2 (2010), available at <http://www.unccd.int/Lists/SiteDocumentLibrary/Publications/dldd_eng.pdf>.

② A. Trafford, "Let a Billion Trees Bloom: Can a Great Green Wall of Trees Stop China's Spreading Desert?", *The Washington Post* (23 November 2013), available at <http://www.washingtonpost.com/national/health-science/let-a-billion-trees-bloom-can-a-great-green-wall-of-trees-stop-chinas-spreading-desert/2013/11/22/12908e0e-2d13-11e3-b139-029811dbb57f_story.html>.

③ S. Cao *et al.*, "Excessive Reliance on Afforestation in China's Arid and Semiarid Regions: Lessons in Ecological Restoration", 104 *Earth-Science Reviews* (2011) 240.

④ 例如，"未来森林"项目自2006年以来在内蒙古库布其沙漠种植了约620万棵树，每年的预算约为100万美元，并计划建造一个跨越10英里、由大约1亿棵树组成的半英里厚的屏障。

⑤ 关于这些措施，见 C. Dong, X. Liu and K. K. Klein, "Land Degradation and Population Relocation in Northern China", 53 *Asia Pacific Viewpoint* (2012) 163；Y. Zheng, J. Pan and X. Zhang, "Relocation as a Policy Response to Climate Change Vulnerability in Northern China", in *World Social Science Report* 2013: *Changing Global Environments* (2012) 234.

第三节 制定全面的国际对策

尽管本章讨论了这些进展，但迄今为止，国际社会对因气候变化影响而迁移人们的反应仍然介于缓慢和根本不存在之间。尽管由气候变化引发的迁移和流离失所问题至少已在国家①和国际层面②上得到了一些机构的关注，但在政治和法律层面上却鲜有进展。原因之一可能是许多人在国内迁移或将在国内流离失所，他们只会在本国境内迁移。例如，1998 年《联合国关于国内流离失所问题的指导原则》（1998 UN *Guiding Principles on Internal Displacement*）③ 就处理了这种情况，该原则在很大程度上依赖于人权法④。另一个最近的例证是 2013 年的《关于国家内部气候变化的半岛原则》（*Peninsula Principles on Climate Displacement within States*⑤ of 2013）⑥，该原则同样强调了与人权的联系，"认识到自愿和非自愿迁移往往导致侵犯人权、贫困、社会分裂和其他消极后果"⑦，并指出："所有有关立法必须完全符合人权法律，特别是必须明确保护土著人民、妇女、老年人、少数民族、残疾人、儿童、生活在贫穷中的人以及边缘化群体和人民的权利。"⑧

---

① 例如，澳大利亚人权和平等机会委员会（现称为澳大利亚人权委员会）在 2008 年提交给澳大利亚 2020 年首脑会议的文件中指出：作为主要国际人权条约的缔约方，澳大利亚有义务保护个人免受气候变化对人权构成的威胁。将需要采取以下措施：重新安置——如果气候变化的影响有必要的话，政府应该为社区的重新安置提供便利，包括来自澳大利亚领土岛屿的社区。气候变化难民——政府应倡导一项新的国际协议，并在过渡时期制定国内法律来解决气候导致的移民问题。参见 Australian Human Rights Commission，"Submission to the Australia 2020 Summit"，available at <www. humanrights. gov. au/submission-australia-2020-summit>.

② 参见，例如，IPCC，*Climate Change* 2013，*Climate Change* 2014.

③ UN Doc. E/CN. 4/1998/53/Add. 2，11 February 1998.

④ 另见人权事务高级专员办事处网站上国内流离失所者人权问题特别报告员的年度报告，available at <www. ohchr. org/EN/Issues/IDPersons/Pages/Annual. aspx> (last visited 8 October 2014).

⑤ Displacement Solutions，"Peninsula Principles on Climate Displacement within States" (18 August 2013)，available at <http：//displacementsolutions. org/peninsula-principles/>.

⑥ Displacement Solutions，"Peninsula Principles on Climate Displacement within States" (18 August 2013)，available at <http：//displacementsolutions. org/peninsula-principles/>.

⑦ Displacement Solutions，Preamble.

⑧ Displacement Solutions，Principle 7 (e).

在许多情况下，也很难区分被迫迁移和由经济原因推动的迁移。然而，这两者之间往往只有极细微的差别，在许多情况下，流离失所者可能同时属于这两种。此外，几乎不可能将气候变化单独作为迁移的原因，也不可能预测它对人类住区的确切影响。所有这些使得我们很难准确估计未来甚至现在因气候变化而流离失所的人数①，这就是为什么如果把所有评论人士的观点都考虑进去的话，估计结果的差异会高达数亿人②。英国财政部委托进行的《斯特恩气候变化的经济学评论》（*Stern Review on the Economics of Climate Change*）③ 是该领域最受国际认可的分析报告之一。报告估计，到 2050 年，将有大约 2 亿人因气候变化的影响而永久性流离失所。

尽管存在这些障碍和不确定因素，但显然需要尽快建立和落实因气候变化而导致流离失所者的国际援助机制④。准备和组织大型社区的迁移是一件需要长期规划的事情。这不仅涉及确定重新安置的土地，而且还涉及使这些人能够在离开故土后维持生计⑤。在因自然灾害等造成临时流离失所的情况下，需要制定过境和临时停留的规则，并最终制定遣返协定。

---

① Norwegian Refugee Council, *Climate Changed: People Displaced* (2009), at 5.

② 有关辩论的概述以及计算环境难民人数的不同方法，可在 Renaud *et al.*, "*Control, Adapt, or Flee: How to Face Environmental Migration?*" (2007), at 47. 另见 "Achieving Justice and Human Rights in an Era of Climate Disruption", *International Bar Association Climate Change Justice and Human Rights Task Force Report* (2014), at 42, available at < www. ibanet. org/ PresidentialTask ForceClimateChangeJustice2014Report. aspx >, which indicates between 50 to 200 million.

③ N. Stern, *Stern Review: The Economics of Climate Change* (2006).

④ 关于在这方面对国际法立场的深入分析，见 J. McAdam, *Climate Change, Forced Migration, and International Law* (2012).

⑤ 在 2008 年第 63 届联合国大会上，基里巴斯的总统 Anote Tong 强调了一些关键问题，为未来可能的搬迁做好准备。因此，我国政府制定了一项长期的择优安置战略，作为我国人民的一项选择。作为领导人，我们对我们所服务的人民有责任让他们为最坏的情况做好准备。该战略包括提高我国人民的技能，使他们在国际劳动力市场上具有竞争力和适销对路。我们希望瞄准存在技能或劳动力缺口的劳动力市场，为它们提供劳动力。我们相信，这提供了一个双赢的局面。我们将能够为各国提供劳动力，而这些国家将能够为我们的人民提供潜在的新家园。这一战略为我们的人民提供了一种选择，当他们选择移民时，他们将基于自己的优点和尊严移民。接纳他们的国家将不是把他们当作负担，而是作为社会中有价值的成员来接受他们。

虽然目前没有明确支持因气候变化而流离失所者的国际立法文书，但正在不同层面上讨论若干解决该问题的方法①。其中一种方法着眼于 1951 年《难民公约》的扩展。但是，这是一个虽然实际但不太可能的选择。如上所述，1951 年的《难民公约》是在第二次世界大战及其后遭受饱受战争摧残的欧洲大背景下创建的，成千上万的人流离失所，被驱逐和迫害。除了 1967 年的修正案②外，该公约一直未变，并在国际社会目前的状态下被广泛接受。因此，很少有动机或意愿进行任何重大改变，并冒着破坏协商一致意见、既定的做法和《难民公约》的全面效力的风险。虽然保护事务助理高级专员在高级专员方案执行委员会第 61届会议的发言中承认，"流离失所的模式极有可能日益受到具有冲突的环境因素的影响"③，联合国难民事务高级专员在同一届会议上表示，"我们不是要对该公约进行修订。相反，我们希望与您一起，在流动人口的背景下审查保护的不足，并查看是否有新的方法思考和采取保护措施"④。因此，通过扩展《难民公约》而应对气候变化引发的移民问题很可能被排除在可行的途径之外。

另一种选择是在《联合国气候变化框架公约》的附加议定书或后续议定书下处理这些问题⑤。鉴于与气候变化有关的问题的复杂性以及在国内和跨界流离失所问题上应用这一文书的必要性，通过气候变化协议处理这些迁移问题似乎是一个显而易见的选择。这主要是因为减缓和适应是一个硬币的两面。减缓越成功，适应就越成功。归根结底，只有在进行任何其他应对气候变化的尝试之后，才将人员迁移作为最后的手段。防止进一步的气候变化发生并尽可能多地保护受威胁的有人居住的土地，同时也为受影响的人们重新安置做准备，这必须同时进行。然而，目前的协议主要集中于技术方面和排放目标。引入一套单独的义务并着重

---

① 有关这些讨论的概述，请参见，例如，Norwegian Refugee Council; K. M. Wyman, "Responses to Climate Migration", 37 *Harvard Environmental Law Review* (2013) 167.

② Protocol Relating to the Status of Refugees.

③ E. Feller, "Rule of Law 60 Years On", Sixty-First Session of the Executive Committee of the High Commissioner's Programme (2010), available at <http://www.unhcr.org/4cac7f2f9.html>.

④ A. Guterres, "Opening Statement to the 61st Session of the Executive Committee of the High Commissioner's Programme (ExCom)" (2010), available at <http://www.unhcr.org/4ca995299.html>.

⑤ 参见，例如，K. Warner, *Climate Change Induced Displacement: Adaptation Policy in the Context of the UNFCCC Climate Negotiations* (2011), available at <http://www.unhcr.org/4df9cc309.html>.

于适应措施可能会适得其反，使新协议更加复杂。

按照这一逻辑，2015 年的《巴黎协定》（*Paris Agreement of 2015*）没有单独提及流离失所者。在讨论针对发展中国家的新责任、新排放目标和承诺时，谈判代表可以利用进一步的内容淡化协议的其他部分。此外，可能很难将环境变化和自然灾害引发的迁移与气候变化联系起来，以一种足够具体的方式让所有参与方提供援助。因此，似乎更可取的做法是对减缓气候变化和有关迁移问题采取不同的法律措施，以便增加在这两个领域取得进展的机会。

尽管存在这些障碍，但实际上已经有几次将流离失所问题纳入国际气候变化协议的尝试。小岛屿国家联盟（Alliance of Small Island States）（AOSIS）[1] 在联合国内部进行了大量游说，以提高人们对于气候变化对其土地造成后果的认识，并促进对气候敏感的发展。在 2009 年哥本哈根气候变化峰会（Copenhagen Climate Change Summit 2009）之前，小岛屿国家联盟（AOSIS）举行了自己的气候变化峰会[2]，促成了"2009 年气候变化宣言"[3]。除了敦促国际社会实现《联合国气候变化框架公约》的目标，并强调限制全球表面温度升高达到远低于工业化前水平 1.5℃的水平的重要性，该宣言指出："［我们］也强调，迫切需要考虑并解决气候变化对安全的影响和人的因素，包括必要时采取的为社区重新安宅做准备的举措。"虽然主要目标必定是拯救所有被淹没的土地并维持这些地区人民的家园，但必须尽早进行准备，以支持可能流离失所的社区，并在减缓工作不成功的情况下为他们提供新家园。小岛屿国家联盟在 2012 年重申了这一宣言，对气候变化造成的"整个岛屿可能无法居住或完全被淹没后的大规模人口流离失所"给以"深刻的警示"[4]。

---

[1]　小岛屿国家联盟是由小岛屿国家和低洼沿海国家组成的联盟，这些国家都面临着同样的发展挑战和对环境的关切，特别是它们很容易受到全球气候变化的不利影响。它主要是作为联合国系统内小岛屿发展中国家的特别游说和谈判声音。AOSIS website, available at <http：//aosis. org/>.

[2]　2009 年 9 月 21 日在纽约举办。

[3]　Alliance of Small Island States（AOSIS）Declaration on Climate Change 2009, available at <http：//aosis. org/wp-content/uploads/2012/10/2009-AOSIS-Leaders-Declaration. pdf>.

[4]　Alliance of Small Island States Leaders' Declaration, 2012, available at < http：// aosis. org/wp- content/uploads/2012/10/2012-AOSIS-Leaders-Declaration. pdf>.

处理这个问题的另一种方法是适用人权法的不同内容①——例如 1948 年的《世界人权宣言》和 1966 年的《经济、社会及文化权利国际公约》，或者最终根据这些概念拟订一项新的立法文书。在这方面特别重要的是绝对权利，例如生命权、② 健康权③、食物权④、适足住房权⑤和水权也可能受到影响⑥。这些权利是密切相关的，在许多情况下不能明确区分开来。本章中给出的案例不仅反映了由气候变化直接或间接造成的极端天气事件和其他影响可能会对人们的生命和健康造成威胁或者伤害，还表明了它们在生计、粮食生产、清洁饮用水的获得或疾病的传播以及其他后果。至少可以类比地说，另一项相关的绝对权利是禁止酷刑和不人道和有辱人格的待遇⑦。以这种方式使人们受到影响而得不到援助，在某些情况下甚至没有长期生存的机会，显然是对这项权利的侵犯。这同样适用

① 关于享有适当环境的人权，一般见 United Nations Human Rights Council，"Report of the Independent Expert on the Issue of Human Rights Obligations Relating to the Enjoyment of a Safe, Clean, Healthy and Sustainable Environment, John H. Knox", UN Doc. A/HRC/22/43（24 December 2012）；J. H. Knox，"Linking Human Rights and Climate Change at the United Nations"，33 *Harvard Environmental Law Review*（2009）477.

② Universal Declaration of Human Rights："人人享有生命、自由和人身安全的权利。"

③ Universal Declaration of Human Rights；ICESCR：

1. 本公约缔约方承认人人有权享有能达到的最高标准的身心健康。

2. 本《盟约》缔约方为充分实现这项权利而应采取的步骤应包括下列所需的步骤：

（a）规定减少死产率和婴儿死亡率以及儿童的健康发展；

（b）改善环境和工业卫生的所有方面；

（c）预防、治疗和控制流行病、地方病、职业病和其他疾病；

（d）创造条件，确保所有人在生病时得到医疗服务和医疗照顾。

④ Universal Declaration of Human Rights；ICESCR：

1. 本《盟约》缔约方承认人人有权为自己及其家庭享有适当的生活水准，包括适当的食物、衣服和住房，并有权不断改善生活条件。各缔约方将采取适当步骤，确保这一权利的实现，并认识到基于自由同意的国际合作的根本重要性。

2. 本盟约各缔约方承认人人享有不受饥饿的基本权利，应个别地并通过国际合作采取必要措施，包括具体方案，以：

（a）改善生产方法，保护和分配食物的充分利用技术和科学知识，传播知识的营养的原则和通过开发或改革农业系统以这样一种方式，实现最有效的开发和利用自然资源；

（b）考虑到粮食进口国和粮食出口国的问题，确保世界粮食供应按需要公平分配。

⑤ Universal Declaration of Human Rights；ICESCR.

⑥ Closely related to the right to food（Universal Declaration of Human Rights）；ICESCR.

⑦ Universal Declaration of Human Rights："No one shall be subjected to torture or to cruel, inhuman or degrading treatment or punishment."

于将一个人送回有生命危险的地方①。最后，自决权②可能会受到影响，这尤其适用于被迫放弃其传统土地的土著人民③，其作为土著社区的存在受到威胁④。

虽然从理论上讲，人权法可能为任何因气候变化而流离失所的人提供充分的保护，但这些机制提供的保护肯定不够全面和集中。特别是人权法，主要涵盖各国在国内保护人权的义务。然而，尽管一些国家受到气候变化的严重影响，但由于缺乏必要的资源，它们将不得不严重依赖国际援助来保护其公民的权利⑤。尽管一些权利，例如《经济、社会及文化权利国际公约》第 11 条所述⑥，明确地将国家的义务扩大到国际层面，其他国家履行人权法规定的治外法权义务的程度和意愿往往不清楚，而有关规定通常只有一种补救办法，根本没有涉及减缓措施⑦。此外，在许多情况下，这种权利的法律执行相当成问题⑧。然而，以人权为基础的全面做法⑨，从长远来看，通过制定详细的国际条约来概述义务、责任和权利是一个理想的选择。正如国际移民组织（International Organization for Migration）（IOM）在最近的一份出版物中所概述的那样："在缺乏统一的国际法律框架来解决这些问题的情况下，现有法律渊源结合在一起，包括'硬法'和'软法'以及国际和区域文书，都是应对环境移民所带来的一些法律挑战的最佳起点。"国际移民组织还重申对环境移民采取基于权利的方法并将其写入国家立法的重要性。在一项保护因气候变化影响而流离失所者的全面和有效的国际法律

---

① Norwegian Refugee Council.

② ICESCR.

③ 可进一步参见 UNGA Res. 61/295, "United Nations Declaration on the Rights of Indigenous Peoples" (13 September 2007), Arts 5, 9, and 11.

④ Human Rights and Equal Opportunity Commission, "Background Paper Human Rights Dimensions of Climate Change" (2008), at 6-8, available at <www. humanrights. gov. au/papers-human-rights-and-climate-change-background-paper>.

⑤ M. Gromilova, "Revisiting Planned Relocation as a Climate Change Adaptation Strategy: The Added Value of a Human Rights-Based Approach", 10 *Utrecht Law Review* (2014) 76, at 88.

⑥ 见 ICESCR.

⑦ M. Gromilova, "Revisiting Planned Relocation as a Climate Change Adaptation Strategy: The Added Value of a Human Rights-Based Approach", 10 *Utrecht Law Review* (2014) 92, at 86.

⑧ 可进一步参见 L. S. Horn and S. Freeland, "More than Hot Air: Reflections on the Relationship between Climate Change and Human Rights", 13 *University of Western Sydney Law Review* (2009) 101.

⑨ 见 ICESCR.

文书制定并最终生效之前，国内政策和规章确实可以在协助环境移民方面发挥重要作用，虽然这通常是酌情进行的①。尽管如此，在认识到以权利为基础的办法在这方面总体重要性的同时，不应脱离环境法的考虑而加以发展，而应与环境法的考虑相结合。随着气候变化威胁着环境和人类的福祉（当然人类本就是环境的一部分），严格的环境保护和进一步减缓气候变化有望在这种情况下以最有效的方式防止进一步侵犯人权的行为。同样，由于问题的复杂性，任何成功的解决方案都需要采用不同学科和专业知识的方法和合作关系，同时要侧重于气候变化能力建设、减缓和适应。

第四节　结　　语

考虑到上述亚太地区的例证，很明显，找到解决办法、达成一项具有约束力的法律规定以保护流离失所者、分担相关责任已变得非常紧迫。然而，我们决不能低估这种努力的复杂性。建立因气候变化而流离失所者的援助机制可能比援助目前根据《难民公约》定义的难民更加困难，这不仅因为他们更难以分类，而且其移民的最终原因可能很难脱离于气候变化影响的复杂性而存在，还因为他们的难民身份可能永久存在。一旦威胁不复存在，来自战争区域或因《难民公约》所列原因受到迫害的难民预计会重返自己的家园。虽然，成千上万的人永远都不会回到自己的家园，但在理想情况下，有些人只能在有限的一段时间内成为难民，直到导致他们流离失所和对迫害恐惧的政治问题得到消除，而国际社会往往在该地区内进行干预。然而，对于因气候变化而流离失所的人们来说，情况并非如此。

与人类活动导致的驱逐案例不同，安全理事会高级别决议、政治家的快速谈判、针对不法行为者的制裁和任何谈判都不能阻止气候变化，充其量只能减缓气候变化的速度。尽管有人否认气候变化的存在，但气候变化及其影响已经存在。它是非歧视性的、持久的，而且在许多情况下是灾难性的。虽然每个人迟早都会受到其影响，但人类对自然的破坏性剥削的主要负担却以一种非常不均衡的方式

---

① G. M. Tabucanon, "Migration for Environmentally Displaced Pacific Peoples: Legal Options in the Pacific Rim", 30 *UCLA Pacific Basin Law Journal* (2012) 55, at 91-92.

分布①。这尤其适用于因气候变化而流离失所的人，他们与那些直接因人类活动而流离失所的人不同，其永远都不能寄希望于返回家园。这些人的确切数字还有待确认，但正如本章所述，毫无疑问，他们的数量将达到数百万人。为了应对这一挑战并避免大规模的人道主义灾难，国际社会必须立即采取行动，通过保护受影响者的人权来全面应对这些问题。

---

① 参见示例 K. Warner *et al.*, *Evidence from the Frontlines of Climate Change*：*Loss and Damage to Communities Despite Coping and Adaption* （2012）, available at <http：// www. ehs. unu. edu/ file/get/10584. pdf >；T. Afifi *et al.*, *Climate Change*, *Vulnerability and Human Mobility*：*Perspectives of Refugees from the East and Horn of Africa* （2012）, available at <http：//www. unhcr. org/4fe8538d9. html>．

附录

《奥胡斯公约》[*]

本公约各缔约方：

回顾《斯德哥尔摩人类环境宣言》的原则 1。

并回顾《关于环境与发展的里约宣言》的原则 10。

还回顾大会 1982 年 10 月 28 日关于《世界自然宪章》的第 37/7 号决议，以及 1990 年 12 月 14 日题为"需要为个人福祉确保健康环境"的第 45/94 号决议。

回顾世界卫生组织 1999 年 12 月 8 日在德国美茵河畔法兰克福举行的第一次环境与健康问题欧洲会议所通过的《欧洲环境与健康宪章》。

申明需要保护环境和改善环境状况并确保可持续的、无害环境的发展。

确认充分保护环境既是人类福祉的关键，又是享受包括生命权本身在内的各种基本人权的关键。

考虑到公民为了享受上述权利并履行上述责任，在环境事项上必须能够获得信息、有权参与决策和诉诸司法，并在此方面承认公民为行使自己的权利可能需要得到援助。

确认在环境方面改善获得信息的途径和公众对决策的参与，有助于提高决策的质量和执行、提高公众对环境事项的认识、使公众有机会表明自己的关切，并使主管部门能够对这些关切给予应有的考虑。

希望以此提高决策的责任心和透明度，并加强公众对环境决策的支持。

确认政府各级部门都应当保证透明度，请立法机关在工作中落实本公约的

---

*　最后案文经环境政策委员会 1998 年 3 月 16 日至 18 日特别会议核准，交"欧洲环境"部长级会议通过。

原则。

并确认公众需要了解参与环境决策的程序，能够自由地使用这些程序并知道如何加以使用。

还确认公民个人、非政府组织和私营部门各自在环境保护方面所能够发挥的作用的重要性。

希望通过促进环境教育加深对环境与可持续发展的理解，并鼓励帮助广大公众认识和参与影响环境与可持续发展的决策。

注意到在这方面利用新闻媒体以及电子通信形式或其他未来通信形式的重要性。

确认将环境考虑充分纳入政府决策的重要性以及主管部门因此而需具备正确、全面和最新环境信息的必要性。

认识到主管部门为公众利益掌握着环境信息。

认为应当让公众，包括各种组织能够求助于有效的司法机制，以便使公众的正当利益得到保护、法律得到执行。

注意到为消费者提供充分的产品信息很重要，这种信息使他们能够在环境方面作出明智的选择。

确认公众对于有目的有计划地将基因改变的有机体释放到环境中的做法的关注，以及提高这方面决策的透明度和加大公众参与的必要性。

确信本公约的履行有助于加强联合国欧洲经济委员会（欧洲经委会）所涉区域内的民主。

认识到欧洲经委会在这方面的作用，并且具体回顾在保加利亚索菲亚举行的第三次"欧洲环境"部长级会议 1995 年 10 月 25 日通过的《部长宣言》中表示赞同的《欧洲经委会关于获取环境信息和公众参与环境决策的指导方针》。

铭记 1991 年 2 月 25 日在芬兰埃斯波签订的《越境环境影响评价公约》的有关规定、1992 年 3 月 17 日在赫尔辛基签订的《工业事故越境影响公约》和《越境水道和国际湖泊的保护和使用公约》的有关规定以及区域一级其他公约的有关规定。

认识到本公约的通过的有助于进一步加强"欧洲环境"进程，有助于落实1998 年 6 月在丹麦奥胡斯举行的第四次部长级会议的结果，兹协议如下：

第一条
目标

为促进保护今世后代人人得在适合其健康和福祉的环境中生活的权利，每个缔约方应按照本公约的规定，保障在环境事项上获得信息、公众参与决策和诉诸司法的权利。

第二条
定义

为本公约的目的。

1. "缔约方"除案文另有所指外一律指本公约的缔约方；

2. "主管部门"指：

a. 国家一级，区域一级和其他级别的政府；

b. 根据国内法律行使包括具体职责、活动或服务在内的环境方面各种公共行政职能的自然人或法人；

c. 在以上（a）或（b）项范围内的机构或个人制约之下在环境方面具有公共责任或职能或提供公共服务的任何其他自然人或法人；

d. 第十七条所指属本公约缔约方的任何区域经济一体化组织的机构。

本定义不包含行使司法或立法职能的机关或机构。

3. "环境信息"指下列方面的书面形式、影像形式、音响形式、电子形式或任何其他物质形式的任何信息：

a. 各种环境要素的状况，诸如空气和大气层、水、土壤、土地、地形地貌和自然景观、生物多样性及其组成部分，包括基因改变的有机体，以及这些要素的相互作用；

b. 正在影响或可能影响以上（a）项范围内环境要素的各种因素，诸如物质、能源、噪音和辐射，及包括行政措施、环境协定政策、立法、计划和方案在内的各种活动或措施，以及环境决策中所使用的成本效益分析和其他经济分析及

假设;

c. 正在或可能受环境要素状况影响或通过这些要素受以上（b）项所指因素、活动或措施影响的人类健康和安全状况、人类生活条件、文化遗址和建筑结构。

4. "公众"指一个或多个自然人或法人，以及按照国家立法或实践，兼指这种自然人或法人的协会、组织或团体。

5. "所涉公众"指正在受或可能受环境决策影响或在环境决策中有自己利益的公众；为本定义的目的，倡导环境保护并符合本国法律之下任何相关要求的非政府组织应视为有自己的利益。

第三条
总则

1. 每个缔约方应采取必要的立法、规章和其他措施，包括旨在使各种落实本公约关于信息、公众参与和诉诸司法的规定相互匹配的措施，以及恰当的执行措施，以建立和保持一个落实本公约各项规定的明确、透明和连贯一致的框架。

2. 每个缔约方应力求确保各级官员和部门在环境事项上协助和指导公众设法获取信息，促进参与决策和诉诸司法。

3. 每个缔约方应在公众中促进环境教育和提高环境意识，特别是帮助公众了解如何在环境事项上获取信息、参与决策和诉诸司法。

4. 每个缔约方应准备对倡导环境保护的协会、组织或团体给予适当的承认和支持，并确保国内法律制度符合这项义务。

5. 缔约方有权保持或采用在环境事项上获取信息、参与决策和诉诸司法方面范围广于本公约要求的措施，这项权利不受本公约规定影响。

6. 本公约不要求克减在环境事项上获取信息、参与决策和诉诸司法的现有权利。

7. 每个缔约方应促进在国际环境决策进程中和在涉及环境的国际组织框架内应用本公约的原则。

8. 每个缔约方应确保按照本公约规定行使权利的人不致因此而遭受任何形式的处罚、迫害或骚扰。本规定不影响国家法院在司法诉讼中裁定合理费用的权力。

9. 在本公约有关规定范围内，公众应能在环境事项上获取信息、参与决策和诉诸司法，不因公民身份、国籍或居所而受任何歧视，法人则不因注册地或有效活动中心所在地而受任何歧视。

第四条
获取环境信息

1. 每个缔约方在不违反本条以下各款的前提下，对于获取环境信息的请求，应确保在国家立法范围内为公众提供这种信息，包括在收到请求并且不违反以下 b 项的前提下提供含有或构成这种信息的文件材料的复制件：

a. 无须声明涉及何种利益；

b. 按照请求所指的形式予以提供，除非：

（a）主管部门以另一种形式予以提供是合理的，在这种情况下，应说明以该形式予以提供的理由；或

（b）该信息已经以另一种形式提供。

2. 以上第 1 款所指环境信息应尽快提供，最迟应在请求提交后一个月之内提供，除非由于信息的数量和复杂性而有必要延长这一时限，此种延长最多为提交请求后两个月。应向请求人通报任何此种延长及延长的理由。

3. 如有以下情况，可以驳回索取环境信息的请求：

a. 收到请求的主管部门不具备请求所指的环境信息；

b. 请求明显不合理或范围过泛；或

c. 请求涉及尚待完成的材料或涉及主管部门内部通信，且按照国内法律或习惯做法可以作为例外对待，同时顾及能够因该信息的公开而获益的公共利益。

4. 如公开请求所指环境信息会对以下诸项造成不利影响，可以驳回请求：

a. 国内法律规定的主管部门工作事务的保密事项；

b. 国际关系、国防或公共安全；

c. 司法审理、个人受到公正审判的权利或主管部门进行刑事调查或纪律调查的能力；

d. 为保护正当经济利益由法律规定予以保护的商业信息和工业信息的保密，

在这个范围内，与环境保护有关的排放信息应公开；

e. 知识产权；

f. 当事人不同意公开且国内法律规定予以保护的与自然人相关的个人数据和/或档案；

g. 本身没有法律义务或不可能被要求承担法律义务提供请求所指信息但提供了这种信息、且不同意予以公开的第三方的利益；

h. 珍稀品种养殖场等与请求所指信息相关的环境。

对上述据予以驳回请求的理由的解释应有限定，要顾及能够因请求所指信息的公开而获益的公共利益并考虑到请求所指信息是否涉及向环境的排放。

5. 如果主管部门不具备请求所指环境信息，该主管部门应尽可能迅速告知请求人其认为可以向哪一个主管部门索取请求所指信息，或将请求传送该主管部门并相应通知请求人。

6. 每个缔约方应确保，如果根据以上第 3 款 c 项和第 4 款免于公开的信息可以在不减损此种信息保密的前提下与请求所指环境信息的其余部分分开，则主管部门将提供该其余部分。

7. 对书面请求的驳回应以书面作出，请求人如要求对请求的驳回须以书面作出，也应如此办理。驳回应说明其理由并介绍如何利用第 9 条所规定的复审程序。驳回应尽快并最迟在一个月之内作出，除非由于信息的复杂性而有必要延长这一时限，此种延长最多为提交请求后两个月。应向请求人通报任何此种延长及延长的理由。

8. 每个缔约方均可允许自己的主管部门收取提供信息的费用，但收费不得超过合理的数额。准备收取信息提供费用的主管部门应向请求人提供一份可能收取的费用明细表，列出收费的情况和免收的情况，并说明在什么情况下须先收到预付款才提供信息。

第五条
收集和散发环境信息

1. 每个缔约方应确保：

a. 主管部门具备并更新与自身职能相关的环境信息；

b. 建立强制性的制度，保证主管部门能够充分了解拟议和正在进行的可能对环境造成重大影响的活动；

c. 在人类健康或环境面临人类活动或自然原因造成的任何迫在眉睫的威胁的情况下，主管部门立即毫不迟延地向可能受影响的公众散发所掌握的、一切能够帮助公众采取措施预防或减少此种威胁造成的损害的信息。

2. 每个缔约方应确保在国家立法的框架内主管部门以透明的方式向公众提供环境信息，确保环境信息得到切实有效的掌握，途径包括：

a. 向公众充分介绍有关主管部门所具备的环境信息的类型和范围、提供此种信息的基本规定和条件，以及获取这种信息的手续；

b. 建立和保持切合实际的安排，诸如：

（a）公开的清单、登记册或档案；

（b）要求官员帮助公众设法获取本公约规定的信息；以及

（c）确定联络点；并且

c. 免费提供以上 b 项（a）目所指清单、登记册或档案中包含的环境信息。

3. 每个缔约方应确保逐步改用电子数据库这种便于公众通过公共电信网络检索的途径提供环境信息。以这种形式提供的信息应包括：

a. 以下第 4 款所指关于环境状况的报告；

b. 关于或有关环境的立法的文本；

c. 关于或有关环境的相应政策、计划和方案及环境协定；以及

d. 以这种形式予以提供能够有助于适用旨在履行本公约的国内法律的其他信息，但以这种信息已经具备电子形式为前提。

4. 每个缔约方应按不超过三至四年的间隔定期发表和散发关于环境状况的国家报告，其中包括关于环境质量的信息和关于环境所受压力的信息。

5. 每个缔约方应在立法框架内采取措施散发各种有关材料，特别是：

a. 立法和政策文件，诸如各级政府编撰的关于环境方面的战略、政策、方案和行动计划的文件，以及关于履行这些战略、政策、方案和行动计划的进度报告；

b. 关于环境事项的国际条约公约和协定；以及

c. 关于环境事项的其他相关的重要国际文件。

6. 每个缔约方应鼓励进行对环境造成重大影响的活动的人定期向公众通报其活动和产品的环境影响，适当情况下应在自愿性质的生态标记或生态审计办法框架内或用其他办法进行通报。

7. 每个缔约方应：

a. 公布其认为在制定重大环境政策建议方面具有相关意义和重要性的事实和关于这些事实的分析报告；

b. 公布或以其他方式提供关于其在本公约范围内的问题上与公众相互联系的说明材料；以及

c. 以适当的形式提供关于各级政府在环境方面履行公共职能或提供公共服务情况的信息。

8. 每个缔约方应建立机制，以便确保向公众提供充分的产品信息，使消费者能够在环境方面作出明智的选择。

9. 每个缔约方应采取步骤，在酌情考虑国际进程的前提下，逐步建立一个一致的、全国范围的污染清单或登记册系统，其基础应当是一个通过标准化的报告办法汇集的结构完善的、计算机化和对公众开放的数据库。这种系统可涵盖包括所用的水、能源和资源在内的一系列特定物质和产品从一系列特定活动向环境介质以及向就地和异地处理和处置地点的投入、释放和转移。

10. 本条的任何规定不得减损缔约方按照第四条第 3 款和第 4 款拒绝公开某些环境信息的权利。

第六条
公众参与有关具体活动的决策

1. 每个缔约方：

a. 应就关于是否准许进行附件一所列拟议活动的决定适用本条的规定；

b. 并应按照本国法律就关于未列入附件一，可能对环境产生重大影响的拟议活动的决定适用本条的规定。为此，缔约方应确定这种拟议活动是否适用这些规定；并且

c. 如果认为对于为国防目的服务的拟议活动适用本条的规定会对这种目的造成不利影响，则在国内法律有相应规定的情况下可逐案决定不对这种活动适用这些规定。

2. 在一项环境决策程序的初期，应充分、及时和有效地酌情以公告或个别通知的方式向所涉公众告知各种信息，特别是：

a. 说明拟议的活动以及有待决定的申请；

b. 说明可能作出的决定或决定草案的性质；

c. 说明负责作出这种决定的主管部门；

d. 说明所设想的程序，并且在能够提供的情况下包括：

（a）说明程序的启动；

（b）说明公众参与的机会；

（c）说明准备举行公开听证会的时间和地点；

（d）说明可以向哪个主管部门索取有关信息以及说明存放有关信息供公众查阅的地点；

（e）说明可以向哪个主管部门或任何其他官方机构提交意见或问题，以及说明转达意见或问题的时间安排；以及

（f）说明具备哪些与拟议活动相关的环境信息；并且

e. 说明对该活动要按国家或跨界环境影响评价程序办理。

3. 公众参与程序对于不同的阶段应有合理的时间范围，留出足够的时间以便按照以上第2款通知公众和让公众能够准备好有效参与环境决策。

4. 每个缔约方应安排公众及早参与准备各种方案以供选择，并让公众能够有效参与。

5. 每个缔约方应酌情鼓励可能的申请人在申请审批之前，先确定所涉公众、进行讨论和提供信息说明申请目的。

6. 每个缔约方应要求主管部门，在所涉公众根据国内法律规定提出要求的情况下，允许他们免费和尽快检索公众参与程序阶段所具备的、与本条所指的决策有关的信息，但缔约方按照第四条第3款和第4款拒绝公开某些信息的权利不受减损。在不减损第四条规定的前提下，有关信息至少应包括：

a. 关于拟议活动的地点以及物理特点和技术特点的说明，包括关于预计会产生的残余物和排放的估计；

b. 关于拟议活动对环境的重大影响的说明；

c. 关于设想采取哪些措施预防和/或减少包括排放在内的各种影响的说明；

d. 关于以上内容的非技术性的概述；

e. 关于申请人所研究过的主要替代办法的概要；以及

f. 根据国家立法在按照以上第 2 款应当通知所涉公众之时向主管部门交送的主要报告和咨询意见。

7. 公众参与程序应让公众能够以书面形式或酌情在公开听证会或对申请人的询问过程中提出其认为与拟议活动相关的任何意见、信息、分析或见解。

8. 每个缔约方应确保公众参与的结果在决策中得到应有的考虑。

9. 每个缔约方应确保，在主管部门作出决定后，及时按照适当程序通知公众。每个缔约方应允许公众查阅决定的案文并了解决定所依据的理由和考虑。

10. 每个缔约方应确保，在主管部门重新考虑或更新第 1 款所指活动履行条件时，酌情在做相应修改后适用本条第 2 款至第 9 款的规定。

11. 每个缔约方应在国内法律框架内，在可行和适当的前提下，就关于是否准许有目的、有计划地将基因改变的有机体释放到环境中的做法的决定适用本条的规定。

第七条

公众参与环境方面的计划方案和政策

每个缔约方应作出适当的实际安排和/或其他安排，在为公众提供了必要信息之后，让公众能够在一个透明和公平的框架内参与制订与环境有关的计划和方案。在这个框架内，应适用第六条第 3 款、第 4 款和第 8 款。有关主管部门应联系本公约的目标，确定可参与的公众。在适当的前提下，每个缔约方应设法使公众有机会参与制定与环境有关的政策。

第八条
公众参与拟订执行规章和/或有法律约束力的通用准则文书

每个缔约方应大力促进公众能够在各种备选办法确定之前的一个适当阶段，有效参与主管部门拟订可能会对环境产生重大影响的执行规章和其他有法律约束力的通用准则文书的工作。为此，应采取下列步骤：

a. 确定足以有效参与的时间范围；

b. 发表或以其他方式公布规则草案；以及

c. 为公众提供机会，以直接或通过代表性的协商机构提出意见。

应尽可能考虑公众参与的结果。

第九条
诉诸司法

1. 每个缔约方应在国家立法的框架内确保，任何人，凡认为自己按照第四条所提索取信息的请求被忽视、部分或全部被不当驳回、未得到充分答复或未得到该条所规定的处理，都能够得到法庭或依法设立的另一个独立公正的机构的复审。

如果缔约方规定可由法庭进行这种复审，应确保该人也能求助于法律规定的由主管部门重新考虑或法庭以外的独立公正机构进行复审的快速程序，这种程序应当是免费的或不昂贵的。

根据本条第 1 款所作的最终裁决对持有信息的主管部门具有约束力，至少在根据本款拒绝提供信息的情况下应书面说明理由。

2. 每个缔约方应在国家立法的框架内确保：

a. 具有充分利益的所涉公众或

b. 在缔约方行政诉讼法规定为一项先决条件的情况下，认定某项权利受到损害的所涉公众能够求助于法庭和/或依法设立的另一个独立公正的机构的复审程序，以便就第六条规定范围内的任何决定、作为或不作为在实质和程序上的合法性提出质疑，以及在国内法律有相应规定且不影响以下第 3 款的前提下，就本公约的其他有关规定在实质和程序上的合法性提出质疑。

界定充分利益及对权利的损害，应依照国内法律的规定并符合广泛让所涉公众能在本公约范围内诉诸司法的目标。为此，凡达到第二条第 5 款所指要求的任何非政府组织的利益应视为以上 a 项所指的充分利益。这种组织也应被视为具有如以上 b 项所指可受到损害的权利。

本款的规定不排除诉诸行政当局初步复审程序的可能性，并且在国内法律有相应规定的情况下不影响关于先用尽行政复审程序然后再诉诸司法复审程序的规定。

3. 除此之外，并且在不影响以上第 1 款和第 2 款所指复审程序的前提下，每个缔约方应确保，只要符合国内法律可能规定的标准，公众即可诉诸行政程序或司法程序以便就违反与环境有关的国内法律规定的个人和主管部门的作为和不作为提出质疑。

4. 除此之外，并且在不影响以上第 1 款的前提下，以上第 1 款、第 2 款和第 3 款所指程序应提供充分和有效的补救办法，酌情包括指令性的救济办法，这种程序应公正、公平、及时，且费用不致过于昂贵。本条之下的裁决应以书面作出或记录，法院的裁决以及可能情况下其他机构的裁决应予公布。

5. 为加强本条规定的有效性，每个缔约方应确保为公众提供关于诉诸行政复审程序和司法复审程序的信息，并应考虑建立适当的协助机制以消除或减少在诉诸司法方面的经济障碍和其他障碍。

第十条
缔约方大会

1. 第一次缔约方大会应不迟于本公约生效之日起一年举行。此后，应至少每隔两年举行一次缔约方常会，除非缔约方另有决定，或经任何缔约方书面请求另作安排，但该请求须在欧洲经济委员会执行秘书将其通报所有缔约方起六个月之内至少得到三分之一缔约方的支持。

2. 缔约方在会议上应根据缔约方的定期报告经常审查本公约的履行情况，并为此应：

a. 审查有关环境事项上获取信息、公众参与决策和诉诸司法的政策以及法律和方法上的方针，以期进一步加以改进；

b. 就一个或多个缔约方参加的、与本公约目的相关的双边和多边协定或其他安排的缔结和履行方面的经验交流信息；

c. 就与实现本公约目的相关的所有方面，酌情寻求欧洲经委会有关机构、其他主管国际机构和特定的委员会提供的服务；

d. 建立认为必要的附属机构；

e. 酌情拟订本公约的议定书；

f. 按照第十四条的规定审议并通过对本公约的修正案；

g. 审议并采取为实现本公约目的而可能需要采取的任何进一步行动；

h. 在第一次会议上审议并以协商一致通过缔约方大会和附属机构会议的议事规则；

i. 在第一次会议上审查在履行第五条第 9 款规定方面的经验，并审议需要采取哪些步骤以进一步完善该条所指的系统，同时要考虑到国际进程和情况发展，包括拟订一项可以附在本公约之后的关于污染释放和转移情况登记册或清单的适当文书。

3. 缔约方大会可在必要时在协商一致的基础上考虑建立资金安排。

4. 联合国、其专门机构和国际原子能机构，以及按照第十七条有资格签署本公约但尚未加入本公约的任何国家或区域经济一体化组织和本公约所涉领域内的任何合格政府间组织，应有权作为观察员参加缔约方大会。

5. 本公约所涉领域内的任何合格非政府组织，凡已将派员出席某次缔约方大会的愿望通知欧洲经济委员会执行秘书的，均应有权作为观察员参加该次会议，除非出席会议的至少三分之一缔约方表示反对。

6. 为以上第 4 款和第 5 款的目的，以上第 2 款 h 项所指议事规则应规定接纳程序的实际安排以及其他有关条件。

第十一条
表决权

1. 本公约每个缔约方有一票表决权但以下第 2 款的规定除外。

2. 区域经济一体化组织在其主管范围内的事项上行使表决权，其票数等于该组织参加本公约的成员国的数目。如成员国行使表决权，则该组织不得行使表决权，反之亦然。

第十二条
秘书处

欧洲经济委员会执行秘书应履行下列秘书处职能：

（a） 召集和筹备缔约方大会；

（b） 向缔约方转交按照本公约的规定所收到的报告和其他信息；以及

（c） 缔约方可能确定的其他职能。

第十三条
附件

本公约的附件是本公约的组成部分。

第十四条
对本公约的修正

1. 任何缔约方均可提出对本公约的修正。

2. 任何对本公约的拟议修正案应以书面提交欧洲经济委员会执行秘书，执行秘书应在拟议通过该修正案的缔约方大会召开前至少九十天将该修正案通报所有缔约方。

3. 缔约方应力求以协商一致就对本公约的任何拟议修正案达成协议。如果为达成协商一致作了一切努力但仍不能达成协议，作为最后办法，修正案应以出席会议并参加表决的缔约方三分之二多数票加以通过。

4. 按照以上第 3 款通过的对本公约的修正应由保存人转交所有缔约方批准、核准或接受。对本公约除附件外的各部分的修正，应于保存人收到至少四分之三缔约方批准、核准或接受通知书之后第九十天对这些批准、核准或接受修正的缔约方生效。此后，修正应于任何其他缔约方向保存人交存批准、核准或接受修正的文书之后第九十天对该缔约方生效。

5. 任何缔约方如不能核准一项对本公约某一附件的修正，应在收到关于通过修正案的通知之日起十二个月内将这一情况通知保存人。保存人应将收到的任何这种通知立即通报所有缔约方。缔约方可在任何时候以对修正的接受取代先前的通知，对这种附件的修正在该缔约方向保存人交存接受书后对其生效。

6. 以上第 4 款规定的保存人通报之日起的十二个月期限满期后，对某个附件的修正即对尚未按照以上第 5 款的规定通知保存人的缔约方生效，但以提交此种通知的缔约方不超过三分之一为限。

7. 为本条的目的，"出席并参加表决的缔约方"指出席并投赞成票或反对票的缔约方。

第十五条
审查遵守情况

缔约方大会应在协商一致基础上为审查本公约各项规定的遵守情况制定协商性质而非对抗性质和非司法性质的任择安排。这些安排应能保证适当的公众参与，可包括一项审议公众就与本公约相关的事项交送的函件的选择办法。

第十六条
解决争端

1. 如果两个或多个缔约方之间就本公约的解释或适用产生争端，争端当事方应通过谈判或它们能够接受的任何其他解决争端的途径寻求解决办法。

2. 在签署、批准、接受、核准或加入本公约时，或在其后任何时候，缔约方可向保存人书面声明，对于未能按照以上第 1 款解决的争端，它接受将下列两种争端解决途径或其中之一，作为义务性的办法，用于解决与接受同样义务的任何缔约方的争端：

a. 将争端提交国际法院；

b. 按照附件二所列程序交付仲裁。

3. 如果争端的各个当事方对以上第 2 款所列两种争端解决途径均予接受，则争端必须提交国际法院，除非当事各方另有协议。

第十七条
签署

本公约应于 1998 年 6 月 25 日在奥胡斯（丹麦）、此后直至 1998 年 12 月 21 日在纽约联合国总部开放供签署，根据经济及社会理事会 1947 年 3 月 28 日第 36（IV）号决议第 8 段和第 11 段，凡欧洲经济委员会成员国以及在欧洲经济委员会具有咨商地位的国家均可签署；符合以下条件的区域性经济一体化组织亦可签署；由欧洲经济委员会主权成员国家组成，这些成员国已将在本公约所涉事项上的权限、包括就这些事项缔结条约的权限移交该组织。

第十八条
保存人

联合国秘书长为本公约的保存人。

第十九条
批准、接受、核准和加入

1. 本公约须经业已签署的国家和区域经济一体化组织批准、接受或核准。

2. 本公约自 1998 年 12 月 22 日起开放供第十七条所指的国家和区域经济一体化组织加入。

3. 不在以上第 2 款所指之列的任何联合国会员国经缔约方大会核准，得加入本公约。

4. 第十七条所指的任何组织，如本身成为本公约缔约方而其任何成员均不是本公约缔约方，仍应受本公约规定的所有义务的约束。如果该组织的一个或多个成员国是本公约的缔约方，该组织及成员国应确定各自履行本公约之下的义务的责任。在这种情况下，该组织与其成员国不得同时行使本公约之下的权利。

5. 第十七条所指的区域经济一体化组织应在批准书、接受书、核准书或加入书中声明其在本公约所涉事项上的权限范围。这些组织还应将权限范围的任何重大改变通知保存人。

第二十条
生效

1. 本公约应于第十六件批准书、接受书、核准书或加入书交存之日起九十天后发生效力。

2. 为以上第 1 款的目的，区域经济一体化组织交存的任何此类文书不计为在其成员国所交存的文书之外另行交存的文书。

3. 第十六件批准书、接受书、核准书或加入书交存之后批准、接受或核准本公约或加入本公约的第十七条所指的每个国家和组织，本公约应自该国或该组织交存批准书、接受书、核准书或加入书之日起九十天后对其发生效力。

第二十一条
退约

本公约对一缔约方生效之日起三年后，该缔约方可随时以书面通知保存人退出本公约。保存人收到通知之日起九十天后退约即行生效。

第二十二条
正式文本

本公约的英文、法文和俄文本具有同等效力,应交存联合国秘书长。

下列签署人经正式授权签署本公约,以资证明。

一九九八年六月二十五日订于奥胡斯(丹麦)。

附件一

第六条第 1 款 a 项所指活动一览

1. 能源部门:

—矿物油和天然气提炼设施;

—气化装置和液化装置;

—热能输入 50 兆瓦以上(含)的热电站和其他燃烧装置;

—炼焦炉;

—核电站和其他核反应堆,包括与这种电站或反应堆的拆除或退出运行有关的作业(不包括用于裂变和增殖材料生产及再生产的、最大功率不超过连续热载荷 1 千瓦的研究装置);

—辐照核燃料回收装置;

—为下列用途设计的装置:

—核燃料生产或浓缩;

—辐照核燃料或高放射性废弃物回收;

—辐照核燃料的最终处置;

—仅限于放射性废弃物的最终处置;

—仅限于辐照核燃料或放射性废弃物在生产地点以外的另一地点储存(计划储存时间超过 10 年)。

2. 金属生产和加工:

—金属矿砂（包括含硫矿砂）焙烧或烧结装置；

—生产能力超过每小时 2.5 吨的生铁或钢生产（一次熔炼或二次熔炼）装置，包括连续浇铸装置；

—黑色金属加工装置；

（1）粗钢轧制能力超过每小时 20 吨的热轧机；

（2）所用热值超过 20 兆瓦、单个锻锤功率超过 50 千焦耳的锻工车间；

（3）粗钢进料率超过每小时 2 吨的熔融金属防护涂层作业；

—生产能力超过每天 20 吨的黑色金属铸工车间；

—下列用途的装置：

（1）以冶炼、化学工艺或电解工艺用矿砂、精矿或再生原材料生产有色金属；

（2）包括回收产品在内的有色金属熔炼，包括合金工艺（精炼、浇铸等），铅和镉熔炼能力超过每天 4 吨，所有其他金属熔炼能力超过每天 20 吨；

—利用电解或化学工艺、处理槽容积超过 30 立方米的金属和塑料材料表面处理装置。

3. 矿业：

—水泥生产装置，熟料回转炉生产能力超过每天 500 吨石灰回转炉生产能力超过每天 50 吨，其他烧结炉生产能力超过每天 50 吨；

—石棉生产装置和石棉制品制造装置；

—熔化能力超过每天 20 吨的玻璃制造装置，包括玻璃纤维制造装置；

—熔化能力超过每天 20 吨的矿物质熔化装置，包括矿物纤维生产装置；

—陶瓷产品烧制装置，特别是建筑砖瓦、耐火砖、瓷砖、陶器或瓷器制造装置，生存能力超过每天 75 吨，和/或每窑容积大于 4 立方米且每窑装填密度超过 300 公斤/立方米。

4. 化工业：本段所列各类活动含义之内的生产，是指以下（a）至（c）小段所列各种物质或若干组物质的工业规模化工生产：

（a）化工装置，用于生产基本有机化工品，诸如：

①单纯碳氢化合物（线性或环状、饱和或不饱和、脂族或芳族）；

②含氧碳氢化合物，诸如醇、醛、酮、羧酸酯、乙盐酸、醚、过氧化物、环

氧树脂；

③含硫碳氢化合物；

④含氮碳氢化合物，诸如胺、酰胺、亚硝酸化合物或硝酸化合物、腈氰酸盐、异氰酸盐；

⑤含磷碳氢化合物；

⑥卤素碳氢化合物；

⑦有机化合物；

⑧基本化工材料（聚合物、合成纤维和纤维素纤维）；

⑨合成橡胶；

⑩染料和颜料；

⑪表面活性剂和表面辐照剂；

（b）化工装置，用于生产基本无机化工品，诸如：

①气体，如：氨、氯或氯化氢氟或氟化氢、氧化碳、硫化物、氧化氮、氢、二氧化硫、碳酰氯；

②酸，如：铬酸、氢氟酸磷酸、硝酸、盐酸、硫酸、发烟硫酸、硫酸；

③碱，如：氢氧化铵、氢氧化钾、氢氧化钠；

④盐，如：氯化铵、氯化钾碳酸钾、碳酸钠过硼酸盐、硝酸银；

⑤非金属，金属氧化物或其他无机化合物，如：碳酸钙、硅、碳化硅；

（c）生产磷肥、氮肥或钾肥（单一肥或混合肥）的化工设施；

（d）生产植物病基本防治产品和生物杀伤剂的化工设施；

（e）用化学工艺或生物工艺生产基本制药产品的装置；

（f）生产炸药的化工装置；

（g）用化学工艺或生物工艺生产蛋白质饲料添加剂、酵素和其他蛋白物质的化工装置。

5. 废弃物管理：

—有害废弃物焚烧、回收、化学处理或填埋装置；

—处理能力超过每天 3 吨的城市垃圾焚烧装置；

—处置能力超过每天 50 吨的非有害废弃物处置装置；

—每天填埋量超过 10 吨或总填埋容量超过 25000 吨的填埋场，但不包括惰性废弃物填埋场；

6. 处理能力超过等量人口 150000 的废水处理厂；

7. 下列用途的工业固定设施：

（a）使用木材或类似纤维材料的纸浆生产；

（b）生产能力超过每天 20 吨的纸和纸板生产。

8.（a）长途铁路线和主跑道超过 2100 米（含）的机场的修筑；

（b）快速公路和高速公路的修筑；

（c）4 车道以上（含）的新公路的修筑或现有 2 车道或 2 车道以下公路改线取直和/或拓宽，使之增加到 4 车道以上（含），且新建或改线取直和/或拓宽路段连续长度为 10 千米以上（含）。

9.（a）可通过 1350 吨级以上船舶的内陆水运河道和港口；

（b）可停泊 1350 吨级以上船舶的通商港口、与陆地连接的装卸码头和外港（不包括轮渡码头）。

10. 年抽水量或回灌量等于或大于 1000 万立方米的地下水抽水工程或地下水人工回灌工程。

11.（a）目的为预防可能出现的供水短缺、输水量超过每年 1 亿立方米的流域间水资源调送工程；

（b）在所有其他情况下，流域多年期平均抽水流量超过每年 20 亿立方米、输水量超过该流量 5% 的流域间水资源调送工程。

以上两项均不包括供饮用的自来水。

12. 石油和天然气的商业抽取，石油抽取量超过每天 500 吨，天然气抽取量超过每天 500000 立方米。

13. 新的或额外的阻水量或蓄水量超过 1000 万立方米的水坝和设计用于拦阻水流或永久性蓄水的其他装置。

14. 直径大于 800 毫米，长度超过 40 千米的输气管线、输油管线或化学品输送管线。

15. 用于密集型大规模饲养家禽或生猪的装置，存栏数超过：

（a）家禽：40000；

（b）生猪（体重 30 千克）：2000；

（c）母猪：750。

16. 开采面积超过 25 公顷的采石场和露天采矿场，或开采面积超过 150 公顷的泥炭开采作业。

17. 电压 22 万伏以上（含）、长度超过 15 千米的高架输电线路的架设。

18. 容量超过 200000 吨（含）的石油、石油化工品或化工产品储存设施的建造。

19. 其他活动：

—处理能力超过每天 10 吨的纤维或纺织品预处理（洗涤、漂白、丝光处理等作业）或印染车间；

—成品处理能力超过每天 12 吨的皮革和毛皮鞣制车间；

（a）牲畜屠宰能力超过每天 50 吨的屠宰场；

（b）使用下列原料生产食品的处理和加工：

①动物原料（奶除外），成品生产能力超过每天 75 吨；

②植物原料，成品生产能力超过每天 300 吨（季度平均值）；

（c）收奶量超过每天 200 吨（年度平均值）的奶类处理和加工；

—处理能力超过每天 10 吨的畜体和屠宰废弃物处置或回收利用装置；

—使用有机溶剂进行物质、物体或产品表面处理的装置，特别是打磨、印制、涂覆、除油、防水处理、上胶、上涂料、清理或浸渍，材料消耗率超过每小时 150 千克或超过每年 200 吨；

—用焚烧法或石墨化方法生产碳（高温焙烧碳）或人工石墨的装置。

20. 按照国内法律在环境影响评价程序之下规定须有公众参与的、不在以上第 1 段至第 19 段所列范围内的任何活动。

21. 本公约第六条第 1 款 a 项的规定不适用于持续时间少于两年、完全或主要为研究、开发和试验新方法或产品而履行的项目，除非这种项目可能对环境或健康造成重大的不利影响。

22. 活动的任何改变或扩展如符合本附件所列标准/阈值，则本公约第六条第 1 款 a 项对该活动适用。活动的任何其他改变或扩展应适用本公约第六条第 1 款 b 项。

《埃斯卡苏协定》

2018 年 3 月 4 日在哥斯达黎加埃斯卡苏通过，2018 年 9 月 27 日在纽约联合国总部签署。

本协定的缔约方，

回顾 2012 年巴西里约热内卢联合国可持续发展大会上通过的关于适用《关于环境与发展的里约宣言》原则 10 的宣言，重申公民在环境事项上享有获取信息、公众参与和诉诸法律的权利，认识到需要作出承诺以确保这些权利得到适当实现，并宣布启动一项进程以探讨制定一项区域文书的可行性。

重申 1992 年《关于环境与发展的里约宣言》原则 10 规定："环境事项最好在全体有关市民的参与下，在有关级别上加以处理。在国家一级，每一个人都应能适当地获得主管部门所持有的关于环境的资料，包括关于在其社区内的危险物质和活动的资料，并应有机会参与各项决策进程。各国应通过广泛提供资料来便利及鼓励公众的认识和参与。应让人人都能有效地使用司法和行政程序，其中包括补偿和补救程序。"

强调获取权是相互关联和相互依存的，因此每一项权利都应以综合和平衡的方式加以促进和落实；

认识到获取权有助于民主、可持续和人权的发展；

重申《世界人权宣言》的重要性，并回顾其他国际人权文书，这些文书强调，所有国家都有责任尊重、保护和促进人人享有的人权和基本自由，不分种族、肤色、性别、语言、宗教、政治或其他见解、国籍或社会出身、财产、出生或其他身份。

还重申 1972 年《联合国人类环境会议宣言》和 1992 年《关于环境与发展的

里约宣言》的所有原则。

回顾《联合国人类环境会议宣言》《21世纪议程》《进一步执行〈21世纪议程〉方案》《巴巴多斯宣言》《小岛屿发展中国家可持续发展行动纲领》《毛里求斯宣言》《关于进一步执行小岛屿发展中国家可持续发展行动纲领的毛里求斯战略》《约翰内斯堡可持续发展宣言》《可持续发展问题世界首脑会议执行计划》及《小岛屿发展中国家快速行动方式》（即《萨摩亚途径》）。

还回顾2012年在巴西里约热内卢举行的联合国可持续发展大会题为"我们希望的未来"的成果文件，许多条款都以《关于环境与发展的里约宣言》原则10为基础，国家元首和政府首脑以及高级代表承认，国家和国际两级的民主、善政和法治以及有利的环境对于可持续发展，包括持续和包容的经济增长、社会发展、环境保护以及消除贫困与饥饿，强调广泛的公众参与以及获得信息和诉诸法律和行政诉讼对促进可持续发展至关重要；并鼓励在区域、国家、国家各区和地方各级采取行动，酌情促进获得环境信息，公众参与环境决策过程以及在环境事项上诉诸法律。

考虑到联合国大会2015年9月25日通过了题为"改变我们的世界：2030年可持续发展议程"的第70/1号决议，其中大会通过了一套全面、影响深远和以人为本的、具有普遍性和变革性的可持续发展目标和指标，重申致力于以平衡和综合的方式实现经济、社会和环境三个层面的可持续发展。

承认拉丁美洲和加勒比及其人民的多元文化主义。

还承认公众和人权捍卫者在环境事项上为加强民主、获取权和可持续发展所做的重要工作及其在这方面的根本贡献。

意识到国际和区域协定、国内立法和实践方面所取得的进展，主要涉及获得环境信息、公众参与环境决策过程和在环境事项上诉诸法律的权利。

确信有必要促进和加强国家间交流、合作、技术援助、教育以及能力建设，以便在国际、区域、国家、国家各区和地方各级充分行使使用权。

决心充分落实本协定所规定的获取权，建立与加强各缔约方的能力建设与合作。

达成如下协定：

第1条
目的

本协定的目标是保证在拉丁美洲和加勒比地区充分有效地落实获得环境信息、公众参与环境决策过程和在环境事项上诉诸法律的权利，以及建立和加强能力与合作，促进保护今世后代每个人享有健康环境和可持续发展的权利。

第2条
定义

就本协定而言：

（a）"获取权"是指获取环境信息的权利、公众参与环境决策过程的权利以及在环境事项上诉诸司法的权利；

（b）"主管部门"是指为本协定第5条和第6条的目的，行使获取信息的权力、职权和功能的任何公共当局，包括由政府所有或控制的独立和自治机构、组织或实体，不论是凭借宪法或其他法律授予的权力，以及，在适当的情况下，接受公共资金或福利（直接或间接）或履行公共职能和服务的私人组织，但仅限于收到的公共资金或福利或履行的公共职能和服务；

（c）"环境信息"是指与环境及其要素相关的任何书籍、视频、音频、电子信息或以任何其他格式记录的信息，包括与环境风险、影响或可能影响环境和健康的任何潜在不利影响以及环境保护和管理有关的信息；

（d）"公众"是指一个或多个自然人或法人，以及这些人所建立的具有国民身份或受缔约方国家管辖的协会、组织或团体；

（e）"处境弱势的个人或群体"是指由于每一缔约方的国情和根据其国际义务确定的情况或条件，在充分行使本协定所承认的获取权方面面临特别困难的个人或群体。

第 3 条
原则

缔约方在执行本协定时应遵循以下原则：

（a）平等和不歧视原则；

（b）透明和可问责原则；

（c）不倒退原则和逐步实现原则；

（d）诚信原则；

（e）损害预防原则；

（f）风险预防原则；

（g）代际平等原则；

（h）最大披露原则；

（i）国家对其自然资源拥有永久主权的原则；

（j）国家主权平等原则；

（k）亲人原则。

第 4 条
总则

1. 缔约方应保障每个人在健康环境中生活的权利，以及与本协定有关的普遍公认的人权。

2. 缔约方应确保本协议所承认的权利得以自由行使。

3. 缔约方应在其本国规定的框架内采取立法、规制、行政或其他性质的必要措施，保证本协定得以履行。

4. 为了促进本协定的履行，各缔约方均应向公众提供信息，以促进获得有关获取权的知识。

5. 缔约方应确保向公众，尤其是向处境弱势的个人或群体，提供指导和援助，以便便利他们行使获取权。

6. 缔约方应承认并保护为环境保护做贡献的个人、协会、组织或团体，以保障他们工作的有利环境。

7. 本协定的任何规定均不得限制或废止目前或将来在缔约方立法或缔约方参加的任何其他国际协定中所规定的其他更有利的权利和保障，也不得阻止缔约方给予在环境事项上获得信息、公众参与决策过程和诉诸法律更广泛的权利。

8. 缔约方在执行本协定时，应力求采用对充分享受和尊重获取权最有利的解释。

9. 为执行本协定，各缔约方应鼓励酌情以除本国语言以外的其他国家语言使用新的信息和通信技术，如公开数据。在任何情况下，电子媒体的使用不得限制或导致对公众的歧视。

10. 缔约方可根据各论坛的规则，在与环境事项有关的其他国际论坛上宣传本协定的规定。

第 5 条
获取环境信息

环境信息的获取

1. 缔约方应按照最大披露原则，确保公众有权获取其拥有、控制或保管的环境信息。

2. 获得环境信息权的行使包括：

（a）向主管部门索取和接收资料，无须提及任何特殊利益或解释要求的原因；提供相关信息，任何理由；

（b）迅速被告知接收请求的主管部门是否拥有所请求的信息；以及

（c）被告知在未提供信息时提出质疑和上诉的权利，以及行使该权利的要求。

3. 缔约方应为处境弱势的个人或群体获取环境信息提供便利，并考虑到他们的条件和特殊性而制定从提出请求到获取信息的援助程序，目的是在平等的条件下促进公众获取和参与。

4. 缔约方应保证上述处境弱势的个人或群体，包括土著人民和种族群体，在提出请求并获得答复时得到援助。

拒绝提供环境信息

5. 如果要求提供的信息或其中一部分由于属于国内法律例外制度而未交付给申请人，主管部门应书面告知其拒绝，包括法律规定和在每种情况下作出决定的理由，并告知当事人有权提出质疑和上诉。

6. 根据国内法律可以拒绝公开信息。在一缔约方没有国内法律例外制度的情况下，该缔约方可以适用以下例外：

（a）当披露会危及个人生命、安全或健康的；

（b）当披露会对国家安全、公共安全或国防产生不利影响；

（c）当披露会对环境保护（包括任何濒临灭绝或受威胁的物种）造成不利影响；或者

（d）当披露会对执法、预防、调查和起诉犯罪造成明显、可能和特定的重大损害风险。

7. 例外制度应考虑各缔约方的人权义务。各缔约方应鼓励采用有利于信息公开的例外制度。

8. 拒绝理由应事先依法确定并进行明确定义和规范，考虑到公共利益，应对拒绝理由加以限制性解释。举证责任将由主管部门承担。

9. 主管部门在评估公共利益时，应根据适用性、必要性和比例性，权衡保留信息的利益与披露信息的公共利益。

10. 如果文件中所载信息并非全部属于根据本条第 6 款免除公开的情形，则应将非豁免信息提供给申请人。

适用于公开环境信息的条件

11. 主管部门应保证以申请人要求的格式提供环境信息（如果有）。如果这种格式不可用，则应以可用格式提供环境信息。

12. 主管部门应在收到申请之日起不超过 30 个工作日内，或在本国法律规定的较短时间内，尽快答复环境信息要求。

13. 如果在特殊情况下并根据国内立法，主管部门需要延长时限来答复请求，其应在本条第 12 款规定的答复期限届满前书面通知申请人延期的理由，延期不得超过 10 个工作日。

14. 如果主管部门在本条第 12 款和第 13 款规定的期限内未作出答复，则应适用第 8 条第 2 款。

15. 当收到请求的主管部门没有掌握所要求提供的信息时，应尽快通知申请人，并指出，如果可以确定，可能拥有该信息的机关。该请求应转发给有关当局，并通知申请人。

16. 当所要求的信息不存在或尚未产生时，应在本条第 12 款和第 13 款规定的期限内告知申请人并作出解释。

17. 在不需要复制或交付的情况下，主管部门应免费披露环境信息。复制和交付费用应按照主管部门规定的程序进行。此类费用应合理并事先告知申请人，如果认为申请人处境脆弱或有特殊情况需要放弃，则可以免除付款。

独立的监督机制

18. 缔约方应建立或指定一个或多个具有自治权和独立性的公正实体或机构，以提高环境信息的透明度，监督协定的遵守情况，并监督、报告和保障获取信息的权利。缔约方可考虑在上述实体或机构职责范围内酌情赋予或加强制裁权。

第 6 条
环境信息的制定和公开

1. 缔约方应保证尽可能在现有资源的范围内，主管部门以系统、主动、及时、定期、可获取和可理解的方式产生、收集、宣传和传播与其职能有关的环境信息，并定期更新该信息，鼓励在国家各区和地方各级对环境信息进行分类和下放。缔约方应加强国家不同主管部门之间的协调。

2. 主管部门应努力根据国内立法，尽可能确保环境信息可重复使用，可处理和以易于获取的格式提供，并且对复制或使用不加任何限制。

3. 缔约方应建立一个或多个最新的环境信息系统，其中可以包括：

（a）条约和国际协定的文本以及环境法律、法规以及行政规定；

（b）环境状况报告；

（c）一份主管环境事项的公共实体名单，并在可能的情况下，列出其各自的业务领域；

（d）按污染物类型和位置分类的污染区域清单；

（e）关于自然资源和生态系统服务的使用和保护的信息；

（f）由学术和研究机构（无论是公共当局还是私人机构、国家机构或外国机构）就环境事项提供的科学、技术或工艺报告以及研究和信息；

（g）旨在建设国家能力的气候变化资源；

（h）有关环境影响评价程序和其他环境管理工具（如适用）以及主管部门颁发的环境许可证或许可的信息；

（i）按类型以及可能的话按体积、位置和年份顺序分类的废物清单；

（j）在环境事项上履行行政制裁的信息。

缔约方应保证环境信息系统得到妥善组织，所有人均可使用，并通过适当的信息技术和地理参考媒体逐步提供。

4. 缔约方应采取措施建立包含其管辖范围内空气、水、土壤以及地下土壤污染物以及材料和废物相关信息的污染物排放和转移登记册。该登记册将逐步建立并定期更新。

5. 缔约方应保证在对公共健康或环境受到严重威胁的情况下，主管部门应立即以最有效的方式披露和传播其掌握的所有有关信息，以帮助公众采取措施预防或限制潜在的损害。各缔约方应利用现有机制发展和实施预警系统。

6. 为了便于群体获得环境信息，应使用多种语言确保环境信息的有效传播，并使用适当的沟通渠道，帮助其有效理解环境信息。为了便利处于弱势境地的个人或群体获得特别影响他们的信息，缔约方应酌情努力确保主管部门以该国使用的各种语言，并拟定这些人可理解的替代格式，以使用适当的沟通渠道传播环境信息。

7. 缔约方应尽其最大努力，定期出版和发布不超过五年的国家环境状况国，其中应包括：

（a）尽可能提供有关环境和自然资源状况的信息，包括定量数据；

（b）国家履行环境法律义务的措施；

（c）履行获取权方面的进展；

（d）公共、社会和私营部门之间的合作协议。

此类报告应以易于理解的方式起草，并以不同格式向公众公开，并应考虑到文化现实情况，通过适当手段进行传播。缔约方可邀请公众为这些报告作出贡献。

8. 缔约方应鼓励参照国家或国际商定的标准和指南以及共同指标进行独立的环境绩效审查，以评估其国家环境政策在履行其国家和国际承诺方面的效力、有效性和进展。评审应包括各利益相关方的参与。

9. 缔约方应根据国内立法，促进已授予的特许权、合同、协议或授权中所涉及的与使用公共物品、服务或资源相关的环境信息的获取。

10. 缔约方应确保消费者和使用者掌握有关商品和服务的环境质量及其对健康影响的官方的、相关的和明确的信息，以利于可持续的生产和消费方式。

11. 缔约方应根据其适用规则建立并保持其在环境事项上的存档和文件管理系统的定期更新，以期促进随时获取信息。

12. 缔约方应通过法律或行政框架等采取必要措施，以促进对私人实体拥有的环境信息的获取，特别是有关其运作以及对人类健康和环境的可能风险和影响的信息。

13. 缔约方应根据其能力，鼓励公共和私营公司，特别是大型公司，编写反映其社会和环境绩效的可持续性报告。

第 7 条
公众参与环境决策的过程

1. 缔约方应确保公众的参与权，并承诺为此目的，在国内和国际规范框架的基础上，对环境决策过程实行开放和包容的参与。

2. 缔约方应保证有机制使公众参与有关项目和活动的决策过程、修订、重新审查或更新，以及参与对环境有或可能产生重大影响的，包括可能影响健康的、授予环境许可证的其他程序。

3. 缔约方应促进公众参与除本条第 2 款规定以外的与公众利益有关的环境事项的决策过程、修订、重新审查或更新，例如对环境有重大影响的土地利用规划、政策、战略、计划、方案、规则和规章制度等。

4. 缔约方应积极采取措施，确保公众能够从早期阶段参与决策过程，以便适当考虑公众的意见，从而为决策过程作出贡献。为此，各方应以明确、及时和全面的方式向公众提供必要的信息，以实现其参与决策过程的权利。

5. 公众参与程序应规定合理的时间框架，以便有足够的时间通知公众并使公众有效参与。为参与决策的公众提供合理的时间。

6. 缔约方应通过适当的方式，例如至少应通过书面、电子、口头和惯常方法等有效、可理解和及时的方式，向公众通报下列事项：

（a）正在审议的环境决定类型或性质，并酌情使用非技术性语言；

（b）负责作出决定的机构以及其他相关机构；

（c）预计公众参与的程序，包括程序开始和结束的日期、参与机制，以及在适用的情况下，任何公众咨询或听证会的日期和地点；

（d）所涉及的主管部门，可从中获得有关正在审议的环境决定的附加信息以及请求信息的程序。

7. 公众参与环境决策过程的权利应包括根据环境决策过程的情况，通过适当的方式提出意见的机会。在通过决定之前，有关公共部门应适当考虑参与过程的结果。

8. 缔约方应确保在决定作出后，及时向公众通报该决定及其依据和理由，包括如何考虑公众的意见。决定及其依据应当公开，便于查阅。

9. 公众参与环境影响评价和其他环境决策过程所作出的决定，应通过适当的方式进行传播，包括书面、电子或口头方式和和惯常方法，并应迅速有效。公开传播的信息应包括允许公众采取相关行政和司法行动的既定程序。

10. 缔约方应为公众提供有利于其参与环境决策过程的便利条件，并应与公众的社会、经济、文化、地理和性别特征相适应。

11. 当直接受影响的公众的主要语言与官方语言不同时，主管部门应确保提供便利其理解和参与的方式。

12. 缔约方应酌情并根据国内立法，按照关于每个论坛参与的程序规则，促进公众参与关于环境事项或具有环境影响的国际论坛和谈判。还应酌情促进公众在国家一级参与国际环境论坛的事务。

13. 缔约方应鼓励建立适当的环境事项协商机制，或利用各种团体和部门能够参与的现有机制。缔约方应酌情促进尊重当地知识，促进不同观点和知识的对话和互动。

14. 主管部门应努力查明和支持处境弱势的个人或群体，以便使他们在参与机制中积极、及时和有效地参与。为此，将考虑适当的手段和形式，以消除参与的障碍。

15. 在执行本协定时，缔约方应保证其有关土著人民和地方社区权利的国内立法和国际义务得到遵守。

16. 主管部门应努力确定直接受那些对环境有重大影响或可能产生重大影响的项目或活动影响的公众，并应推动采取具体行动，促进公众的参与。

17. 关于本条第 2 款所指的环境决策过程，应至少公开以下信息：

（a）对拟议项目或活动的影响范围以及物理和技术特征的描述；

（b）对项目或活动的主要环境影响的描述，以及（视情况而定）累积环境影响；

（c）针对这些影响预计采取措施的说明；

（d）本款（a）、（b）和（c）的不可理解的技术概要；

（e）所涉实体向主管部门提交的与正在审议的项目或活动有关的公开报告和意见；

（f）当信息可用时，说明将要使用的可用技术和执行项目或评估活动的替代地点；以及

（g）为监测环境影响评价措施的执行和结果而采取的行动。

根据本协定第 5 条第 17 款，上述信息应免费提供给公众。

第 8 条
在环境事项上诉诸法律

1. 各方应根据适当程序保证在环境事项上诉诸法律的权利。

2. 缔约方应确保在其国内立法的框架内利用司法和行政机制就实体和程序内容提出质疑和上诉：

（a）与获取环境信息有关的任何决定、作为或不作为；

（b）与公众参与环境事项决策过程相关的任何决定、作为或不作为；

（c）对环境产生或者可能产生不利影响或违反与环境有关的法律法规的任何其他决定、作为或不作为。

3. 为了保障在环境事项上诉诸法律的权利，各缔约方应考虑以下情况：

（a）能够获得环境事项方面专门知识的主管国家实体；

（b）费用不贵的有效、及时、公开、透明和公正的程序；

（c）根据国内立法，在保护环境方面具有广泛而积极的法律地位；

（d）下令采取预防和临时措施，包括防止、停止、减轻或恢复对环境的破坏的可能性；

（e）在适当和适用的情况下对出示环境损害的证据提供便利，例如举证责任的倒置和动态证明责任；

（f）及时执行司法和行政作出的决定的机制；

（g）补救机制，如适用，例如恢复损害之前的状况、赔偿或支付罚金、补偿、保证不重复、对受影响者的援助和支持补救的金融工具。

4. 为便于公众在环境事项上诉诸法律，缔约方应建立：

（a）减少或消除行使诉诸法律权利的障碍的措施；

（b）宣传诉诸法律的权利和确保其有效性的程序的方式；

（c）适当地系统化与传播司法和行政决定的机制；以及

（d）为行使该权利在必要时使用官方语言以外的其他语言进行口译和翻译。

5. 为了实现诉诸法律的权利，缔约方应通过建立援助机制，包括酌情提供免费的技术和法律援助，以满足处境弱势的个人或群体的需求。

6. 缔约方应确保在环境事项上通过的司法和行政决定及其法律依据均以书面形式列出。

7. 缔约方应在环境事项上酌情促进替代性争端解决机制，例如调解、和解或其他可防止或解决此类争端的方式。

第 9 条

环境事项中的人权捍卫者

1. 缔约方应为在环境事项中促进和捍卫人权的个人、团体和组织提供一个安全有利的环境，使他们能够在没有威胁、限制和不安全的情况下行动。

2. 缔约方应采取充分有效措施，承认、保护和促进人权捍卫者在环境事项上的一切权利，包括生命权、人格完整权、见解和言论自由权、和平集会和结社权以及行动自由权，以及他们行使探视权的能力，同时考虑到其在人权维度的国际义务、宪法原则和法律制度的基本概念。

3. 缔约方应采取适当、有效和及时的措施，以防止、调查和惩罚对在环境事项上的人权捍卫者进行攻击、威胁或恐吓的行为。

第 10 条
能力建设

1. 为了促进本协定的执行，缔约方承诺根据其优先事项与需要建立和加强国家能力。

2. 缔约方根据其自身能力采取以下措施：

（a）对当局和公务员进行环境获取权培训；

（b）包括为公众、司法和行政官员、国家人权机构和法学家制定与加强环境法和获取权利的认识提高以及能力建设方案；

（c）向主管部门和实体提供充足的设备和资源；

（d）包括通过为各级教育的学生提供有关获取权的基本教育单元，促进关于环境事项的教育和培训，并提高公众对环境事项的认识；

（e）为处境弱势的个人或群体制定具体措施，例如在必要时提供官方语言以外的其他语言的口译或笔译人员；

（f）承认对公众进行获取权培训或提高公众意识的协会、组织或团体的重要性；以及

（g）加强环境信息收集、评估和保存能力。

第 11 条
合作

1. 缔约方应合作加强其国家能力建设，以期有效地执行本协定。

2. 缔约方应考虑到拉丁美洲和加勒比的不发达国家、内陆发展中国家以及小岛屿发展中国家的特殊性。

3. 为了执行本条第 2 款，各缔约方应促进活动和机制，例如：

（a）讨论、研讨会、专家交流、技术援助、教育和观察站；

（b）制定、分享和执行教育的、培训的以及提高认识的材料和方案；

（c）分享自愿行为守则、准则、良好做法和经验；以及

（d）建立多部门利益相关委员会、理事会和论坛，讨论合作优先事项和活动。

4. 缔约方应鼓励与其他地区的国家、政府组织、非政府组织，学术和私人实体、民间社会组织以及其他利益攸关方建立伙伴关系，以执行本协定。

5. 缔约方确认应在针对危害环境的非法活动方面促进区域合作和信息共享。

第 12 条
信息交流平台

缔约方应建立一个虚拟的、可普遍访问的获取权信息交流平台。信息交流平台将由拉丁美洲和加勒比经济委员会以秘书处的身份运作，交流的信息除其他外主要涉及立法、行政和政策措施、行为守则和良好做法。

第 13 条
国家执行

缔约方承诺在其能力范围内并根据其国家优先事项，承诺为实现本协定产生的义务。

第 14 条
自愿基金

1. 设立一项自愿基金，为执行本协定提供资金，其运作由缔约方大会确定。

2. 缔约方可自愿捐款以支持本协定的执行。

3. 缔约方大会可根据本协定第十五条第 5 款（g）项规定，寻求从其他来源获得资金以支持本协定的执行。

第 15 条
缔约方大会

1. 兹成立缔约方大会。

2. 拉丁美洲和加勒比经济委员会执行秘书至迟应在本协定生效后一年内召开缔约方大会首次会议，随后应由缔约方大会决定定期举行缔约方大会常会。

3. 缔约方大会认为必要时，应举行特别会议。

4. 缔约方大会应在其第一届会议上：

（a）讨论并以协商一致方式通过其议事规则，包括公众大量参与的方式；以及

（b）讨论并以协商一致方式通过本协定的运作和执行所需的财务规定。

5. 缔约方大会应审查并促进本协定的执行和效力。为此目的：

（a）理事会应以协商一致方式设立其认为为执行本协定所必需的附属机构；

（b）委员会应接收和审议附属机构提交的报告和建议；

（c）缔约方应将为执行本协定而采取的措施通知理事会；

（d）委员会可就本协定的执行向各缔约方提出建议；

（e）作为其加入的议定书，并应准备作为其签署的后续批准书；

（f）理事会应根据本协定第 20 条的规定，审查并制定修正本协定的提案；

（g）应制定从各种来源调动财政和非财政资源的准则和方式，以促进本协定的执行；

（h）理事会应审查并采取任何其他措施以实现本协定所规定的目标；

（i）应履行本协定赋予的其他职能。

第 16 条
表决权

本协定的每一缔约方应有一票表决权。

第 17 条
秘书处

1. 拉丁美洲和加勒比经济委员会执行秘书应履行本协定的秘书处职能。

2. 秘书处的职能如下：

（a）组织召开缔约方大会及其附属机构的会议，并提供必要的服务；

（b）应缔约方的请求向其提供能力建设方面的援助，包括根据本协定第 10、11、12 条交流经验和信息以及安排活动；

（c）在缔约方大会的一般指导下，确定有效履行其职能所需的行政和合同安排；

（d）履行本协定规定的任何其他秘书处职能和缔约方大会确定的任何其他职能。

第 18 条
执行和遵约委员会

1. 兹设立执行和遵约委员会，作为缔约方大会的附属机构之一，以促进本协定的执行并在这方面支持缔约方。关于其结构和职能的规则应由缔约方大会第一届会议确定。

2. 委员会应具有协商性、透明性、非对抗性、非司法性和非惩罚性，根据缔约方大会确立的议事规则，审查对本协定各项规定的遵守情况并提出建议，确保公众的大量参与，并特别注意缔约方的国家能力和情况。

第 19 条
解决争端

1. 如果两个或两个以上当事方之间对本协定的解释或适用发生争执，应通过谈判或争端当事方可接受的任何其他争端解决办法解决争端。

2. 缔约方在签署、批准、接受、核准或加入本协定时，或在其后任何时候，可以书面形式向保存人声明，对于未按照本条第 1 款解决的争端，其接受以下一种或两种争端解决方式，作为对任何接受相同义务的缔约方强制性解决：

（a）将争端提交国际法院；

（b）按照缔约方大会将确立的程序进行仲裁。

3. 如果争端当事方已接受本条第 2 款所述的两种争端解决方式，除非当事各方另有协议，否则争端只能提交国际法院。

第 20 条
修正案

1. 任何缔约方均可对本协定提出修正案。

2. 本协定的修正案应在缔约方大会的一次会议上通过。任何拟议的修正案文本应由秘书处在提议通过该修正案的会议之前至少六个月送交各缔约方。秘书处还应将拟议修正案送交本协定各签署国，并送交保存人，以供参考。

3. 缔约方应尽一切努力就本协定的拟议修正达成协商一致意见。如果达成协商一致的努力失败，作为最后手段，修正案应以出席会议并参加表决的缔约方的四分之三多数票通过。

4. 通过的修正案应由保存人送交所有缔约方批准、接受或核准。

5. 修正案的批准、接受或核准应以书面通知保存人。根据本条第 3 款通过的修正案，对同意受其约束的缔约方，应自批准书、接受书或经修正案通过时本协定至少一半的缔约方批准。此后，该修正案应自其批准书、接受书或核准书交存之日起第九十天对同意受其约束的任何其他缔约方生效。

第 21 条
签署、批准、接受、核准和加入

1. 本协定应于 2018 年 9 月 27 日至 2020 年 9 月 26 日在纽约联合国总部开放供附件一所列任何拉丁美洲和加勒比国家签署。

2. 本协定须经签署国批准、接受或核准。附件一所列拉丁美洲和加勒比任何国家，如自停止签署之日起尚未签署，应开放加入。批准书、接受书、核准书或加入书应交存保存人。

第 22 条
生效

1. 本协定应自第十一份批准书、接受书、核准书或加入书交存之日起第九十天后生效。

2. 对于在第十一份批准书、接受书、核准书或加入书交存后批准，接受或批准本协定或加入本协定的国家，本协定自该国交存批准书、接受书、核准书或加入书之日起第九十天后生效。

第 23 条
保留

不得对本协定作任何保留。

第 24 条
退出

1. 在本协定对某缔约方生效之日起三年后的任何时候，改缔约方可通过书面通知保存人退出本协定。

2. 缔约方的任何此种退出应自保存人收到退出申请之日起一年后，或在退出申请中提出的晚于上述期限的日期生效。

第 25 条
保存人

联合国秘书长应为本协定的保存人。

第 26 条
原件

本协定的原件应交存联合国秘书长，其西班牙文本和英文文本具有同等效力。

下列经正式授权的签字人已在本协定上签字，以资证明。

2018 年 3 月 4 日订于哥斯达黎加埃斯卡苏。

附件一

—安提瓜和巴布达

—阿根廷

—巴哈马

—巴巴多斯

—伯利兹

—玻利维亚（多民族国）

—巴西

—智利

—哥伦比亚

—哥斯达黎加

—古巴

—多米尼加

—多明尼加共和国

—厄瓜多尔

—萨尔瓦多

—格林纳达

—危地马拉

—圭亚那

—海地

—洪都拉斯

—牙买加

—墨西哥

—尼加拉瓜

—巴拿马

—巴拉圭

—秘鲁

—圣基茨和尼维斯

—圣卢西亚

—圣文森特和格林纳丁斯

—苏里南

—特立尼达和多巴哥

—乌拉圭

—委内瑞拉（玻利瓦尔共和国）

附件二

仲　裁

1. 在按照本协定第 19 条第 2 款将争端交付仲裁时，一个或各个当事方应将仲裁的主题事项通知秘书处，并具体指明本协定在解释或适用方面引起争端的条文。秘书处应将收到的这种信息转送本协定所有缔约方。

2. 仲裁庭应由三位成员组成。提出要求的一个或各个当事方和争端的另外一个或各个当事方应各指定一位仲裁人，经如此指定的两位仲裁人应按照共同的商定指定第三位仲裁人，该仲裁人应担任仲裁庭庭长。后者不得为争端的任何一个当事方的国民，不得在其中一方的领土上有其惯常住所，不得受任何一个当事方的聘用，并且不曾以任何其他身份处理过此案件。

3. 如果在指定第二位仲裁人之后两个月内仍未指定仲裁庭庭长，欧洲经济委员会执行秘书应按照争端的任何一个当事方的请求在此后的两个月内指定庭长。

4. 如果争端当事方之一在收到这一请求后两个月内未指定仲裁人，另一当事方可通知欧洲经济委员会执行秘书，执行秘书应在此后的两个月内指定仲裁庭庭长。仲裁庭庭长经指定后应提请未指定仲裁人的当事方在两个月内指定仲裁人。如果该当事方在两个月内仍未指定仲裁人，庭长应通知欧洲经济委员会执行秘书，执行秘书应在此后的两个月内指定该仲裁人。

5. 仲裁庭应按照国际法和本协定的规定作出决定。

6. 按照本附件规定组成的仲裁庭应制定自己的议事规则。

7. 仲裁庭关于程序和实质的决定均应以成员表决的多数票作出。

8. 仲裁庭可为查明事实采取一切适当措施。

9. 争端的当事方应为仲裁庭的工作提供便利，尤其应利用其所拥有的一切手段：

（a）向仲裁庭提供一切有关的文件、便利和信息；

（b）必要时设法使仲裁庭能够传唤证人或专家并接受其提供的证据。

10. 当事方和仲裁人对在仲裁庭诉讼过程中收到的任何机密信息应予以保密。

11. 仲裁庭可应当事方之一的请求建议临时保护措施。

12. 如果争端的当事方之一不出庭或未能为自己辩护，另一当事方可请仲裁庭继续诉讼并作出最终裁决。一方缺席或未能为自己辩护并不妨碍诉讼的进行。

13. 仲裁庭可受理和决定由争端的主题事项直接引起的反诉。

14. 除非仲裁庭因案件的具体情况而另行决定，仲裁庭的费用，包括其成员的报酬，应由争端的当事方等份分担。仲裁庭应将其所有费用记录在案，并应向当事方提供一份费用的最后报表。

15. 与争端主题事项的法律性质有关并可能因案件的裁决而受到影响的本公约的任何缔约方，征得仲裁庭的同意可介入诉讼。

16. 仲裁庭应于组建之日起五个月内作出裁决，除非其认为有必要延长时限，但延长期不得超过五个月。

17. 仲裁庭的裁决应说明裁决的理由。此种裁决应是最后裁决，对争端的所有当事方具有约束力。裁决由仲裁庭通知争端当事方和秘书处。秘书处将所收到的此种信息转送本协定所有缔约方。

18. 当事方之间在裁决的解释或执行方面可能出现的任何争端可由任一当事方交付作出该裁决的仲裁庭，如该仲裁庭不能予以审理，则交付为此目的以与前一个仲裁庭相同的方式组建的另一个仲裁庭。

《世界环境公约》

序　言

　　本公约各缔约方，意识到环境面临日益严峻的威胁，为更好地保护环境有必要在全世界采取协同一致、富有雄心的行动，重申1972年6月16日在斯德哥尔摩通过的《联合国人类环境会议的宣言》、1982年10月28日通过的《世界自然宪章》以及1992年6月14日在里约热内卢通过的《联合国环境与发展大会的宣言》，重申坚持2015年9月25日联合国大会通过的可持续发展目标，考虑到应对气候变化问题的紧迫性，重申1992年5月9日在纽约通过的《联合国气候变化框架公约》以及2015年12月12日通过的《巴黎协定》确定的目标，注意到地球正前所未有地丧失其生物多样性，需要我们采取紧急行动重申在开发利用自然资源时必须保证生态系统拥有恢复能力并继续提供服务，从而维护地球上生命的多样性，并促进全人类福祉和贫困的消除，意识到地球上的生命所面临的威胁是全球性的，需要所有国家根据共同但有区别的责任和各自能力，并鉴于其国情最大程度地进行合作的责任和各自能力，并鉴于其国情最大程度地进行合作的责任和各自能力，并鉴于其国情最大程度地进行合作参与适宜、有效的国际行动，决心推进既满足当代人需求，又不损害后代人满足自身需求之能力，且尊重地球生态系统的平衡和完整性的可持续发展，强调女性在可持续发展中扮演的关键角色，并强调促进男女平等和女性自主独立的必要性，意识到必须尊重、促进并充分考虑到各国面对在其管辖下的本地居民、当地社群、移民、儿童、残疾人士及脆弱群体所应承担的人权、健康权方面的义务，欣见非国家行为主体，包括民间社会、经济主体、城市、区域以及其他国家内部机构，在环境保护中扮演着至关重要的角色，强调教育与科学对于可持续发展的根本重要性，有意愿以代内平等和代际平等为指引开展行动，表明有必要采取共同立场和若干原则以启发和指引各国保护和维护环境之努力，兹协议如下：

第一条
享受健康生态环境的权利

所有人都有权生活在一个有利于其健康、幸福、尊严、文化和自我发展的健康生态环境中。

第二条
养护环境的义务

任何国家或国际机构、自然人或法人，无论公私，都有养护环境的义务。为此，每个人都要在各自层面为维持、保护和修复完整的地球生态系统作出贡献。

第三条
将可持续发展纳入政策

各缔约方应将保护环境的要求纳入国家、国际政策与活动的制定和履行当中，以推进气候失序应对、海洋保护和生物多样性保护等工作。各缔约方承诺谋求可持续发展。为此，各方应推动环保、可持续的公共扶持政策和生产、消费方式。

第四条
代际平等

对环境有可能造成影响的决策，应以代际平等原则为指引。当代人应该确保其决策和行为不损害后代人满足自身需求的能力。

第五条
预防

应采取必要措施来预防对环境造成的损害。各缔约方应确保在其管辖权范围内或受其控制的活动不会对其他缔约方领土或国家管辖范围以外区域的环境造成损害。各缔约方采取必要措施，在作出批准或启动有可能对环境造成重大负面影响的项目、活动、计划或方案的决定之前先完成环境影响评价。特别地，各国应根据其勤勉义务，密切监督所有上述其批准或启动的项目、活动、计划或方案所产生的后续影响。

第六条
谨慎注意原则

如果存在对环境造成严重或不可逆损害的风险，不能以尚无确凿科学证据为由推迟采取预防环境损害的有效、恰当措施。

第七条
对环境的损害

应采取必要措施确保对环境损害进行合适的修复。各缔约方应将任何可能对他国环境带来突然性损害影响的自然灾害或紧急情况立即告知相关国家。各缔约方应立即开展合作以帮助相关国家。

第八条
污染谁付费

各缔约方确保，污染以及其他任何环境扰动或损害的预防、减缓和修复成本应尽可能由导致上述污染、扰动或损害的方面来承担。

第九条
公众知情权

任何人无须证明自己是利益相关方即有权查看政府部门掌握的环境信息。政府部门应根据本国法律法规，收集相关的环境信息并供公众查阅。

第十条
公众参与

只要最终选择尚未作出，所有人皆有权在合适的阶段参与制定有可能对环境造成重大影响之政府部门的决策、措施、计划、方案、活动、政策和标准。

第十一条
获得环境司法保障的权利

各缔约方确保，当政府部门或私人主体出现违反环境法的疏忽或其他行为时，任何人皆有权在考虑到本公约内容的情况下，获得有效且费用合理的司法保障，通过司法和行政程序提出反对意见。

第十二条
教育和培训

各缔约方确保尽可能向年轻一代及成年人就环境事项进行教育宣传，让每个人都具有保护和改善环境的责任意识。各缔约方确保保护有关环境事项的言论和信息自由。各方应促进关于生态系统和环境保护必要性的有教育性质的相关信息通过大众信息渠道的传播。

第十三条
研究和创新

各缔约方应尽可能推动有关生态系统和人类活动对环境影响的科学认识的发展。各缔约方应展开合作，交流科技知识、促进环保技术包括相关创新技术的研发、调整、传播和转让。

第十四条
非国家行为主体和国家内部机构扮演的角色

各缔约方，鉴于非国家行为主体和国内机构，包括民间社会、经济主体、城市和地区等在保护环境中发挥着至关重要的作用，采取必要措施鼓励其履行本公约。

第十五条
环境标准的有效性

各缔约方有义务通过有效的环保标准，并确保这些标准的履行，保证标准得到公平、有效的执行。

第十六条
复原能力

各缔约方采取必要措施，以保护和恢复生态系统及人类群体的多样性，使其在面对环境损害、扰动时有抵御、恢复和适应的能力。

第十七条
不倒退

各缔约方及各缔约方的国内机构不批准或通过会降低现行法律保障之环境保

护整体水平的活动和标准。

第十八条
合作

为了维持、保护、修复地球生态系统以及地球生命群体的完整性，各缔约方应本着团结互助和全球合作的精神，精诚合作，以确保本公约各项条款的履行。

第十九条
武装冲突

各国应依照其国际法义务，采取一切可能措施，保护受到武装冲突威胁的自然环境。

第二十条
国情多样性

发展中国家，特别是最不发达国家以及环境最脆弱国家，其特殊情况和需求应该受到特别关注。鉴于各国国情不同，共同但有区别的责任和各自能力应在有充分依据时得以遵守。

第二十一条
本公约履行的监督

应建立监督机制，为本公约条款的履行提供便利，推动公约的遵守。该机制由一个独立专家委员会构成，其主要任务是为公约的履行提供便利。委员会以透明、不指责、不惩罚的方式运作。委员会特别考虑到各缔约方各自的国情和能力。在本公约生效一年后，公约保存人将召集缔约方大会，以商定专家委员会履行职能的方式和程序。自专家委员会履职起两年后，各缔约方将按照缔约方会议确定的一个不得超过四年的周期，定期向专家委员会汇报各自在本公约履行中取得的进展。

第二十二条
秘书处

本公约秘书处工作由联合国秘书长（或联合国环境署执行主任）负责。联合国秘书长（或联合国环境署执行主任）必要时可召集缔约方大会。

第二十三条
公约的签署、批准、接受、核准、加入

本公约开放供签署，由各国和国际组织批准、接受或核准。本公约自＊＊＊至＊＊＊在纽约联合国总部开放供签署，自其开放签署截止日之次日起开放供加入。批准、接受、核准或加入的文书应交存于保存人。

第二十四条
生效

本公约应自其批准、接受、核准或加入的文书向联合国秘书长＊＊交存之日起三个月之后生效。对于在上述第 1 款中规定的生效条件达到之后批准、接受、核准或加入本公约的每一国家或区域国际组织，本公约应自其批准、接受、核准或加入的文书交存之日后第九十天起生效。

第二十五条
退约

自本公约对一缔约方生效之日起三年后，该缔约方可随时向保存人发出书面通知退出本公约。此种退出应自保存人收到退出通知之日起一年期满时生效，或

在退出通知中所述明的更后日期生效。

第二十六条
保存人

　　本公约的原件，包括英文、阿拉伯文、中文、西班牙文、法文、俄文版本，由联合国秘书长保存，不同语言版本同等作准。

《世界自然保护联盟关于环境法治的世界宣言》

世界自然保护联盟（IUCN）世界环境法大会于 2016 年 4 月 26 日至 29 日在里约热内卢举行。

怀着建设作为环境正义法律基础的环境法治的目标；

强调人类生存于自然界中，所有生命都依赖于生物圈的完整性和生态系统的相互依赖；

深切关注对地球的各种人为压力正在前所未有地越过这个行星的界限，包括气候变化、生物多样性丧失、自然资源消耗以及其他环境退化，以及它们导致的不安全和冲突；

认识到人权与环境保育及保护之间的密切关系，以及生态完整性对于实现人类福祉和消除贫困的根本重要性；

进一步认识到，基于尊重人权和当代人及其子孙后代的基本自由，各项环境法原则对在所有治理层次上的自然保育和可持续利用自然的法律和政策制度的逐渐发展的丰厚贡献；

为在所有治理层次上的有效遵守和执行，支持这些原则的演进，并鼓励承认更多原则和新型法律工具；

承认国家在调查、起诉和在环境事务中分配执法资源的裁量权；

尊重土著人民知识和文化的重要性及其对平等可持续性的贡献；

认识到妇女和女童的教育和赋权是消除贫困、实现环境可持续性和促进可持续发展的基本先决条件；

进一步认识到现有的阻碍环境法实现可持续环境保育与保护以及应对环境犯罪的各种差距和不足；

注意到法官和法院通过在国家、地方、区域和国际层面上有效适用法律，并通过给予各当事方，无论其权力或特权，平等获得司法考虑的公平而独立的判决来建立环境法治的基本角色；

并欢迎全球环境司法研究所的建立及其在支持环境法治的应用和执行方面的作用。

兹宣布：

加强法治对于保护环境、社会和文化价值以及实现生态可持续发展，至关重要；

没有环境法治及法律权利和义务的执行，环境治理、自然保育和环境保护可能是武断的、主观的和不可预测的；

环境法治和健全的制度，对于以尊重正义和公平的基本权利和原则的方式，应对威胁地球生态完整性的日益增长的环境压力，至关重要；

因此，环境法治应成为促进环境伦理、实现环境正义、全球生态完整和包括在地方、国家、次国家、区域和国际层面上的子孙后代在内的可持续未来的法律基础。

一、环境法治的基础

环境法治是将生态可持续发展原则纳入程序性和实体性权利与义务的法律框架。加强环境法治是保育、保护和恢复环境完整性的。没有环境法治，环境治理以及权利和义务的执行可能是武断的、主观的和不可预测的。环境法治建立在一系列关键治理要素的基础上，它们包括，但不限于：

（一）开发、制定和实施清晰、严格、可执行的、有效的，为实现最高环境质量标准而通过公平和包容的过程有效实施的法律、法规和政策；

（二）尊重人权，包括享有安全、清洁、健康和可持续的环境的权利；

（三）确保有效遵守法律、法规和政策，包括充分的刑事、民事和行政执法、环境损害责任以及及时、公正和独立的纠纷解决机制的措施；

（四）平等获取信息、公众参与决策和诉诸司法的有效规则；

（五）环境审计和报告，以及其他有效的问责、透明、道德、正直和反腐败机制；

（六）运用最佳可得的科学知识。

二、通过环境法治促进和实现有关环境正义的普遍的和新兴的实体性原则

原则一　保护自然的义务

每个国家、公共或私人实体以及个人都有义务关心和促进自然的福祉，无论它对人类有什么价值，并对其利用和开发加以限制。

原则二　对自然的权利和自然的权利

每个人和其他生物都有权利保育、保护和恢复生态系统的健康和完整性。自然拥有生存、繁荣和进化的固有权利。

原则三　对环境的权利

每个人，不论现在和未来，都有权享有安全、清洁、健康和可持续的环境。

原则四　生态可持续性和弹性

采取法律和其他措施，保护和恢复生态系统的完整性，维护和增强社会生态系统的弹性。在起草政策、立法和决策过程中，为自然和人类保持一个健康的生物圈应该是一项首要考虑。

原则五　存疑时自然优先

在有疑问的情况下，法院、行政机构和其他决策者面对的所有问题都应以一种最有利于保护和保育环境的方式解决，优先考虑环境损害最小替代方案。当行动对环境的潜在不利影响与由此产生的利益不相称或超过该利益时，就不应采取行动。

原则六　财产的生态功能

任何拥有或控制土地、水或其他资源的自然人、法人或团体，都有义务保持与这些资源相关的基本生态功能，不从事破坏这些功能的活动。恢复土地、水或其他资源的生态条件的法律义务，对所有的所有者、占用者和使用者都有约束力，责任不会因使用权或所有权转移而终止。

原则七　代内平等

公平合理地分享大自然的好处，包括适当地获得生态系统服务。公平合理地分担努力和负担。自然资源应当以生态可持续的方式利用和管理。

原则八 代际平等

当代人必须确保维持或恢复环境的健康、多样性、生态功能和美丽，以便未来的每一代人都能公平地获得环境的益处。

原则九 性别平等

认识到环境退化通常对妇女和女童造成不成比例的影响，以及她们在实现可持续性方面的关键作用，性别平等应被纳入所有政策、决策和实践中。

原则十 少数群体和弱势群体的参与

在有效获取信息、开放和包容地参与决策并平等诉诸司法方面，要积极包容少数族裔、弱势群体以及他们各代人的看法。

原则十一 土著人民和部落人民

土著人民和部落人民与其传统的和/或习惯的土地和领地的关系和权利，应该得到尊重，并以他们对任何在其土地或资源上的或影响其土地或资源的活动的自愿、事先告知和知情同意作为一个关键性目标。

原则十二 不退步

国家、次国家实体和区域一体化组织不得允许或采取具有减少环境法律保护或获取环境正义的净效果的行动。

原则十三 逐步发展

为了实现环境法治的逐步发展和实施，国家、次国家实体和区域一体化组织应定期修订和加强法律和政策，以基于最近的科学知识和政策发展，保护、保育、恢复和改善环境。

三、环境法治实施方法

有效实施是实现环境法治的根本。在国家、次国家、区域和国际层面上，增强程序和有助于建设环境法治的程序性和实体性组成部分的机制，包括：

（一）监测和报告制度，能够对环境状况及其承受的压力进行准确评估；

（二）反腐败措施，包括处理不道德行为的措施和监督措施；

（三）环境管理系统，得到法律的支持，并能够适当考虑环境风险和在生态恶化情况下的社会和经济系统的脆弱性；

（四）环境评估，将多维的、多中心的观点和社会生态关系的复杂性纳入考虑；

（五）定量的和定性的建模和视觉化工具，使计划基于最佳的科学和环境伦理的基础上并使各种策略和选择在具有多种可能的未来保持活力；

（六）合作性的和适应性的管理和治理，使具有各种社会经济和文化背景的利益相关者都参与进来，包括当地社区，土著人民、妇女、穷人以及其他被边缘化的和弱势的群体；

（七）合作机制，如区域执法网络、情报共享和司法合作机制；

（八）为所有的人，特别是为妇女、女童和传统土著人民领袖服务的环境法律教育和能力建设，专注于交换最佳实践知识，考虑到相关的法律、政治、社会经济、文化和宗教方面，以及承认建立在国际规范和标准基础上的共同特征；

（九）利用新技术和媒体，促进环境法教育、信息获取和源自并尊重习惯法和实践的补充工具；

（十）通信系统、支持制作和分发指南、工具包、检查清单和相关的技术和法律实施援助；

（十一）加强公民社会、环境法协会和其他非国家行为体，填补基于国家的环境治理体系的空白；

（十二）在其他类型犯罪的背景下应对环境犯罪，如洗钱、腐败和有组织犯罪；

（十三）解决有关环境保育和保护的公共利益争端，维护子孙后代的权利；

（十四）加强法院的独立性和能力，使其能够有效适用和解释环境法并成为环境法治的保障者。

四、呼吁国际社会

敦促国家、次国家政府、区域一体化组织和其他相关国际组织、立法者、公民社会和私营部门，基于上述原则并为了履行它们分担的对于当代人及其子孙后代的责任，为维护和促进环境法治作出贡献。

本宣言由世界自然保护联盟（IUCN）第一次世界环境法大会通过，该大会由世界自然保护联盟世界环境法委员会、联合国环境规划署、美洲国家组织、国际法官协会和其他主要合作伙伴共同组织，于 2016 年 4 月在巴西里约热内卢举行。本宣言由世界自然保护联盟世界环境法委员会的指导委员会于 2017 年 2 月 12 日定稿。它不代表正式谈判的结果，也不一定反映了指导委员会或任何个人、机构、国家或国家的任何成员的观点或他们在任何问题上的机构立场。

《人权与环境框架原则》

引　言

这些人权与环境的框架原则是我作为第一位联合国人权与环境问题特别报告员五年工作的成果。它们反映了世界各地许多热心人士和组织的投入。

2018 年 3 月，我在我最后的报告（UN Doc. A/HRC/37/59）中向联合国人权理事会提交了《框架原则》。这些原则规定了各国根据人权法在享有安全、清洁、健康和可持续环境方面的基本义务。每个原则都有评注，对其进行详细说明并澄清其含义。

《框架原则》和评注所描述的许多义务直接基于条约或人权法庭的约束性决定，而其他义务则借鉴了有权解释人权法但不一定有权发布约束性决定的人权机构的声明。虽然并非所有国家都正式接受了所有规范，但人权机构解释的一致性有力地证明，在将人权法适用于环境方面出现了更加统一和确定的趋势。

这些趋势得到国家实践的进一步支持，包括在国际环境文书和人权机构面前。

因此，《框架原则》应被接受为反映了实际的或正在出现的国际人权法。

我之所以选择"框架原则"这个名称，是因为这些原则为理解和履行与环境有关的人权义务提供了坚实的基础，但它们绝不是最后的定论。人权与环境之间的关系有无数方面，并将在今后许多年继续发展和演变。

我鼓励各国、国际组织、工商企业、民间社会组织、土著族群和所有其他致力于维护人权和环境的人传播和宣传《框架原则》，并在自己的活动中践行这些原则。

约翰·H. 诺克斯
联合国人权与环境问题特别报告员

1. 人类是自然的一部分，人权与我们所生活的环境交织在一起。环境损害会影响人权的享有，人权行使有助于保护环境和促进可持续发展。

2.《人权与环境的框架原则》概述了与享受安全、清洁、健康和可持续的环境相关的主要人权义务。它们为切实履行这些义务提供了综合而详细的指导，并为我们对人权与环境间关系理解的不断发展提供了基础。

3.《人权与环境框架原则》不是详尽无遗的，许多国家的和国际的准则都与人权和环境保护相关，《人权与环境框架原则》中的任何内容都不应解释为限制或破坏根据国内法律或国际法律而应提供更高水平保护的标准。

一、各国应确保安全、清洁、健康和可持续的环境，以尊重、保护和实现人权。

二、各国应尊重、保护和实现人权，以确保安全、清洁、健康和可持续的环境。

4. 人权与环境保护是相互依存的。安全、清洁、健康和可持续的环境是充分享受人权的必要条件，包括生命权、最高标准身心健康权、适足生活水准权、适足食物权、安全饮用水和卫生设施权、住房权、参与文化生活和发展以及享有健康环境本身的权利，这些权利在区域协定和大多国家宪法中都得以承认。① 同时，公民行使包括言论和结社自由权、教育和信息权、参与和获得有效补救权等权利在内的人权，对保护环境至关重要。

5. 各国尊重人权、保护人权的享受不受有害干涉②以及通过努力充分实现人权来实现人权方面的义务③都适用于环境方面。因此，各国应避免造成或允许环境损害而侵犯人权；应禁止造成或允许环境损害侵犯人权的行为；防止其他损害环境的干扰因素，包括工商企业、其他私人行为者和自然因素；采取有效措施，确保充分享受人权所依赖的生态系统和生物多样性得到养护和可持续利用。虽然

---

① 见《在环境问题上获得信息、公众参与决策和诉诸法律的公约》第 1 条、《非洲人权和人民权利宪章》第 24 条、《美洲人权公约关于经济、社会、文化权利领域的附加议定书》第 11 条、《阿拉伯人权宪章》第 38 条、《东盟人权宣言》第 28 条。100 多个国家在国家一级承认了这项权利。

② 例如，见人权事务委员会关于生命权的第 6 号一般性意见（1982 年），第 5 段。

③ 例如，见经济、社会、文化权利委员会关于享有能达到的最高标准健康的权利的第 14 号一般性意见（2000 年），第 33 段。

不能时时预防所有妨碍充分享有人权的环境损害，但各国应尽量防止并尽可能减少这种损害，并为任何剩余的损害提供补救办法。

6. 同时，各国必须充分履行与环境有关的人权义务，例如在环境方面行使的言论自由。这些义务不仅在人权法中有独立的基础，而且是尊重、保护和实现人权所必须履行的义务，人权的享有有赖于一个安全、清洁、健康和可持续的环境。

三、各国应禁止歧视，确保在享受安全、清洁、健康和可持续的环境方面平等有效保护而不受歧视。

7. 各国应禁止歧视，确保平等有效保护不受歧视的义务①适用于平等享有与安全、清洁、健康和可持续环境相关的人权。因此，包括各国有义务保护免受因歧视而造成或促成的环境损害，提供平等获得环境利益的机会，并确保其与环境有关的行动本身不存在歧视。

8. 歧视可能是直接的，当某人因与被禁止的理由有关的原因而受到比处于类似情况的另一个人更差的待遇时；或者歧视可能是间接的，当表面上中立的法律、政策或做法对人权的行使产生不相称的影响时，这是由于被禁止的歧视理由不同。② 在环境方面，直接歧视可能包括，例如未能确保弱势群体的成员与其他人一样有机会获得有关环境问题的信息、参与环境决策或获得环境损害的补救办法（框架原则七、九和十）。在跨界环境损害的情况下，各国应规定平等获得信息、参与和补救措施，而不应基于国籍或住所加以歧视。

9. 例如，当对生态系统产生不利影响的措施（例如采矿和伐木特许权）对依赖生态系统的社区造成不成比例的严重影响时，可能会出现间接歧视。间接歧视还可以包括一些措施，例如在主要由种族或其他少数群体组成的社区中授权使

---

① 例如，《公民权利和政治权利国际公约》第 2（1）条和第 26 条、《经济、社会、文化权利国际公约》第 2（2）条；《消除一切形式种族歧视国际公约》第 2 条和第 5 条、《消除对妇女一切形式歧视公约》第 2 条和第 2 条、《儿童权利公约》第 2 条、《残疾人权利公约》第 5 条。这里的"歧视"一词是指基于种族、肤色、性别、语言、宗教、政治或其他见解、民族或社会出身、财产、出生或其他身份等任何理由，并具有取消或损害承认的目的或效果的任何区别、排斥、限制或优惠，人人平等享有或行使一切权利和自由。人权事务委员会《关于不歧视的第 18 号一般性意见》（1989 年），第 7 段。

② 见经济、社会、文化权利委员会《关于经济、社会、文化权利不歧视的第 20 号一般性意见》（2009 年），第 10 段。

用大量有毒和危险设施，从而过分干涉他们的权利，包括他们的生命、健康、食物和水的权利。与直接歧视措施一样，除非满足合法性、必要性和相称性的严格要求，这种间接差别待遇是禁止的。① 更一般地说，为了解决间接歧视和直接歧视问题，各国必须注意到历史或长期存在的对个人群体的偏见，认识到环境损害既可以是现有歧视的结果，也可以加剧现有歧视，并采取有效措施消除造成或助长歧视的根本条件。② 各国除了履行不歧视的义务外，还应采取其他措施，以保护最易或最有可能遭受环境损害的人（框架原则十四和十五）。

四、各国应提供一个安全和有利的环境，使从事人权或环境问题工作的个人、团体和社会机构在不受威胁、骚扰、恐吓和暴力侵害的情况下开展活动。

10. 人权捍卫者包括致力于保护和促进环境相关人权的个人和团体（A/71/281，para. 7）。那些致力于保护享有人权所依赖的环境的人也在保护和促进人权，不管他们是否自称人权捍卫者。他们是最危险的人权捍卫者之一，对那些为其生存和文化而依赖自然环境的土著人民和传统社区来说，风险尤其严重。

11. 与其他人权捍卫者一样，环境人权捍卫者享有《关于个人、群体和社会机构在促进和保护普遍公认的人权和基本自由方面的权利和义务宣言》（《人权捍卫者宣言》）所载的所有权利和保护。包括在工作中受到保护的权利以及争取在国家和国际两级保护和实现人权的权利。为此，各国必须为捍卫者提供安全和有利的环境，使其在不受威胁、骚扰、恐吓和暴力侵害的情况下开展活动。对这种环境的要求包括各国应：根据国际人权标准制定和履行保护人权捍卫者的法律；③ 公开承认人权捍卫者对社会的贡献，并确保其工作不被定罪或污名化；与人权捍卫者协商制定有效的保护和预警方案；为安全和执法人员提供适当的培训；确保对威胁和侵权行为进行迅速、公正的调查，并起诉被指控的犯罪者；对侵权行为提供有效的补救措施，包括适当的赔偿（A/71/281，A/66/203；A/HRC/25/55，paras. 54-133）。

---

① 见经济、社会、文化权利委员会《关于经济、社会、文化权利不歧视的第 20 号一般性意见》（2009 年），第 13 段。

② 见经济、社会、文化权利委员会《关于经济、社会、文化权利不歧视的第 20 号一般性意见》（2009 年），第 8 段。

③ 见《承认和保护人权捍卫者示范法》，available at http：//www.ishr.ch/sites/default/files/documents/model_law_full_digital_updated_15june2016.pdf.

五、各国应尊重和保护在环境问题上的言论自由、结社自由和和平集会的权利。

12. 各国尊重和保护公民言论自由、结社自由和和平集会的权利,① 并在环境问题上行使这些权利。各国必须确保这些权利得到保护,无论是在结构化的决策程序中还是在新闻或社交媒体等其他论坛上行使的,也不论这些权利的行使是否违背国家所支持的政策或项目。

13. 只有在法律规定并且在民主社会中,为了保护国家安全、公共秩序、公共卫生、社会道德或他人的权利时,才允许限制这些权利的行使。限制的范围必须严格规定,以免损害权利。例如,全面禁止围绕采矿、林业或其他资源开采公司的抗议活动是不合理的(A/HRC/29/25,para. 22)。各国在行使这些权利时,决不能以过度或滥用武力、任意逮捕或拘留、使用酷刑或其他残忍、不人道、有辱人格的待遇或处罚、强迫失踪、滥用刑罚、污名化或威胁等方式对待此类行为。各国不应当阻碍个人或协会接触国际机构,或妨碍他们从国内外寻求、接受和使用资源的权利。② 如果在和平的集会或抗议活动中发生暴力时,国家有责任区分和平示威者与非和平示威者,采取缓解紧张局势的措施,并追究施暴者而非组织者行为的责任。潜在的暴力行为不是干扰或驱散和平集会的借口(A/HRC/29/25,para. 41)。

14. 各国必须保护这些权利的行使不受企业和其他私人行为者的干扰。各国必须确保不滥用与诋毁和诽谤相关的私法以压制这些权利的行使。各国应防止私人保安企业压制合法辩护,不得将自己的执法责任移交给此类企业或其他私人行为者。

六、各国应提高在环境问题上的教育和公众意识。

15. 各国一致认为对儿童的教育应包括引导其对人权和自然环境的尊重。③ 环境教育应尽早开始,并贯穿整个教育过程。环境教育有助于提高学生对人与自然密切关系的认识,帮助学生欣赏和享受自然世界,增强学生应对环境挑战的能力。

---

① 见《世界人权宣言》第 19~20 条、《公民及政治权利国际公约》第 19 条和第 21~22 条。

② 见《人权捍卫者宣言》第 9(4)条和第 13 条。

③ 见《儿童权利公约》第 29 条。

16. 提高公众对环境问题的认识应持续到成年。为确保成年人和儿童都了解环境对其健康和福利的影响，各国应使公众了解影响他们的具体环境风险以及他们可以如何保护自己免受这些风险的影响。作为提高公众意识的一部分，各国应增强公众理解环境挑战和政策的能力，使他们能充分行使权利，就环境问题发表意见（框架原则五），了解环境信息，包括评估环境影响（框架原则七和八）、参与决策（框架原则九），并在适当的情况下寻求侵权行为的补救措施（框架原则十）。各国应根据特定群体的文化、语言和环境状况制定特定的环境教育和公众意识方案。

七、各国应通过收集和传播信息以及应要求向任何人提供可负担的、有效和及时的信息，使公众能够获得环境信息。

17. 所有人寻求、接受和传递信息的人权①包括与环境问题相关的信息。公众获取环境信息使个人能够了解环境损害如何损害他们的权利，包括生命权和健康权，并支持他们行使言论权、结社权、参与权和补救权等其他权利。

18. 获取环境信息有两个方面。第一，各国应定期收集、更新和传播环境信息，主要包括以下方面：环境质量，包括空气和水；排入环境的污染物、废物、化学物质和其他潜在的有害物质；对人类健康和福利的威胁和实际的环境影响；相关的法律政策。特别是在面临危害人类健康或环境的紧迫威胁的情况下，各国必须确保所有能使公众采取保护措施的信息能立即传播给所有受影响的人，不论这些威胁是自然原因还是人为原因。

19. 第二，各国应根据任何个人或组织的要求，提供可负担的、有效且及时的公共当局所掌握的环境信息，无须表明法律或其他利益。信息公开应根据有利于披露的公众利益，拒绝请求的理由应明确列明，并根据有利于披露的公共利益，加以狭义解释。各国还应就如何获取环境信息向公众提供指导。

八、为避免采取或授权采取影响环境的措施，妨碍人们充分享受人权，各国应事先评估拟议项目和政策对环境可能的影响，包括对享受人权的潜在影响。

20. 国内法律通常要求事先对拟议项目和政策可能对环境造成的影响进行评估，有效的环境评估的要素已广为人知：对于任何可能对环境产生重大影响的提案，应在决策过程中尽早进行评估；评估应为公众提供有意义的参与机会，考虑

---

① 见《世界人权宣言》第 19 条、《公民及政治权利国际公约》第 19 条。

提案的替代方案，并应处理所有潜在的环境影响，包括提案与其他活动相互作用可能产生的跨界影响和累积影响；评估结果应形成一份明确说明影响的书面报告；评估和最终决定应接受一个独立机构的审查。该程序还应规定监测提案的履行情况，以评估其实际影响和保护措施的有效性。①

21. 为了保护充分享受人权不受干扰，环境影响评价还应审查拟议项目和政策对享有包括生命权、健康权、食物权、水权、住房权和文化权在内的所有相关权利可能产生的影响。作为评估的一部分，程序应检查提案是否遵守禁止歧视义务（框架原则三）、适用的国内法和国际协定（框架原则十一和十三）以及对特别易受环境损害者承担的义务（框架原则十四和十五）。评估程序必须遵守人权义务，包括提供有关评估的公共信息、公开评估和最终决定（框架原则七），促进可能受拟议项目影响的人们的公众参与（框架原则九），并规定有效的法律补救措施（框架原则十）。

22. 工商企业应根据《联合国商业与人权指导原则》进行人权影响评价，其中规定，企业"应查明并评估可能通过自身活动或因其业务关系而涉及的任何实际或潜在的不利人权影响"，包括"与潜在受影响的群体和其他利益相关者进行有意义的协商"，"将影响评价的结果整合到相关的内部职能和流程中，并采取适当措施"（指导原则十八和十九）。

九、各国应为公众参与与环境相关的决策提供便利，并在决策过程中考虑公众的意见。

23. 每个人参与本国政府和公共事务行为的权利②包括参与与环境有关的决策。此类决策包括制定政策、法律、法规、项目和活动。确保这些环境决定考虑到受其影响者的意见，可增加公众支持，促进可持续发展，并有助于保护享有依赖于安全、清洁、健康和可持续环境的权利。

24. 为有效起见，公众参与必须向所有可能受到影响并在决策早期过程中已经受影响的公众开放。各国应事先评估可能严重影响环境的提案，并确保以客观、易懂、及时有效的方式向受影响公众提供有关提案和决策过程的所有相关信

---

① 联合国环境规划署：《环境影响评价和战略环境评估：采取综合办法》（2004年），第42页。

② 见《世界人权宣言》第21条、《公民及政治权利国际公约》第25条。

息（框架原则七和八）。

25. 关于政策、法律和法规的制定，草案应予以公开，并为公众直接或通过代表机构发表意见提供机会。关于具体项目和活动的提案，各国应在决策进程的早期告知受影响公众参与的机会，并向他们提供相关资料，包括：拟议的项目或活动及其可能对人权和环境的影响；可能作出决定的范围；应遵循的决策程序，包括提出问题意见的时间安排和任何公开听证会的时间地点。

26. 各国必须向公众提供充分表达意见的机会，并采取其他措施以促进妇女和边缘化社区成员的参与（框架原则十四）。各国必须确保有关当局在作出最后决定时考虑到公众表达的意见，解释作出决定的理由，并将决定和解释予以公开。

十、各国应针对人权受到侵犯和国内环境法律被违反提供有效补救措施。

27. 各国有义务针对人权受到侵犯提供诉诸法律和其他程序的有效补救措施①包括针对与环境有关的人权受到侵犯的补救办法。各国必须针对包括言论自由、结社自由和和平集会的权利（框架原则五）、获取环境信息的权利（框架原则七）、公众参与环境决策的权利（框架原则九）在内的框架原则所规定义务被违反而提供有效的补救措施。

28. 此外，关于建立、维持和执行实体性环境标准的义务（框架原则十一和十二），各国应确保针对私人行为者和政府当局未能遵守国家相关环境法律的行为，个人可以获得有效补救。

29. 为了提供有效的补救措施，各国应确保个人能够使用符合基本要求的司法和行政程序，包括：（1）程序公正、独立、可负担、透明和公正；（2）及时审查索赔；（3）拥有必要的专业知识和资源；（4）向上级机构提出上诉的权利；（5）发布具有约束力的决定，包括临时措施、赔偿、恢复和补偿，以便针对侵权行为而提供有效补救措施。对于即将发生和可预见的以及过去和当前的侵权行为，应适用该程序。各国应确保决定的公开、迅速和有效执行。

30. 各国应就如何利用这些程序向公众提供指导，并帮助公众克服语言、文化程度、费用和距离等方面产生的障碍。公众的地位应得到广泛的解释，各国应承认土著人民和其他公有土地所有者对其集体权利受到侵犯提出索赔的地位。必

---

① 例如见《世界人权宣言》第 8 条、《公民及政治权利国际公约》第 2（3）条。

须保护所有寻求补救办法的人免遭报复，包括威胁和暴力。各国应保护受害者免受旨在恐吓并阻止他们寻求补救的毫无根据的诉讼。

十一、各国应建立和维持禁止歧视、不倒退和其他尊重、保护和实现人权的实体性环境标准。

31. 为了防止环境受到损害并采取必要措施充分实现依赖环境的人权，各国必须建立、维持和执行有效的法律和体制框架，以享有安全、清洁、健康和可持续的环境。此类框架应包含实体性的环境标准，包括空气质量、全球气候、淡水质量、海洋污染、废物、有毒物质、保护区、保护和生物多样性方面等标准。

32. 理想状态下，环境标准应在能够防止人为因素对环境造成的一切危害，并确保一个安全、清洁、健康和可持续环境的水平上制定和履行。然而，有限的资源会妨碍健康、食物、水和其他经济、社会及文化权利的立即实现。各国有义务通过一切适当手段逐步实现这些权利，① 这要求各国采取慎重、具体和有针对性的措施以实现这一目标，但各国根据现有资源在决定措施的适当性方面有一定的自由裁量权。② 同样，行使公民权利和政治权利（例如生命权、私人和家庭生活权）的人权机构认为各国在确定适当的环境保护标准方面有一定的自由裁量权，同时考虑到需要在防止一切环境损害的目标与其他社会目标之间取得平衡。③

33. 这种自由裁量权并非无限。一个制约因素是建立和履行适当环境保护标准的决定必须始终遵守禁止歧视义务（框架原则三）。另一个制约因素是在逐步实现经济、社会及文化权利方面强烈的反对倒退措施。④ 在评估环境标准是否尊重、促进和实现人权时，应考虑的其他因素包括：

A. 标准的产生应符合人权义务，包括与言论自由、结社及和平集会自由、信息、参与和补救措施相关的义务（框架原则四至十）；

---

① 见《经济、社会、文化权利国际公约》第 2 (1) 条。

② 见经济、社会、文化权利委员会《关于缔约方义务性质的第 3 号一般性意见》（1990年）。

③ 例如，见欧洲人权法院，哈顿等人诉联合王国案（第 36022/97 号申请），2003 年 7 月 8 日的判决，第 98 段。另见《关于环境与发展的里约宣言》，原则 11。

④ 见经济、社会、文化权利委员会《第 3 号一般性意见》，第 9 段。

B. 标准应考虑到并尽可能符合所有相关的国际环境、健康和安全标准，如世界卫生组织颁布的标准；

C. 标准应考虑到现有最先进的科学；然而，不应以缺乏充分的科学确定性为理由，推迟采取有效和相称的措施来防止环境损害，特别是在存在严重或不可逆转损害威胁的情况下，① 各国应采取预防措施以防止这种损害；

D. 标准必须遵守所有相关的人权义务，例如，在所有与儿童有关的措施中，必须以儿童的最大利益为首要考虑因素；②

E. 最后，鉴于标准对充分享受人权的影响，该标准不得在环境保护与其他社会目标之间达成不公平或不合理的平衡。③

十二、各国应确保公共和私人行为者有效执行他们的环境标准。

34. 政府当局必须在自身的运作中遵守相关的环境标准，而且还必须通过防止、调查、惩罚和纠正私人行为者和政府当局违反标准的行为来监测和有效地执行这些标准。特别是，各国必须对工商企业进行管理，以防止因环境损害而造成的侵犯人权行为，并为此类侵权行为提供补救办法。各国应为执法和司法人员履行培训方案，使他们能够理解和执行环境法，并应采取有效措施防止腐败和破坏环境法的履行和执行。

35. 根据《联合国商业与人权指导原则》，工商企业尊重人权的义务包括避免因环境损害对人权造成或促成不利影响的责任，在发生此类影响时及时处理并设法防止或减轻因其业务关系而直接与其业务、产品或服务有关的不利人权影响。企业应遵守所有适用的环境法，作出明确的政策承诺，以履行其通过环境保护尊重人权的义务，履行人权尽职调查程序（包括人权影响评价），识别、预防、减轻并说明它们处理环境人权影响的方式，并对它们造成或促成的任何不利的环境人权影响提供补救措施。

---

① 见《关于环境与发展的里约宣言》，原则 15。
② 见《儿童权利公约》第 3（1）条。
③ 例如，鉴于石油污染对生命权、健康权、食物权和饮水权造成的灾难性影响，允许在追求经济发展的过程中进行大规模石油污染的决定不被认为是合理的。见非洲人权和人民权利委员会，社会和经济权利行动中心和经济和社会权利中心诉尼日利亚，第 155/96 号文（2001 年）。

十三、各国应相互合作，建立、维持和执行有效的国际法律框架，以预防、减少和补救影响人权的跨界和全球环境损害。

36. 各国有义务相互合作以实现对人权的普遍尊重和遵守，① 这要求各国共同努力解决对人权的跨界和全球性威胁。跨界和全球环境损害可能严重影响人权的充分享受，必须开展国际合作来处理这种损害。各国已就包括气候变化、臭氧消耗、跨界空气污染、海洋污染、荒漠化和生物多样性保护在内的许多国际环境问题达成协议。

37. 国际合作的义务不要求每个国家采取完全相同的行动。各国必要和适当的义务在一定程度上取决于国家的具体情况，国家间的协议可以适当调整其承诺，以考虑到各自的能力和挑战。多边环境协定通常对处于不同经济状况的国家提出不同的要求，并规定发达国家向其他国家提供技术和财政援助。

38. 然而，一旦确定了各自的义务，各国就必须真诚地遵守这些义务。任何国家都不应放弃其保护免受跨界或全球环境损害的任何国际义务。各国应不断监测其现有的国际义务是否足够。当这些义务和承诺被证明履行不充分时，各国应迅速采取必要措施加强这些义务和承诺，同时铭记不应以缺乏充分的科学确定性为借口，推迟采取有效和相称的措施，以确保一个安全、清洁、健康和可持续的环境。

39. 各国必须在经济合作协定和国际金融机制等其他国际法律框架内履行与环境有关的人权义务。例如，它们应确保促进国际贸易和投资协议支持而不是阻碍各国尊重、保护和实现人权以及确保安全、清洁、健康和可持续环境的能力。国际金融机构以及提供国际援助的国家机构应采取和执行符合人权义务的环境和社会保障措施，包括：（a）要求对每一个拟议的项目和方案进行环境和社会评估；（b）提供有效的公众参与；（c）规定有效的程序，使可能受到伤害的人能够寻求补救办法；（d）为防范环境和社会风险提供法律和体制保护；（e）对土著人民和处境脆弱者的特别保护。

十四、各国应采取更多措施，保护最易受环境损害或特别有可能遭受环境损害的人的权利，同时考虑到他们的需要、风险和能力。

40. 正如人权理事会所认识的那样，虽然世界各地的个人和社区都感受到环

---

① 见《联合国宪章》第 55~56 条、《经济、社会、文化权利国际公约》第 2（1）条。

境损害对人权的影响，但那些已经处于脆弱境地的群体却感受到了最严重的后果。① 人们可能是脆弱的，因为他们非常容易受到某些类型的环境损害，或者他们的人权被剥夺，或者两者兼有。易受环境损害者的脆弱性反映了"人类福利受到的物理威胁与人民和社区应对威胁能力之间的联系"。②

41. 出于任何一个或两个原因而面临更大环境损害风险的群体主要包括妇女、儿童、生活贫困者、土著人民和传统社区成员、老年人、残疾人、族裔、种族或其他少数民族和流离失所者。③ 潜在脆弱性的许多例证包括：

A. 在大多数家庭中，妇女主要负责供水和卫生。当水源受到污染时，他们面临更大的暴露风险，如果他们走更长一段距离以寻找更安全的水源，那么他们遭受攻击的风险就更大（A/HRC/33/49）。然而，他们通常被排除在有关水和卫生设施的决策程序之外。

B. 儿童易受伤害的原因有很多，包括他们身体正在发育，对许多类型的环境伤害抵抗力较低。2015 年，在约 600 万名 5 岁以下的儿童死亡中，150 多万人的死亡本可以通过减少环境风险而避免。此外，儿童时期接触的污染和其他环境危害可能会造成终身后果，包括增加患癌症和其他疾病的可能性（A/HRC/37/58）。

C. 生活贫困者往往缺乏充足的安全饮用水和卫生设施，他们往往燃烧木材、煤炭和其他固体燃料取暖和做饭，造成家庭空气污染。

D. 依靠祖传领土作为其物质和文化生存的土著人民和其他传统社区成员面临着来自政府和企业的越来越大的压力，这些企业试图开发他们的资源。他们通常被排斥在决策过程之外，他们的权利常常被忽视或侵犯。

E. 老年人更容易受到环境损害，因为他们更容易受到污染物和媒介传播疾病等因素的影响。

F. 残疾人容易受到自然灾害和极端天气的影响，这往往因为他们无法以无障碍的方式接收紧急情况信息以及无法获得交通、住房和救济措施。

G. 由于种族、族裔和其他少数群体经常被边缘化并且缺乏政治权利，他们

---

① 见人权理事会第 34/20 号决议。
② 联合国环境规划署：《全球环境展望 3》（2002 年），第 302 页。
③ 许多人易受伤害，受到不止一个方面的歧视，例如生活在贫困中的儿童或土著妇女。

的社区经常成为垃圾场、精炼厂、发电厂和其他污染设施数量不成比例的场所，使他们面临更严重的空气污染和其他类型的环境损害。

H. 自然灾害和其他类型的环境损害经常造成国内公民的流离失所和越境迁徙，这加剧了人们的脆弱性，并导致更多的侵犯和践踏人权的行为（A/66/285 and A/67/299）。

42. 为保护易受环境损害或可能遭受环境损害风险的人的权利，各国应确保其法律和政策考虑到一些地区的人更容易受到环境损害的方式以及一些人在行使与环境有关的人权方面面临的障碍。

43. 例如，各国应制定环境损害对不同人口阶层具体影响的分类数据，并在必要时进行补充研究，以便为确保其法律和政策充分保护免受此类伤害提供依据。各国应采取有效措施，提高处境最脆弱者对环境威胁的认识。在监测和报告环境问题时，各国应提供最脆弱群体所受威胁和状况的详细信息。评估拟议项目和政策对环境和人权的影响时，必须特别认真审查对最弱势群体的影响。就土著人民和地方社区而言，评估应符合《生物多样性公约》缔约方大会通过的准则。①

44. 各国应制定环境教育、意识和信息方案，以克服诸如文盲、少数民族语言、与政府机构的距离以及信息技术获取受限等障碍，确保每个人都能有效利用这些方案和以他们能理解的形式获得环境信息。各国还应采取措施确保所有受影响群体均能公平有效地参与相关决策，同时考虑到相关弱势或边缘化群体的特征。

45. 各国应确保其环境保护的法律和体制框架有效保护处境脆弱的人。必须遵守禁止歧视义务（框架原则三）以及与特定群体相关的任何其他义务。例如，任何可能影响儿童权利的环境政策或措施都必须确保儿童的最大利益是首要考虑因素。②

46. 在制定和执行国际环境协定时，各国应列入本国战略和方案，查明和保护那些易受协定中所述威胁的人。③ 各国应将国内和国际环境标准定在保护易受

---

① 在圣地及土著和地方社区历来居住或使用的土地和水域上进行的、或可能对这些土地和水域产生影响的开发活动进行文化、环境和社会影响评价的《阿格维古自愿性准则》。

② 见《儿童权利公约》第 3（1）条。

③ 例如见《水俣汞公约》第 16（1）（a）条，附件 C。

伤害群体的水平上，并使用适当的指标和基准来评估执行情况。当预防或减轻不利影响的措施不可能或无效时，各国必须为对最易遭受环境损害者的权利受到侵犯和践踏提供便利有效的补救措施。

十五、各国应确保通过以下方式履行对土著人民和传统社区成员的义务：

A. 承认并保护他们传统上拥有、占有或使用的土地、领土和资源的权利；

B. 在安置、采取或批准可能影响他们土地、领土或资源等任何措施之前，与他们协商并获得他们自愿、事先和知情的同意；

C. 尊重和保护其在养护和可持续利用其土地、领土和资源方面的传统知识和做法；

D. 确保他们公平、公正地享有与其土地、领土或资源相关活动的利益。

47. 土著人民特别容易受到环境损害，因为他们与祖传领土上的自然生态系统关系密切。《联合国土著人民权利宣言》、国际劳工组织（ILO）1989 年《土著和部落人民公约》（第 169 号）以及其他人权和保护协定规定了各国在土著人民权利方面的义务。这些义务包括但不限于在此强调的四项义务，它们与土著人民在环境方面的人权密切相关。

48. 不自认是土著的传统（有时称之为"当地"）社区也可能同其祖传的领土有密切关系，并直接依靠大自然来满足其物质需要和文化生活。例如，作为奴隶被带到拉丁美洲的非洲后裔，他们逃脱并成立了部落社区。为了保护这些传统社区成员的人权，各国对他们负有义务。虽然这些义务并不总是与对土著人民的义务相同，但它们应包括下文所述的义务（A/HRC/34/49, paras. 52-58）。

49. 第一，各国必须承认和保护土著人民和传统社区成员对他们传统土地、领土和资源拥有、占有或使用的权利，包括他们为维持生计和从事传统活动而获得的土地、领土和资源的权利。① 对权利的承认必须适当尊重当地居民或社区的习俗、传统和土地所有制。② 即使没有对财产权以及对边界划分的正式承认，各国也必须采取防止可能影响土地、领土或资源的价值、使用或享受的行动，包括对未经授权而侵犯或使用土地、领土或资源的人施加适当的惩罚。③

---

① 见国际劳工组织 1989 年《土著和部落人民公约》（第 169 号），第 14~15 条；《联合国土著人民权利宣言》第 26~27 条。

② 见《联合国土著人民权利宣言》，第 26（3）条。

③ 见国际劳工组织 1989 年《土著和部落人民公约》（第 169 号），第 18 条。

50. 第二，各国必须确保土著人民和传统社区成员充分有效地参与影响其生活的各种事务的决策。各国有义务在考虑可能直接影响到它们的立法或行政措施时，在采取或允许任何勘探或开采与其土地或领土有关的资源的方案之前，以及在考虑让渡其土地或领土或以其他方式将其权利转移到自己社区之外的能力时，有义务与他们协商。① 各国应评估拟议措施对环境和社会的影响，并确保以通俗易懂的方式向他们提供所有相关信息（框架原则七至八）。与土著人民和传统社区成员的协商应符合他们的习俗和传统，并应在决策过程的早期进行（框架原则九）。

51. 在通过或履行可能影响土著人民或传统社区成员的任何法律、政策或措施之前，特别是在批准任何影响其土地、领土或资源的项目，包括对土著人民或传统社区的矿物、水或其他资源的开发利用，危险品的储存或处置之前，必须征得土著人民或传统社区成员的自愿、事先和知情同意。② 只有征得土著人民或传统社区成员的自愿、事先和知情同意，并在就公正和公平的补偿达成协议后，以及在可能的情况下方可进行搬迁。③

52. 第三，各国应尊重和保护土著人民和传统社区成员在保护和可持续利用其土地、领土和资源方面的知识和做法。④ 土著人民和传统社区成员有权养护和保护环境及其土地、领土和资源的生产能力，并有权在这种养护和保护方面得到各国的援助。⑤ 各国必须遵守在土著人民和传统社区成员的土地和领土上建立保护区的协商和同意义务，并确保他们能够充分和有效地参与保护区的管理。⑥

53. 第四，各国必须确保受开采活动、其传统知识和资源的利用或其土地、领土、资源有关的其他活动影响的土著人民和传统社区成员公平、公正地享有这

---

① 见国际劳工组织 1989 年《土著和部落人民公约》（第 169 号），第 6、15、17 条。

② 见《联合国土著人民权利宣言》第 19、29（2）、32 条；另见《生物多样性公约关于获取遗传资源和公正和公平分享其利用所产生惠益的名古屋议定书》、第 6~7 条（获取遗传资源和传统知识需要获得同意）。

③ 见国际劳工组织 1989 年《土著和部落人民公约》（第 169 号），第 16 条；《联合国土著人民权利宣言》第 10 条。

④ 见《生物多样性公约》第 8（j）、10（c）条。

⑤ 见《联合国土著人民权利宣言》第 29（1）条。

⑥ 见国际劳工组织 1989 年《土著和部落人民公约》（第 169 号），第 15（1）条。

些活动产生的利益。① 协商程序应以符合其自身优先事项的方式确定受影响的土著人民和传统社区成员应获得的利益。最后，各国必须为侵犯其权利的行为（框架原则十）提供有效的补救措施，公平、公正地补救任何因影响其土地、领土或资源的活动而造成的损害。② 他们有权对未经其自愿、事先和知情同意而被剥夺、使用或损坏的土地、领土和资源要求归还，或在无法归还的情况下，获得公正、公平和公平的赔偿。③

十六、各国在采取应对环境挑战和谋求可持续发展的措施时应尊重、保护和实现人权。

54. 国家尊重、保护和实现人权的义务适用于各国采取和执行应对环境挑战和谋求可持续发展的措施。一个国家试图预防、减少或补救环境损害，寻求实现一个或多个可持续发展目标，或为应对气候变化而采取行动，并不构成其履行人权义务的借口。④

55. 根据人权准则追求环境与发展目标不仅能促进人的尊严、平等与自由，以及有利于实现所有人权；还有助于为决策提供信息并加强决策。例如，确保最受影响的人获得信息、自由表达意见并参与决策过程，从而使政策更加合法、连贯、稳健和可持续。最重要的是，人权观点有助于确保环境和发展政策改善依赖安全、清洁、健康和可持续环境的全人类的生活。

---

① 见国际劳工组织 1989 年《土著和部落人民公约》（第 169 号），第 15（2）条；《生物多样性公约》第 8（j）条；《名古屋议定书》第 5 条；《联合国关于在发生严重干旱和/或荒漠化的国家特别是在非洲防治荒漠化的公约》第 16（g）条。
② 见《联合国土著人民权利宣言》，第 32（3）条。
③ 见《联合国土著人民权利宣言》，第 28 条。
④ 见《巴黎协定》，序言部分第 11 段。